"十二五"职业教育国家规划教材

经全国职业教育教材审定委员会审定

21世纪高职高专精品教材·秘书专业

U0648819

秘书事务管理

MISHU SHIWU GUANLI

（第二版）

谭书旺 编著

东北财经大学出版社

Dongbei University of Finance & Economics Press

大连

图书在版编目(CIP)数据

秘书事务管理/谭书旺编著. —2版. —大连：东北财经大学出版社，2016.8
（21世纪高职高专精品教材·秘书专业）
ISBN 978-7-5654-2415-1

Ⅰ.秘… Ⅱ.谭… Ⅲ.秘书学-高等职业教育-教材 Ⅳ.C931.46

中国版本图书馆CIP数据核字（2016）第180729号

东北财经大学出版社出版
（大连市黑石礁尖山街217号 邮政编码 116025）
网 址：http：//www.dufep.cn
读者信箱：dufep@dufe.edu.cn

大连东泰彩印技术开发有限公司印刷 东北财经大学出版社发行

幅面尺寸：185mm×260mm 字数：431千字 印张：18.25
2016年8月第2版 2016年8月第2次印刷
责任编辑：张晓鹏 吉 扬 责任校刊：思 齐
封面设计：张智波 版式设计：钟福建

定价：32.00元

教学支持 售后服务 联系电话：（0411）84710309
版权所有 侵权必究 举报电话：（0411）84710523
如有印装质量问题，请联系营销部：（0411）84710711

第二版前言

本教材的编写，是对"双证书"教育的一种尝试。本教材以《国家秘书职业标准》（2006年版）中的三级秘书职业标准为主线，以顺利通过三级秘书考试、顺利获得高职高专毕业证书、从事秘书工作得心应手为目标，采用"任务驱动型"模式编写，博采众长，集思广益，并且经过了多轮课堂教学的检验。

教材第一版出版后，得到了广大高职高专院校文秘专业师生和社会上文秘岗位工作者的一致好评，并于2010年12月获得了"青岛市第24次社会科学优秀成果奖优秀奖"，于2013年9月获得了东北财经大学出版社有限责任公司颁发的"优秀教材奖"。

但是，在教材获得广大使用者好评的同时，我们也发现了一些问题。比如，有些教学内容的选取已经与当前的工作实际出现了差距，对"工学结合""教学做一体化"等先进教学理念的贯彻做得不够，在吸收企业一线人员参与编写方面做得不够等。因此，为了更好地适应当前高等职业教育基于工作过程系统化教学改革的需要，及时补充当前秘书工作岗位新产生的工作内容，更新、完善课程体系，进一步体现"工学结合""教学做一体化"等高等职业教育理念，使教材的体例和内容更加贴近工作岗位的需求，更好地对接实际工作任务，特对教材进行了修订。

本次修订，在补充近几年工作实际中新出现的岗位能力需求和新鲜案例、删除原教材中已经过时的内容的基础上，重点改进了编写体例，对所有教学内容按照"项目引领，任务驱动"的指导思想进行设计，注重"工作过程系统化"和"教学做一体化"，使学生能够通过完成工作任务获取专业知识和专业技能，提高学习兴趣。同时，注重融入"以学生为主体、以教师为主导"的教学理念，减少情景案例，增加案例分析、工作情景模拟、典型工作任务解决方案设计与评析等内容。

本教材共分为9个项目38个任务，每个任务都包括"任务目标""参考学时""知识支撑""思考与练习"4个部分。在"知识支撑"部分，穿插了"工具箱""小贴士""阅读材料"等栏目，便于教学中学生对相关内容加深理解和巩固掌握；在"思考与练习"部分，编著者参照秘书职业资格鉴定考试的题型共编写了近500道练习题，既可使学生巩固所学知识、顺利通过职业资格鉴定，又可作为各教学单位本门课程的题库，实现"教考分离"。习题答案可以在东北财经大学出版社网站（www.dufep.cn）下载。

在修订过程中，编著者邀请了国内某大型企业行政部的资深行政主管戴桂丽女士等行业内人士参与了相关教学任务的编写和审核，他们根据自己的工作实际，结合职业教育人才培养的内在规律，提出了很多宝贵的意见和建议，在此，谨向他们致以诚挚的谢意。

由于编著者水平有限，加之时间仓促，疏漏与错误之处在所难免，恳请广大读者批评指正！

谭书旺

2016年7月于青岛

目　录

项目一
前台事务

作为公司的"门面",前台人员必须具备良好的服务意识,拥有专业的服务技能,让出入公司的每一位领导、客人、员工都能从前台人员的工作中感受到企业文化的内涵,为塑造企业的良好形象发挥积极的作用。

● 任务01　形象塑造

【任务目标】

掌握前台人员形象塑造的基本知识,知道在工作中怎样选择自己的发型,怎样修饰自己的容貌,怎样按照工作要求穿衣佩饰。

【参考学时】

4学时

【知识支撑】

一、美发

美好的发型对于商务人员的个人形象而言,比化妆和服饰更为重要,因为它是身体的一部分,又暴露在最醒目的位置,任何一点儿疏忽,都会破坏自己在别人心目中的形象,也会破坏自己的心情。

（一）发质保养

好的发质需要经常清洗。如果经常出门在外,或者处于夏秋之际的炎热季节,最好每天洗一次头发。

洗发的时候,最好使用加热至40℃左右的自来水,这样的水对于去除头发的油污、保持头发的滋润最为有利。而矿泉水之类的硬水因为含碱或含酸过多,会令头发板结,发硬发脆,千万不能使用。

同时,洗发的时候,要根据自己的发质,选用去污效果明显、刺激性小、富有营养和柔顺功能的洗发水，轻揉轻搓，用清水冲净后，再用护发素揉搓片刻，待其被头发完全吸收后，再用清水洗干净。

（二）发色选择

在头发颜色的选择上，商务人员完全没有必要为了哗众取宠吸引外界注意而把自己的头发染成黑色之外的其他颜色，中国人黄皮肤黑头发的搭配是自然天成的，任何一点颜色上的变化都会使这种无与伦比的绝配不伦不类。

在商务场合中，人们对于非自然彩色头发的反感几乎保持着惊人的一致。

（三）发型设计

1.男性发型

在商业活动中，男性的发型以稍短的分头或背头最为适宜，头发的长度以左右不及耳、后面不及领、前面不覆盖住额头为宜。

无论中分、三七或是后梳，头发都要清洗干净、梳理整齐，发际要清楚，鬓角和胡子都要刮清，整个脸应充分暴露。

如果头发过长，会显得邋遢随意；如果头发过短，理成光头或小平头，会给人一种杀气腾腾或滑稽搞笑的感觉。

2.女性发型

对职业女性来讲，最合适的发型是干净整洁的短直发或者及肩直发。

长发应顺滑，向后拢束扎成马尾状，不留刘海。短发可以是运动型的，也可以是齐耳的，或者剪出层次的，既像淑女，又如贵妇，既有大家风范，又有现代意识。

二、美容

容颜的美丽是与美发一样极其重要的形象工程，两者几乎不能分开，这也正是很多人将美容美发一并称呼并且划入同一行业的原因。

（一）化妆品选择

1.润肤型化妆品

这类化妆品的主要功能是护理脸部、手部及身体其他经常裸露在外的皮肤，防止缺水造成的粗糙甚至干裂，使皮肤更加细腻、滋润和柔嫩。常见的有雪花脂、雪花膏、乳液、洁面霜、润肤蜜、护肤霜等。

2.美发型化妆品

这类化妆品的主要功能是清洁头发、护理发质、塑造发型。常见的有洗发水、染发剂、护发素、焗油、摩丝、啫喱水等。

3.修饰型化妆品

这类化妆品的主要功能是通过在脸部相关部位的修饰，使脸部的色彩生动有致，神态靓丽生辉。常见的有粉饼、眉笔、眼影液、睫毛膏、唇膏、化妆水等。

4.芳香型化妆品

这类化妆品的主要功能是溢香祛臭、防止蚊虫叮咬等。常见的有花露水、爽肤水、香水、香粉等。

芳香型化妆品中，最常用的是香水。对于商务人员来说，使用香水应以淡雅清香型的香水为主，切忌使用气味过于浓烈的香水。此外，香水的喷洒部位也很重要，千万不要全身都喷上香水，而是应该在距离身体10厘米左右的地方把香水喷成雾状，然后走进这个香雾中，让香水自然均匀地落到你身上。当然，也可以将香水涂在身体的某些部位，如手腕、耳背和手臂内侧。

（二）皮肤护理

众所周知，健康的皮肤应该是细腻和有弹性的，如果营养不良，睡眠不好，心情不佳，人的肌肤就会发生变化，所以，充分的高质量的睡眠，以及均衡地摄入动物蛋白和各类维生素，是保证皮肤健康和良好质地的前提。

皮肤的护理通常分为洁肤、爽肤和护肤三个步骤。

洁肤通常使用洗面奶，这是一种柔和呈弱酸性的乳液状清洁品，能够有效去除皮肤表面的死皮和毛孔中的污垢。

在皮肤表面涂抹洗面奶后用纸巾擦干，再用化妆水、爽肤水或收缩水等爽肤用品进行清洁。这类爽肤用品的主要功能是平衡皮肤酸碱度，为之后涂抹护肤霜起铺垫作用。

护肤霜通常分为日霜和晚霜两种，前者主要用于早晨的皮肤护理，主要功能是滋润皮肤及形成保护膜，用来抵抗外界对皮肤的侵蚀；后者主要用于晚上的皮肤护理，主要功能是深层养护及滋润皮肤，让皮肤在夜间可以更好地吸收营养及水分。

（三）五官造型

五官中，除了耳朵只能保持原样，无法像另类人士那样做些装饰以吸引别人注意之外，眉、眼、鼻、嘴的修饰都具有十分传神的作用。

1.眉的造型

眉的修饰在于自然，修去一些杂毛，显出完整眉型后，可用深咖啡色和黑色进行描画，增加眉的立体感和层次感。

有两种眉型比较适合商务人员，一种是不过分弯曲的平直眉，展现斯文儒雅的气质；另一种是眉梢略有些上扬的上挑眉，显出精明果断的效果。

2.眼睛的造型

清晰明亮的眼睛是整体形象的重点。东方女性的眼睛类型主要为眼睛狭长、眼角上翘的凤眼和眼睛圆润、形似杏子的杏眼，前者需要线条的修饰，后者需要颜色的强调。

要达到清晰明亮的效果，可以用与肤色相协调的浅棕色等单色眼影给眼睛营造一种明亮的效果。

眼睫毛的修饰可选用清爽型睫毛液，使睫毛稍稍上翘并变得浓密，使眼睛显得更精彩。但千万不要用眉毛夹子翻卷睫毛或者用假睫毛，因为这会让人觉得十分做作，不真实。

3.鼻子的造型

鼻子在五官中起着立体的作用，可以影响整张脸给人的感觉。

又直又高又挺的鼻子给人正直俊朗的感觉；鼻梁挺直鼻头微翘的鼻子给人活泼可爱的感觉；玲珑精致的鼻子给人古典秀气的感觉；宽厚丰润的鼻子给人富态的感觉。

塑造鼻型主要靠侧阴影的营造。画鼻侧的阴影时，最好使用跟眼影的颜色相近的颜色，或者使用棕灰色、浅棕色、土红色、褐色等较为自然的颜色。

操作步骤为：先在眉头下面的三角凹处刷上修容粉（但是力度不要过大，否则会出现上浓妆的感觉），然后在鼻梁上刷上接近肤色的高光粉。

4.嘴唇的造型

嘴唇在面部的地位仅次于眼睛，是人们习惯注意的地方。眼角眉梢能传情达意，唇形的变化也有着极为丰富的内涵。尤其是职业女性的嘴唇，太枯燥了便没有生气，太性感了又会让人走神。

一般来讲，唇型丰厚、唇峰分开，会给人大方而稳重的感觉；薄而小的唇型，给人精明干练的感觉；唇角上翘，唇峰圆润，则给人亲切柔和的感觉。

唇的修饰在于唇膏的使用，粉色系列和咖啡红系列是百搭的色系，非常适合商务女性使用。

5.注意事项

五官的造型一般仅限于女性商务人员。对于职业男性而言，一切均以自然为主，或英俊，或精明，或憨厚，或朴实，或热情，或木讷，从商务角度来讲，只要不是贼头贼脑，任何自然的五官都会令人有好感。

（四）职业妆

职业女性的整体形象应以大方、优雅、简约为主，妆容的风格是典雅加干练。以下是打造职业女性完美妆容的具体方案：

1.选择与肤色接近的粉底色

应选择与肤色接近的粉底色，且不可涂抹过厚。可用拍打的手法薄薄施上一层，注意发际与颈部要有自然的过渡，以免产生"面具"似的感觉。另外，应在营养霜完全吸收后再上粉，以保证均匀的效果。

2.修剪稍粗而眉峰稍锐的眉形

高挑的细眉，很有女性柔媚的韵味，可是在办公室里，最好的选择应是稍粗而眉峰稍锐的眉形，显得能干而精明。如果眉毛比较杂乱或眉梢向下，可用眉钳拔除杂毛，再用小剪刀修剪出比较清晰的眉形，会使面部瞬间焕发清朗的神采。

3.口红弥补憔悴脸色

许多职业女性都有熬夜的经历，第二天苍白憔悴的脸色让人信心全无，其实只需涂上一层口红便可大为改观，显得精神许多。

4.会心微笑助力完美妆容

职业女性的表情应该轻松、机敏而生动，那种发自内心的微笑，是不用花钱的最佳化妆品，因为微笑是一种令人愉悦、舒服的表情，它能打破工作中产生的僵局，消除对方的戒备心理。

（五）社交妆

商务应酬和社交活动是商务人员的家常便饭，而这些应酬与活动大多在晚上举行。因此，社交妆的重点是要注意灯光的影响，在眼睛、腮以及嘴唇上下功夫，强调光彩夺目的效果。

采用液状的眼影可使眼睛看起来更为生动，但在画眼线时一定要分层次。

画完眼线后，再涂上明色的腮红及少许珍珠粉，珍珠粉的珠光在灯光下会闪闪发光，显得特别有生气。

另外，最好能佩戴隐形眼镜，即使它是平光的。因为隐形眼镜是水性的，在灯光折射下，会产生水灵灵的效果，平添一份灵气和精神。

最后，让嘴角挂一个淡淡的微笑，会帮助我们拥有一份从容淡定的成熟气质。

需要注意的是，商务人员的社交妆，既不能艳俗，也不能过于精雕细琢，如果让人们的注意力放在我们的脸部而忽略了我们的工作，那就说明我们的化妆过分了。

三、着装的基本原则

服装是一种无声的语言，如何着装可从一个侧面真实地传递出一个人的修养、性格、气质、爱好与追求。作为窗口部门的秘书人员，更应该掌握着装的基本知识和技巧。

（一）着装要与场合相适应

人们经常身处不同的场合，如社交场合、休闲场合、公务场合等。人们的着装要随着场合的变化而有所不同。

公务场合的着装应该庄重严肃，社交场合的着装追求时尚华丽，休闲场合的着装讲究舒适随意。在公务场合穿晚礼服会显得怪异，休闲时穿着笔挺的西装也与场合不搭调。

（二）着装要明确目的

从历史上来看，人们着装的目的，可以分为两个层次。低级层次的着装目的是御寒蔽体，而高级层次的着装目的则是为了塑造自己的形象，包括从展示个性的角度塑造形象和从尊重他人的角度塑造形象。

在商务活动中，通过着装给别人留下美好的印象不仅是自己个人的事，它还关系到企业的形象和效益。因此，选择服装就要考虑适应企业文化的整体氛围。特别是肩负提升企业形象重任的前台人员，着装要切忌薄、透、露，不穿袒胸露背、显脐露腰、裸肩露腋的衣服，不穿超短裙。

（三）着装要符合自己的社会角色

每个人的社会角色都不止一种，在扮演不同角色的时候，人们的行为举止是有差异的，着装也应该是有差异的。例如，同样是在工作环境中，秘书的着装就要比上司的朴实低调，比技术部门的员工更严谨庄重。

（四）着装要适合自身的自然条件

我们着装的一个重要目的就是美化自己。每个人都有独特之处，选择服装就要讲究得体、合体，要适合自己的身材、肤色、年龄、气质，穿上后能扬长避短，体现自己最美的一面，不能盲目地追时髦、赶潮流。

【阅读材料1-1】

商务着装的TPO原则

TPO原则即着装与时间（Time）、地点（Place）、仪式（Occasion）内容相配的原则。

时间原则，一般包含三个含义：一是指一天中时间的变化；二是指一年中四季的不同；三是指时代间的差异。日间是工作时间，着装要根据自己的工作性质和特点，总体上以庄重大方为原则。晚间可能有宴请、听音乐、看演出、赴舞会等社交活动，着装要讲究一些，以晚礼服为宜，以形成典雅大方的礼仪形象。西方许多国家都有一条明文规定：人们去歌剧院观看歌剧一类的演出时，男士一律着深色晚礼服，女士着装也要端庄雅致，以裙装为宜，否则不准入场。另外，一年四季不同气候条件的变化对着装也会产生影响，着装时应做到冬暖夏凉、春秋适宜。夏天的服饰应以简洁、凉爽、轻柔为原则，冬天的服饰则应以保暖、轻快、简练为原则，春秋两季着装的自由度相对来讲要大一些，但仍应注意总体上宜以轻巧灵便、薄厚适宜为着装原则。

地点原则，即指环境原则。不同的环境需要有与之相协调的服饰，以获得视觉与心理上的和谐感。当一个客户走进高雅洁净的办公环境，白领女性的穿戴会影响他对这家公司信誉的印象。因此，夏天起码有下列衣裳和饰物等不该穿（戴）到办公室里：

◆低胸、露背、露腹、敞口无袖上衣或透明衣裳；

◆一身牛仔或运动服装；

◆裸露一半大腿的超短裙；

◆黑网眼或花图案丝袜，露趾的凉鞋；

◆浓艳眼影、假睫毛、猩红指甲油，一米外可刺激人打喷嚏的香水；

◆廉价首饰，金脚链。

仪式原则，是指服装要与穿着场合的气氛相和谐，更和欲达到的目的相一致。如参加签字仪式或重要典礼等重大活动，要想让自己显得庄重、大方，表现出诚意或教养，只有穿着合体的、质地与款式都庄重大方的套装才合适。

四、饰品的佩戴原则

为了让工作套装不太单调，女性往往会佩戴一些饰物，以增添特有的风韵。佩戴饰物应以简约、大方、稳重为主，最好不要是闪闪发光的。

（一）首饰的选择要与服装的风格相配合

首饰的风格与服装的风格一样，有的朴实简洁，有的华丽高雅，有的时尚新潮。首饰的选择首先要考虑到与服装的风格保持一致，也就是与场合相适应。

（二）首饰佩戴要符合自身的特点

每个人的身材不一样，对于首饰的选择也就应该因人而异。例如，佩戴项链时，颈部修长的人不宜选择过长的项链，以免显得颈部过长；颈部较短的人，可以佩戴稍长一些的项链，以求在视觉上拉长颈部。

五、女性商务人员的着装

（一）女士的标准职业装

西服套裙是传统的女士职业装，也是标准的女士职业装，它可以塑造出非常职业化的女性形象：坚定、干练、做事高效率。因此，不论"休闲风"怎样刮，西服套裙的基本样式没有变，仍然居于职业装的主流位置。如何选择适合自己的标准职业装，应该从以下几个方面加以考虑：

1.样式的选择

标准职业装的上衣有单排扣和双排扣之分，单排扣的上衣可以不系扣敞开穿，双排扣的扣子要都系上，显得更严肃一些。西服裙有长裙、中长裙和短裙之分，职业装中的短裙最好不要短于大腿的1/2，否则会非常不方便。短上衣配长裙可以使人显得更加窈窕，长上衣配短裙则可以使人显得更加洒脱。

2.颜色的选择

职业装的颜色不能太鲜艳，最好是深蓝、深灰、浅灰、咖啡色等等。这些颜色传递给人的感受是：成熟、能干、自信、沉着，既适合办公室这样需要安静的场所，也容易与各色衬衣相配。细格、隐条、雅致的暗花也是可以接受的。标准的职业装，上衣与裙子的颜色及面料应该是一致的。但是也不排斥上下颜色不一样的套裙，只要配色协调就好。

3.面料的选择

高档西服面料多选用纯毛花呢、华达呢、驼丝锦等质地上乘的天然纤维，因为它容易染色，手感好，不易起毛，富有弹性，穿着合体，而且不变形。中档西服面料主要有羊毛与化纤的混纺织品，它具有纯毛面料的属性，价格比纯毛料便宜，洗涤后也便于整理。

4.衬衣的选择

衬衣的面料应该细致。真丝的最好，但是较难打理，高支纱的纯棉面料或免熨的棉涤混纺的面料也是不错的。颜色、花色可以丰富多彩，只要能与套装相配就行。

5.鞋袜的搭配

黑色或棕色的皮鞋最好，为了与衣服搭配，暗红、灰色也无不可。不能穿颜色鲜艳的鞋，鞋上不要有多余的装饰。白色的鞋不适合公务场合。夏天不要穿前露脚趾、后露脚跟的凉鞋。鞋跟不宜过高，一般为中低跟或普通高跟。

除了配黑色裙子以外，黑色丝袜不能配其他颜色的裙子。接近肤色的肉色丝袜适合各种颜色的裙装。记住"裙子越短，袜子越长"这句话，不要让袜口暴露于裙子下摆之外。丝袜里面决不要套棉毛裤之类的保暖裤，哪怕是在冬天。不能穿跳丝的破洞袜子，应当在自己的皮包里或办公室里常备一双丝袜。

6.皮包的搭配

过去人们讲究皮包的颜色一定要与鞋的颜色一致，可是现在人们不是太强调这一点，只要看上去颜色协调就好。但是皮包与皮鞋颜色保持一致，还是最常见的搭配方法。要注意皮包的款式，不要带休闲包到公司上班。

7.首饰的搭配

首饰应当式样简洁，与服装的风格一致。如果手上已戴戒指，那么再配一条细项链就够了。工作场合佩戴的首饰不应超过两件。戴眼镜的女士佩戴耳环时要避免圆形。

（二）女士的职业便装

职业便装常用于办公室的"非正式着装日"（在五天工作制的国家是周五）、某些会议、公司组织的一些外出活动。

职业便装的一般搭配是：衬衫配裙子或衬衫配长裤，天凉时可加一件夹克衫；略带休闲风格的套裙。如果出席在游览胜地的旅馆中举办的会议，就需要准备一套运动服，以备参加打网球、高尔夫球等运动。

（三）女士在商务应酬中的着装

目前，商界的应酬活动很多，其中的着装分寸一定要掌握好。袒胸露背的晚礼服及下摆开衩到大腿的旗袍，不适合陪同领导参加商界应酬时穿着。因为白天你努力塑造了一个职业女性的形象，上述性感的服装会使别人完全改变印象，对你的工作产生负面影响。比较朴素的款式可以用华丽的色彩（最好是单色的）和面料来弥补，再配上漂亮得体的首饰，照样能体现出你的风度和魅力。

六、男性商务人员的着装

（一）男士的标准职业装

西服套装是西方传统的标准职业装。因其穿起来使人显得庄重、潇洒、有风度，很适合公务活动，所以渐渐成为国际通行的标准职业装。如何选择适合自己的标准职业装，应该从以下几个方面加以考虑：

1.样式选择和穿法

西装有两件套和三件套之分。三件套的多一件马甲，马甲的颜色与外衣一致。这两种套装都可以作为正装穿着。另外，上衣有单排扣和双排扣之分。双排扣的更显得庄重，穿时要把纽扣全部系上，不可以敞开来穿。单排扣的西服可以不系扣，显得很潇洒，但是在正式场合还是系上为好。两粒扣的只可系上面那粒，叫作"系上不系下"，三粒扣的系中间一粒或上面两粒，也可以只系中间一粒。坐下时，解开纽扣会使上衣保持平整。西装一定要合体，过紧显得寒酸，过松人则像个衣服架子，没有精神。外套里面除了衬衣，最多只能再穿一件薄羊毛衫。裤长以能盖住皮鞋鞋面为宜。

2.颜色的选择

作为职业装的西服套装，颜色应该是上下一致的。以黑色、藏蓝色、铁灰色等深色为正宗，可以有细隐条。

3.面料的选择

要选纯毛或高档的混纺面料制作的西服。西服只能干洗，不能水洗。

4.衬衣的选择

白色衬衣是在任何场合都不会出错的，男士的衣柜里一定要多几件白色衬衣。其他单色衬衣或带纵向细条纹的也可以，但如果外套是条纹的，衬衣就不要再穿条纹的了，免得看上去像斑马。淡粉色、淡紫色、格子、宽条纹或花的衬衣不适合在严肃的商务场合穿着。衬衣的领子和袖口一定要挺括。领子要高出西装外套领子1厘米左右，袖口也要比外套袖子长出1厘米左右，这一方面保护外套不被磨损、玷污，另一方面有层次感，穿出了西服的味道。不论多热，长袖衬衣的袖子都不可以卷起来，袖口的扣子也要系好。衬衣的下摆必须整齐地塞进西裤裤腰之内。衬衫必须熨烫平整，不能皱皱巴巴，领子变形的衬衫就不要再穿了。

5.鞋袜的搭配

西服必须配皮鞋，最标准的是黑色系带皮鞋。深棕色的也还差强人意，其他颜色的就不必考虑了。鞋上不要有装饰物，也不要镂空、压花的。高帮皮鞋、高跟皮鞋、旅游鞋、凉鞋都不能配西服穿。袜子要长及小腿中部，袜口要松紧适度，不可松松垮垮，滑落至脚踝。要选择深色棉质的袜子，或与皮鞋的颜色一致，或与西裤的颜色一致，不要有明显的图案。

6.领带的选择

领带的颜色不要与西服颜色一样，但可以是同一色系的，或深或浅。最好是单色的，如深蓝、深灰、暗红、黑色等，上面可以有细小的几何图案或条纹。但是条纹领带不要配条纹衣服。在一般情况下，黑色西装不要配黑色领带，因为那是参加丧礼的服装。领带的面料最好选用真丝，皮革、珍珠或其他新奇材料制作的领带均不能登大雅之堂。领带结要饱满，紧贴领口，系好后下端要正好垂于皮带扣上端。如果需要固定领带，可用领带夹，夹于衬衣的第三、四粒纽扣之间。领带夹要朴素，不引人注目最好。

7.皮包、皮带的搭配

皮包、皮带的颜色要与皮鞋一致，这就是男士着装的所谓"三一原则"。皮带扣要简洁，皮包是手提的公文包。穿背带裤的时候不需要系皮带。

8.首饰及其他附件的佩戴

可戴一枚戒指，不宜多戴。贴身项链也可以戴，其他的首饰就不必了。手表除了实用外，也是装饰品，可选用精致的薄型手表。刚进入商界的年轻男性不必戴价格昂贵、华美的手表，如同年轻女性不必佩戴昂贵的首饰一样，衣着打扮要符合身份，否则会引起别人的侧目和猜疑。

9.其他细节

西服的味道是穿出来的，必须重视、讲究细节。除了上面介绍的一些搭配方法以外，下述细节也很重要：

（1）羊毛衫。西服里面最好不穿羊毛衫或毛背心。如果要穿，只能穿一件单色、鸡心领、薄型的。不要穿毛开衫，也不要穿好几件。

（2）西服的衣兜。上衣的左胸部外侧的口袋顶多放一条装饰性的手帕。内侧左右的口袋可以放名片夹、笔、钱包等轻小物品。钱包如果是鼓鼓囊囊的，就不要放在口袋里。上衣下面的两个口袋和裤兜除了一条实用的手帕，基本不放东西，以免把衣服撑得变形。衬衣左胸的口袋也不能放任何东西。

（3）手机和钥匙。很多人把手机和钥匙串挂在裤腰上。这样虽然方便，可是常常需要掀起衣襟，在商务活动时殊为不雅。所以在这种场合还是把它们放进公文包里最好。

（4）公文包。要经常清理公文包，把不用的东西拿出去，让物品各归其位，需要什么马上就能拿出来。如果别人看到你的公文包里乱七八糟，可以由此推测你是一个做事没有条理的人，会对你产生不好印象。

（5）手帕。应该在口袋里常备一条干净、平整的手帕，以备不时之需。当你当众咳嗽、打喷嚏的时候，应当用手帕捂住嘴。这是具备公德心的体现。

（二）男士的职业便装

男士职业便装的穿着场合与女士相同。男士职业便装包括：T恤配长裤；毛衣配长裤；夹克衫；斜纹卡其布裤子。某些时候，牛仔裤也可以，但风格不要太前卫，并要注意场合。

参加在旅游胜地举办的会议时，除了要带运动装之外，不要忘记带一套深色西装，以备晚间活动时穿。

（三）男士在商务应酬时的着装

深色的西服套装即可应付。为了区别于白天的着装，晚上可以换件衬衣（浅色）或花色华美的领带。总之，商务场合的着装应当遵守商界的规矩，这样才容易得到人们的认可。总体的风格是朴素、雅致、整洁、得体，是低调的、不事张扬的风格。

【思考与练习】

一、不定项选择题

1.对于商务人员的个人形象而言，最重要的是（　　　）。

A.举止　　　　　　　B.化妆　　　　　　　C.服饰　　　　　　　D.发型

2.洗发的时候，最好使用（　　　）。

A.摄氏40度左右的矿泉水　　　　　　B.摄氏40度左右的自来水

C.摄氏20度左右的含糖水　　　　　　D.摄氏20度左右的含盐水

3.洗发的时候，要根据自己的发质，选用（　　　）的洗发水。

A.去污效果明显　　　B.刺激性小　　　　　C.富有营养　　　　　D.具有柔顺作用

4.在头发颜色的选择上，商务人员应该（　　）。

A.保持自然色　　　　B.染成红色　　　　C.染成黄色　　　　D.染成绿色

5.在商业活动中，男性的发型以稍短的分头或背头最为适宜，头发的长度以（　　）为宜。

A.左右不及耳　　　　　　　　　　　B.后面不及领

C.前面不覆盖住额头　　　　　　　　D.前面不覆盖住眉毛

6.对职业女性来讲，最合适的发型是干净整洁的（　　）。

A.短直发　　　　　　B.卷发　　　　　　C.发髻　　　　　　D.及肩直发

7.洗发水属于（　　）。

A.润肤型化妆品　　　B.美发型化妆品　　C.修饰型化妆品　　D.芳香型化妆品

8.（　　）是一种柔和呈弱酸性的乳液状清洁品，能够有效去除皮肤表面的死皮和毛孔中的污垢。

A.爽肤水　　　　　　B.收缩水　　　　　　C.洗面奶　　　　　　D.护肤霜

9.对于商务人员来说，五官当中，除了（　　），都可以通过修饰美化自己的商务形象。

A.眼睛　　　　　　　B.鼻子　　　　　　C.嘴　　　　　　　D.耳朵

10.社交妆的重点是要注意灯光的影响，在（　　）上下功夫，强调光彩夺目的效果。

A.眉毛　　　　　　　B.嘴唇　　　　　　C.眼睛　　　　　　D.腮

11.着装的基本原则包括（　　）。

A.着装要与场合相适应　　　　　　　B.着装目的要明确

C.着装要符合自己的社会角色　　　　D.着装要适合自身的条件

12.根据着装的基本原则，公务场合着装应该（　　）。

A.时尚华丽　　　　　B.庄重严肃　　　　C.舒适随意　　　　D.性感妩媚

13.在商务活动中，给别人什么印象不仅是自己个人的事，它还关系到企业的形象和效益。因此，选择服装时要考虑（　　）。

A.品牌价值　　　　　　　　　　　　B.庄严威武

C.雍容华贵　　　　　　　　　　　　D.适应企业文化的整体氛围

14.同样是在工作环境中，秘书的着装要比上司的着装（　　）。

A.严谨庄重　　　　　B.年轻时尚　　　　C.朴实低调　　　　D.色彩鲜明

15.佩戴首饰的注意事项包括（　　）。

A.应选择价格昂贵的首饰　　　　　　B.佩戴首饰应突出民族特色

C.首饰的选择要与服装的风格相配合　D.首饰佩戴要符合自身的特点

16.每个人的身材不一样，对于首饰的选择也就应该因人而异。例如，佩戴项链时，颈部修长的人不宜选择（　　），以免显得颈部过长。

A.过短的项链　　　　B.过长的项链　　　C.过粗的项链　　　D.过细的项链

17.（　　）是传统的女性职业装，它可以塑造出非常职业化的女性形象。

A.连衣裙　　　　　　B.牛仔装　　　　　C.旗袍　　　　　　D.西服套裙

18.女性化职业妆的注意事项包括（　　）。

A.要淡雅　　　　　　　　　　　　　B.要浓妆艳抹

C.补妆时应去洗手间　　　　　　　D.补妆时应请商务伙伴品评监督

19.职业便装常用于（　　）。

A.办公室的"非正式着装日"　　　　B.某些会议

C.公司组织的一些外出活动　　　　　D.商务谈判

20.三件套西装包括（　　）。

A.西装外套　　　　B.西装裤子　　　　C.西装衬衣　　　　D.西装马甲

二、案例分析题

（一）

据《云南民族报》消息，某旅游咨询服务公司的女秘书被解聘了，原因是她上班未化妆。那么上班该不该化妆，它对公司和个人有何影响呢？让我们听听各方的意见……

赞同者观点

观点一：化妆的最大目的是要为你的能力加分。根据美国的一项调查显示，几乎所有的主管都承认，形象好的人比形象差的人会获得更多升迁的机会……

观点二：形象就是生命

我有一位朋友在一次谈生意时，既没有刻意打扮自己，穿戴也很普通，对方认为他如此破落，必是近来人气不旺或经商不利，结果拒绝与他签订合同……

反对者观点

观点一：树立形象要从内里着手。有一位化妆师说过：一流的化妆是生命的化妆，二流的化妆是精神的化妆，三流的化妆是脸上的化妆……

观点二：化了浓妆的脸像戴副假面具。我觉得化妆尤其是化浓妆的人总像是给自己戴了副面具，给人一张假面孔，感觉也就不真实，所以还是自然些好……

谈一谈你自己的观点。

（二）

《南方周末》报上曾登过其特约驻美国记者简妮的一篇文章，题目就叫《穿什么上班》——

"从到美国上班的第一天起，我就为每天的衣着伤透了神。眼下正是美国衣着打扮刮起'休闲风'的时代，上班族们虽然刚刚摆脱了正规衣着的束缚，但离随便着装还相差很远。而且何时正式，何时休闲，这里面的名堂根本就是妙不可言。就看你的悟性如何，对服装潮流的把握如何，更重要的是你钱包里的钱够不够多。

美国公司职员们如何穿衣打扮，绝不是等闲之事。从个人角度上讲，这关系到你的尊严和自信；而对公司来说，直接牵涉到它的荣誉和形象。

按说，穿西装打领带、套裙加高跟鞋并没有过时，但现在的'休闲风'让你的选择多了，反而增添了选择的麻烦。衣着的布料、颜色、设计要搭配得好全要在细节上下功夫，要做到洒脱又不失尊贵。倒不如西装领带时代那样简单，有序可循。

不错，美国是个自由的国度，你可以一袭T恤、牛仔裤走遍天下，也可以一条短裤面对大众。但是，美国的办公室文化，只要是沾上了商业行为的地方，只有硬碰硬的规则，没有个人选择的余地。

记得有一天大雪纷飞，我穿着高筒靴走进办公室，还没顾上换高跟鞋，便直接到传真室取文件。这一路上我发现，同事们都用惊讶或无奈的眼光看我这双笨重的皮靴，像是欣赏一对移动的炸弹。等我换上高跟鞋，亭亭玉立地再走过去的时候，众人分明轻轻舒了口气，脸上神色由阴转晴……"

你如何看待美国的这种职场着装潜规则？

● 任务 02　仪态修炼

【任务目标】

了解职业场所行为举止的基本知识，能够做到在工作场合举止优雅大方，文明礼貌。

【参考学时】

3 学时

【知识支撑】

在商务活动中，举止优雅大方的人容易与别人沟通，得到信任。20世纪50年代，研究肢体语言的先锋人物阿尔伯特·麦拉宾发现：一条信息所产生的全部影响力中7%来自于语言（仅指文字），38%来自于声音（其中包括语音、音调以及其他声音），剩下的55%则全部来自于无声的肢体语言。由此可见仪表仪态的重要性。同时，正确的姿态对自身的身心健康也有好处。举止有各种各样，最基本的是站、坐、行的姿态和手势、表情。

一、挺拔的站姿

（一）站姿种类

1. 垂手站姿

站立时，头部保持正直挺拔，同时双肩打开自然放松，目光平视，表情自然，挺胸收腹，双臂下垂，臀部收紧，双腿站直贴紧，脚跟靠拢，双脚夹角成60度，下垂的双手中指对准裤缝。

这种站姿稳重而沉着，是商务场合最标准最规范也是最常用的姿势，尤其是在与对方初次见面或者还不太熟悉的时候。

2. 搭手站姿

站立时，两手在自己的腹前交叉，男性左手搭在右手上，女性右手搭在左手上。男性可以两脚略微分开，距离不超过20厘米。女性则可以站成小丁字步，将一脚稍微向前，脚跟靠在另一脚的内侧。

这种站姿端正而且放松，身体重心可在两脚间转换以减轻疲劳，适合在长时间的站立状态中使用。

3. 背手站姿

双手在背后交叉，男性左手抓住右手，女性右手抓住左手，贴在臀部，两脚分开不超过肩宽，脚尖成外八字，挺胸直腰收腹，目光平视。

这种站姿优美而且威严，适合在警觉状态中使用。

4.抱手站姿

双手在胸前相抱，左右手互相交叉抱住手肘或臂膀，或者用手插入另一手臂弯处，用手肘夹持住，两脚或分或并站成平行。

这种站姿显得悠闲或者散漫，适合在戒备或不信任或放松状态中使用。由于这种站姿有拒人之意，在商务场合应慎用，否则会在不经意间传递一种距离感，不利于沟通交流。

5.依靠站姿

借助墙或柱等承重物体，上身斜靠，全身放松，把重量放在支撑物上，双手姿态随意，两脚可分可合，或一脚支撑，一脚后抬撑在身后的支撑物上。

这种站姿优雅而且自然，适合在放松的闲聊或等待状态中使用。

（二）训练方法

方法1：背靠墙站，要求头部、双肩、臀部、小腿和脚后跟都紧贴墙壁，坚持15～20分钟。经常这样训练，相信你会挺拔而又轻松地站立较长时间。

方法2：按照正确的姿势站好，头上顶一本书，找准平衡点，不要让书掉下来。头要有向上顶的感觉，下颌不要抬起来，要与地面平行。10分钟以后，把书拿下来，仍然保持前面的姿态。这样练习的目的是，保持稳重的站姿，不乱晃。

二、端正的坐姿

坐，相对于站来讲是一种放松，但不是松懈。在公共场合，在办公室里，坐相一定要稳重、端正。

（一）基本要求

正确的坐姿分为两个步骤，一是就座时的动作，二是坐下来后的样子。

按照中国传统社交礼仪中"左为上，右为下"的要求，就座时应从椅子的右侧进入，以示自谦。

男性就座时，应用双手的手指看似随意地捏住两条裤管的前片略微朝上拽一下，使自己坐下去时不会因为裤管牵扯影响就座后的坐姿，也不会因为膝盖弯曲而破坏裤子的挺括形态。

女性就座时，应用双手的手背从臀部起轻轻往下顺压住裙子，人一边往下坐，右手顺势往下撸，左手顺势转到前腹，用手心轻贴住裙子的前半部分，不使它飘起来，直到完全坐下来后，左手便很自然地放在大腿上，抽回右手顺势压在左手上，两手交叠盖住，两肘收拢靠紧双肋，整套动作十分自然地顺势完成。

坐下来之后，正确的坐姿是浅坐。浅坐就是让臀部在椅子面上只占一半或2/3位置，后背离椅背至少有一个拳头大的距离。浅坐的好处不仅在于向对方表示客气和谦虚，更重要的是方便自己起坐自如，不用担心起立时的失态。浅坐是商务人员尤其是女性保持为人自谦的品德以及优雅职业姿态的唯一正确坐姿，凡是有文化教养懂礼貌的商务人员，几乎都自然而然地保持着浅坐的姿态。

（二）女性坐姿

1.标准坐姿

坐下后，上身挺直，双肩放平，两臂自然弯曲，两手交叠放在两腿上靠近小腹处，右手斜压住左手，两肘内收靠住两肋，两膝并拢，小腿垂直于地面，两脚成小丁字步。

2.变通坐姿

（1）前伸坐姿。在标准坐姿的基础上，将两小腿向前伸出一只脚的距离，脚跟相并，脚尖着地。

（2）交叉坐姿。在标准坐姿的基础上，将相并的双脚分开，右脚后缩，与左脚交叉，两踝关节重叠，脚尖着地。

（3）屈直坐姿。在标准坐姿的基础上，右脚前伸，左小腿屈回，大腿靠紧，两脚前脚掌着地，合并在一条直线上。

（4）后点坐姿。在标准坐姿的基础上，两小腿后屈，双膝并拢，脚尖着地。

（5）侧点坐姿。在标准坐姿的基础上，两小腿向左斜出，两膝并拢，右脚跟靠拢左脚内侧，右脚掌着地，左脚尖着地，头和身躯都随之左转，大腿与小腿成直角，小腿充分伸直，脚背绷直，使腿到脚尖的线条尽量修长好看。

（6）重叠坐姿。在标准坐姿的基础上，两腿伸向前，单腿抬起，脚尖绷直，膝盖以上大腿始终贴紧，在空中划一道优美的弧线，然后架在另一条腿的膝关节上边。这种坐姿也称"二郎腿"。

3.注意事项

对于职业女性而言，无论怎样的坐姿，膝盖始终都必须并拢，这是一条铁的定律，因为女性的身份要求内敛和含蓄。

当在沙发上就座时，应浅坐并紧挨在沙发一侧，上身挺直并略微前倾，朝向对方，手臂斜靠在沙发扶手上，双腿并拢，小腿收回来斜向交叠。

（三）男性坐姿

1.标准坐姿

上身挺直，双肩打开方正，双手放在腿或扶手上，双腿并拢或自然分开，小腿垂直放在地上，两脚自然成小八字步。

2.变通坐姿

（1）前伸坐姿。以标准坐姿为基础，双腿前伸20厘米，一脚前一脚后，脚尖着地。

（2）交叉坐姿。以标准坐姿为基础，双腿前伸或后屈，两脚踝部交叉，一脚的后踝部扣压在另一脚的前踝上。

（3）屈直坐姿。以标准坐姿为基础，双膝并拢，单腿回屈，前脚掌着地，另一脚前伸。

（4）重叠坐姿。在标准坐姿的基础上，一条腿抬起，压在另一条腿上，大腿部分贴紧，脚尖自然下垂。

三、轻快的走姿

凡是健康的成年人，步伐都应该是轻快敏捷的，体现出朝气蓬勃、积极向上的精神状态。

（一）男性走姿

1.标准走姿

头正，双眼平视前方，下颌微收。挺胸收腹，双肩平稳，双臂自然摆动，身体的重心随着前行而略向前倾，双脚的内侧基本踩在一条直线上，步幅一般为自己的1.5～2个脚长。走路时要全脚掌着地，膝部和脚腕要有弹性。

2.变向走姿

（1）转身走。当前行中需要转弯时，朝哪个方向转，哪只脚就是身体的转弯轴心，以该脚的脚掌支撑，顺势转过全身，然后迈出另一只脚。

（2）引领走。当为来宾带路时，需走在来宾的右前方两步之距，整个身体半转向来宾，这个距离可以避免双方太靠近而互相妨碍，也不至于距离太远而显得生疏。半转向来宾则是表示尊重和礼貌。

（3）后退走。通常用在告辞时，为了表示恋恋不舍之意，先小步后退几步，然后稍作停顿，再转身离去。

（二）女性走姿

女性走路要尽量走成一条直线，同时，步伐要稳健，步态要轻盈，步幅要适当，上身保持挺拔平直，迈步时稍稍有些弹性的飘逸感，像一头优雅信步的小鹿。

女性走路的姿态与鞋跟的高低有很大关系。在商务环境中，女性大多穿平底鞋或低跟鞋，因为这样可以轻松些谦卑些。在社交场合中，女性则多是穿中跟鞋或高跟鞋，因为这样可以优雅些高贵些。

穿平底鞋走路比较自然和随便，行走时力度和频率要均匀，走起来要显得轻松大方。

穿高跟鞋行走时，步幅要小，步频要慢，有种悠然的感觉。双脚落地后脚跟要始终落在一条直线上，就像一根柳条上的柳叶儿那样。

（三）训练方法

行走时上身的要求基本与正确的站姿一样，只是重心稍稍前倾；双脚要想象走在一条直线上，双膝内侧走起来就要有摩擦感。可在地上划一条直线，沿着直线走。

（四）注意事项

走路时不要多人一起并排，也不要勾肩搭背。在狭窄的通道，如果遇到上司、长者或女士，应站立一旁，并以手势示意他们先行。上下楼梯应靠右行走，如遇尊者，应该把楼梯扶手一侧让给他们。

四、微笑

人类的表情是非常丰富的，不同的心境就会有不同的表情。在商务活动当中，在人际交往时，人们最需要的是"微笑"这种表情。微笑的人让人觉得和蔼可亲，值得信赖，容易接近。所以，"微笑"就成了待人接物的最基本的表情。

（一）微笑的种类

1.自然微笑

自然微笑的基本做法是没有声音，不露牙齿，肌肉放松，嘴角两端向上略微提起，脸含笑意，恰似春风满面。

自然微笑应该是发自内心的。喜爱你的工作，喜欢你的同事，工作环境良好、气氛和谐，你就会微笑。

2.职业性微笑

职业性微笑是指由于职业的需要，不管自己的心情如何，都要表现出来的微笑。特别是从事秘书、公关等服务性职业的人，就更应该学会职业性微笑。因为外来的客人，会把你看成是这个企业、部门的代表，从你的举止中感受到这个单位的管理水平、员工素质。

职业性微笑的要求是嘴角拉开，让上排的八颗牙齿隐隐约约自然流露出来。这种微笑比自然微笑多了一份热情，少了一份含蓄，是特定的职业相。

（二）微笑的适用场合

微笑是待客的基本表情，但不是唯一表情，还需要随着来访者的情况和个性来调整自己的表情和态度。例如，对满腹怨气或满腔愤怒的客人，不能急于辩解，也不必随声附和，甚至微笑都可能被认为是嘲笑，只能以专注的神情静静地听着，表现出对他的足够重视。待他发泄完了，你对情况也有了大致了解，再设法解释，会有较好的效果；对于比较拘谨的客人，除了微笑外，还要主动地和他讲话，使气氛和缓；对于性格急躁的客人，对答要利索，处理问题不拖泥带水，使他确信你的办事效率；对于敏感、神经质的客人，微笑当然重要，同时应特别注意用词的委婉客气，使对方产生安全感；对疑虑重重的人，除了微笑，自信的口吻和表情非常重要。

（三）微笑的训练方法

职业性微笑并不是人人都能轻易做到的，通常需要经过严格的训练。训练的方法通常有以下几种：

1.咬棒法

用上下两颗门牙轻轻咬住筷子，嘴角最大限度地上扬，露出上排的8颗牙齿，保持此口型30秒以上。

2.手指导引法

轻握双拳，两食指伸出呈倒八字形，放于嘴唇两角处，向斜上方轻轻拉动嘴角，并寻找最佳位置。

3.读"E"法

随身带一面镜子，时常对着镜子念英文字母"E"，同时有意识地把嘴角向耳垂咧，咧到最大，然后稍稍放松，练习微笑，看笑到什么程度能表现得最自然、最真诚。

五、注视

（一）注视的文化背景

"眼睛是心灵的窗口"，目光也是构成面部表情的一个重要因素。在中国的传统文化中，讲究为人要谦虚、含蓄、内敛。所以在中国传统礼仪中，不强调与人谈话时目光一定要注视对方。相反，在与长者谈话时，目光应该下垂，以示恭敬。

但是，在国际通行的礼仪中，要求在谈话的大部分时间里目光注视对方。如果在交往中，一个人总是看着别处，而不注视谈话对象的话，对方会认为他不自信、心虚，甚至不诚实。所以，在商务活动特别是国际商务活动中，在谈话的大多数时间里，我们应该注视对方，与对方有交流。

（二）注视的种类

1.标准注视

在严肃的公务活动场合，目光应该注视对方双眼以上的额头部位，以表示我们郑重其事地在努力理解对方的话语。这种注视也可以称为公务注视。

2.社交注视

在社交场合，应该注视对方双眼以下、下颚以上的部位，以表示我们欣赏对方并且在享受对方的话语。

3.亲密注视

在亲朋好友之间，或者恋人夫妻之间，目光可以注视对方的上半身，以表示我们满怀激情地倾听对方的心声。

（三）注意事项

越严肃的场合，目光注视的范围就越窄。同时，不论中国还是外国，目光游移不定的人都不会给人以信任感。上下打量的目光也是忌讳的，它给人的感觉是非常不客气，挑毛病。

六、手势

手势在人际交往中占有重要的位置。人类学家雷·博威斯特（Ray Birdwhistell）发现，在一次面对面的交流中，语言所传递的信息量在总信息量中所占的份额还不到35%，剩下的超过65%的信息都是通过非语言交流方式完成的。各种各样的手势表达的意思丰富多彩，是非语言交流方式中最富有表现力的一种。因此，我们常常借助手势表达各种不同的意思。但是，世界各地的人们使用手势的习惯以及各种手势的含义是有很大差别的。因此，在与外国人打交道的时候，要慎重使用某些特别的手势。

（一）指示的手势

给人指示方向、指点物体、介绍某人、请人做某事等等，都需要用手来指示。正确的指示手势应该是：四指并拢，拇指自然分开，手心向上，手臂适度伸出。在商务活动中，这种手势的使用频率是相当高的。

（二）打招呼、致意、告别的手势

当双方距离很近的时候，手势要小，五指自然并拢，抬起小臂挥一挥即可。双方距离较远时，可适当加大手势，手臂举得高一点。

（三）手势的训练方法

秘书常常经历当众讲话的场合，如在会议上汇报工作，或受领导委托布置工作等，在这种场合，得体的手势对于表情达意有不可忽视的作用。

方法1：如果某次会议有录像，最好把自己发言的一段调出来看看，看手势方面存在什么问题。例如，手势是否与讲话内容相吻合，是否能给别人以较深印象。对于做得不好的手势，应该对着镜子反复练习，直到自己满意为止。

方法2：在正式讲话之前，找一两个好友，在他们面前先练练，让他们帮着看看会有什么问题，然后反复练习，直至得到大家的首肯。

（四）注意事项

1.不可用手指指点别人或自己

在任何情况下，不要用手指指点别人，那是极不礼貌的。也不可以用大拇指指向自己或比比画画。谈到自己的时候，可以用右手轻按自己的左胸部，显得稳重可信。

2.同形异意的手势要谨慎使用

有些手势，因各国文化背景的不同，同一手势表达的意思也不尽相同。因此，与外国人交往时，使用这些手势之前一定要弄清楚这些手势在对方文化背景中的含义，不可乱用。

（1）竖大拇指。在我国和一些国家这个手势表示称赞夸奖，在欧洲一些国家，伸出手臂拇指上挑可视作招呼出租车，而澳大利亚人认为竖起大拇指，尤其是横着伸出，是一种侮辱。

（2）"OK"手势。即用拇指和食指组成一个圆圈，其余三指竖起。这在美国人眼中是好、顺利、平安之意；在日本则代表钱；而在南美洲的一些国家，这是一种下流、侮辱性的手势。

（3）向下挥手。这在中国和日本，是招呼别人（主要是小孩儿或者是地位比自己低的人）过来的意思，完全没有恶意；在美国，这是唤狗的手势，如果对人用了这个手势，就会引起误解，带来麻烦。

（4）"V"形手势。这是英文"victory"（胜利）的第一个字母，人们以此手势表示胜利、赢了等意。使用这一手势时，一定要手心朝外。如果手心向内，则表示对对方的蔑视。

3.手势的幅度要适当

恰当地使用手势，可以加强语气、帮助表达。但如果手势幅度过大、过于夸张，反而会影响交际效果。面对面的人际交流，手势挥动的幅度要小，基本限制在自己胸前这一小片范围以内；面对众人讲话，手势挥动幅度就要适度扩大，高可超出头部，宽可达身体两侧。

4.避免令人反感的手势

除了有助于加强语气、优化效果的手势以外，还有一些手势是令人反感、有损形象的。例如，当众搔头皮、掏耳朵、挖鼻孔、剔牙、咬指甲、修指甲、搓泥垢、手指神经质地乱敲乱画等。当众做这些事，会让人觉得太没教养、太不讲文明，没有兴趣再与之交往下去。

【思考与练习】

一、不定项选择题

1.20世纪50年代，研究肢体语言的先锋人物阿尔伯特·麦拉宾发现：一条信息所产生的全部影响力中来自于语言（仅指文字）、声音（其中包括语音、音调以及其他声音）和无声的肢体语言的比例分别是（　　　）。由此可见仪表仪态的重要性。

A.10%、20%和70%　　　　　　　　B.30%、50%和20%

C.7%、38%和55%　　　　　　　　D.55%、38%和7%

2.（　　　）稳重而沉着，是商务场合最标准最规范也是最常用的姿势，尤其是在与对方初次见面或者还不太熟悉的时候。

A.搭手站姿　　　　B.垂手站姿　　　　C.背手站姿　　　　D.抱手站姿

3.（　　　）是商务人员尤其是女性商务人员保持为人自谦的品德以及职业优雅的规范唯一正确的坐姿，凡是有文化教养懂礼貌的商务人员，几乎都自然而然地保持这一坐姿。

A.深坐　　　　　　B.浅坐　　　　　　C.跪坐　　　　　　D.盘腿坐

4.正确的走姿应该满足以下要求：（　　　）。

A.双目平视前方　　　　　　　　　B.双臂自然摆动

C.身体的重心随着前行而略向前倾　　D.步幅适当

5.下列关于微笑的说法中正确的是（　　　）。

A.微笑是待人接物最基本的表情　　　　　B.微笑适用于一切场合

C.微笑是人人都会的天生本能　　　　　　D.职业性微笑需要经过严格的训练

6.在下列（　　）场合，目光应该注视对方双眼以上的额头部位。

A.谈恋爱　　　　　B.公务活动　　　　C.日常社会交往　　　D.家庭中

7.人类学家雷·博威斯特（Ray Birdwhistell）发现，在一次面对面的交流中，（　　）的信息都是通过非语言交流方式完成的。

A.30%多　　　　　B.40%多　　　　　C.50%多　　　　　D.60%多

8.给人指示方向、指点物体、介绍某人、请人做某事等等，都需要用手来指示。正确的指示手势应该是（　　）。

A.四指并拢　　　　B.拇指自然分开　　　C.手心向上　　　　D.手臂适度伸出

9.在任何情况下，都不要用手指指点别人，那是极不礼貌的。也不可用大拇指指向自己或比比画画。谈到自己的时候，可以（　　）。

A.用右手轻按自己的左胸部　　　　　　　B.用左手轻按自己的右胸部

C.用右手轻按自己的右胸部　　　　　　　D.用左手轻按自己的左胸部

10.竖起大拇指在我国和一些国家表示称赞夸奖，在欧洲一些国家，伸出手臂拇指上挑可视作招呼出租车，而（　　）认为竖起大拇指，尤其是横着伸出，是一种侮辱。

A.美国人　　　　　B.澳大利亚人　　　　C.非洲人　　　　　D.俄罗斯人

11."OK"手势，即用拇指和食指组成一个圆圈，其余三指竖起。这在美国人眼中是好、顺利、平安之意；在日本则代表钱；而在（　　）的一些国家，这是一种下流、侮辱性的手势。

A.东南亚　　　　　B.东北亚　　　　　C.南美洲　　　　　D.北美洲

二、案例分析题

美国通用电气公司原董事长兼CEO杰克·韦尔奇在企业管理中曾经推行过一项著名的"清除园中杂草"行动，这个"杂草"说的就是形象有问题的员工。他经常定期查看员工的照片，当他看到"肩膀低垂、耷拉着脑袋、睡眼惺忪"的照片时，就会毫不犹豫地说："这个家伙半死不活的，一点儿精神都没有，他能干什么？为什么不调走他？"此外，韦尔奇还说："在市场营销人员的选聘上，那些外表英俊、谈吐流畅的人往往是我的首选。"

试分析，杰克·韦尔奇为什么要清除"园中杂草"？你觉得他这样的做法有没有道理？为什么？

三、模拟训练题

请同学们轮流演示各种站姿、坐姿、走姿，并相互评价。

● 任务03　接打电话

【任务目标】

了解电话机的功能和电话的使用技巧，能够按照秘书的职业要求接打电话，做好电话记录。

【参考学时】

3 学时

【知识支撑】

一、电话使用常识

（一）电话机的一些常用开关和按键

1.数字键

"0~9"，用户拨打电话号码用。

2.功能键

"*""#"，是为配合程控交换机实现特种服务而设置的，其功能由交换机设定。

3.记忆存储键（"Store"）

用于存入常用的电话号码。使用时首先按"Store"键，然后按2位自选的号码，再按要存入的电话号码，最后按"Store"键，即完成了号码存入。一般有"Store"键的电话机可存入10~20个电话号码。

4."Recall"（"Memory"）键

提取记忆键。如果您已按上述步骤操作"Store"键将您常用的电话号码进行缩位，那么当您再打这些常用电话的时候，只需先按"Recall"（"Memory"）键，再按事先已存入的该电话号码的代码即可。

5."Hand-Free"键

免提扬声开关。使用这个键，在通话过程中可免提话筒，方法是在拨号前先按"Hand-Free"键，待拨号音由扬声器中传出，按对方的电话号码，听到对方答话后，即可开始通话。结束通话后，按"Hand-Free"键挂机。

6."Redial"键

重拨键。拨出对方电话号码后，若听到忙音，挂机稍候再按"Redial"键即可将原拨号码重新发出去。这不仅可省去重复拨号所需的时间，还可减少差错。

7."Flash""R"键（Register Recall）

闪接键。按下此键后，电话中断600毫秒（相当于拍叉簧1次），适用于程控交换机新服务项目。

8."Mute"键

静音键。如果您在与对方通话的过程中，需与您身旁的人商量一下而又不希望对方听到时，可按下此键。

（二）电话号码常识

国际电信联盟规定，电话号码"0"字头是供长途直拨电话专用的，"1"字头是供特种电话服务专用的，如"119"（火警）等。只有"2"至"9"字头是安排给市话号码使用；它还规定，一个电话号码，后4个数字为用户号码，后4个数字前面的数字为电信部门的电话局号代码。

（三）不通话也收费的三种情况

1.接通自动传真

对方电话机上接有传真机，当电话拨通后，先听到振铃声，接着就听到"叽……咕咕……"不间断的信号音。这就告诉您，电话已与处于自动接收状态的传真机接通。此时，计费就开始了，您虽未通话，但您已接通了对方通信终端设备。为免多计费，应立即挂机。

2.拨打分机电话

这种电话接在单位的小交换机上，进出电话需人工或电脑话务员转接，电话接通总机就算接通了电话，计费是从接通总机开始，总机转接的电话虽未通，也要计费。

3.对方呼叫转移

电话拨通后，有的转移到其他话机上，遇到这种情况，您虽未与对方通话，但接通了其他通信设备，完成了转移功能，也要计费。

（四）电话使用技巧

1.热线服务

秘书在工作过程中有一些需要经常拨打的电话，只要把"热线"对象的电话号码予以登记，以后每次通话，只要摘机，就会自动接通预先设定的"热线"对象，省去烦人的拨号程序。

登记的方法是：摘机听到拨号音后，按"*52*TN#"（TN表示要登记的热线对象的电话号码。*和#是电话机上的特殊功能键），听筒中传出"嘟、嘟……"短促断续的证实音或语音提示，表示登记已被接受。

注销的方法是：摘机听到拨号音后，按"#52#"。注销后，听筒中应传出证实音或语音提示，否则需重新注销。

"热线"对象可根据需要随时改变。设置了"热线电话"的电话机也同样可以发挥普通电话的功能。方法是：摘机后5秒钟内必须拨号。如果5秒钟内不拨号，则自动接通"热线"。

2.缩位拨号

秘书可将常用的20个电话号码登记在电话机的相关键位代码上，在进行业务联系时只需直接拨打相应的代码来联系对方，以减少拨号时间。

登记的方法是：拨打"*51*AN*TN#"（"AN"为用户自编的缩位代码，登记10个缩位号码取0～9中的一位数代码，登记20个则取00～19的两位数代码）。登记成功后，如果需要拨打对方的电话，摘机听到特种拨号音后，只需按"**AN"即可。

注销的方法是：摘机后，按"#51*AN#"。

3.转移呼叫

"转移呼叫"就是事先设定一个临时电话号码，所有来电都会自动转到设定的临时电话上（包括移动电话）。这样便可以及时处理各种来电。但要注意的是，使用完毕后，必须立刻注销该功能。转移呼叫又可分为无条件转移、遇忙转移和无应答转移三种。

（1）无条件转移。设定此功能后，所有呼入的电话均无条件地被转移到临时设定的电话机上，但本机仍可呼出。

设置的方法是：摘机听到拨号音后，按"*57*TN#"（"TN"表示设定的临时电话号码）。

注销的方法是：用原登记此功能的电话，摘机听到拨号音后，按"#57#"。

（2）遇忙转移。设定此功能后，呼入的电话遇到忙音，在不影响正在进行的通话的同时，很快被转移到临时设定的电话机上。

设置的方法是：摘机听到拨号音后，按"*40*TN#"。

注销的方法是：摘机听到拨号音后，按"#40#"。

（3）无应答转移。设定此项功能后，呼入的电话如无人接听，在铃响一定时间后会自动转移到临时设定的电话机上。

设置的方法是：摘机听到拨号音后，按"*41*TN#"。

注销的方法是：摘机听到拨号音后，按"#41#"。

4.呼叫等待

呼叫等待功能可以使通话者在通话过程中处理第三方的呼入电话。

设置的方法是：摘机听到拨号音后，按"*43#"。

注销的方法是：摘机听到拨号音后，按"#43#"。

设置后，对于第三方电话的呼入，有如下三种处理方法：

（1）拒绝接听。通话过程中，如有第三方介入，话机会予以提示，提示音超过一定时间后，通话人如果不做任何操作，提示音便会自动消失。

（2）第三方优先。即听到提示音后，改与第三方通话，并保留原来的通话，与第三方通话完毕后再恢复原来的通话。

操作方法是：听到提示音后，在电话机（双音频电话机）上先按"R"键，听到拨号音后，按"*58#"，便可与第三方通话。第三方挂机后，便恢复到原来的通话。

（3）交替通话。分别同原通话方和第三方交替通话的方法是：轮番按一下"R"键或拍叉簧选择通话对象。在与一方通话时，另一方无法听到，这样你就可以充当中介人的角色，为双方转送信息，以避免一些他们直接通话可能造成的尴尬或不便。

5.遇忙回叫

面对"忙"得不可开交的电话，对方又没有"呼叫等待"功能的服务，有时为了拨通一个重要或紧急的电话，秘书不得不暂时放下手中的工作，坐在电话机前面反复拨号，这严重影响了工作效率。"遇忙回叫"功能则可以为秘书消除这种烦恼。只要设置一下，即使对方占线，也可以放心地去做其他事情。对方线路一有空，电话便会自动接通并振铃通知你。

设置的方法是：拨号后若听到对方电话忙音，不挂机，按"R"键或拍一下叉簧，听到特殊拨号音后，再按"*59#"，听到证实音后，挂机等候。

注销的方法是：按"#59#"。

此功能服务时间为20分钟，超过这一时间限制后此项服务将自动注销。

（五）电话摆放位置

电话机应该放在最容易拿到、最方便使用的地方。如果是习惯用右手写字，电话机就应该放在办公桌的左上角。当来电话时，左手拿话筒，右手拿笔作记录，很方便。

二、接打电话的基本原则

（一）态度礼貌、友好

在通话过程中，全凭声音传递信息，秘书就要特别注意自己的说话方式和态度。

首先，要尽量使用礼貌用语，如"您好""请""不客气""谢谢"等。

其次，要及时向对方问候。

秘书对上司的声音一定是熟悉的，除此之外，还应该努力记住经常联系的其他人的声音，例如，下属部门的负责人、常有业务来往的客户等。这样，拿起电话来，不等对方报上姓名就已经判断出他是哪位，及时问候并准确地称呼对方，将会给对方一种格外受到尊重的、温暖的感觉。

（二）声音积极、自然

首先，要微笑着接打电话。也就是要将自己的情绪调整到积极状态，这样微笑才会自然，通过话筒传递的声音才能体现出情绪饱满、态度热情。

其次，语速要适中。说话太快对方不易听清，太慢又显得懒散，所以通话时要比平常面对面交流时的语速稍慢一点即可。正常的说话速度约为每分钟120~160个字。同时，适当的停顿和变化会使讲话听起来有抑扬顿挫的效果。

第三，音量要适中。声音太小固然不行，声音过大也会让对方不舒服，还会有咄咄逼人的感觉。所谓音量适中，是以对方能听清为标准。

（三）通话简洁、高效

秘书每天要接打大量的电话，如果每一次通话都能够简洁，那么工作效率就能提高。一般的通话应该尽量控制在3分钟之内。

同时，要注意去掉自己的口头禅，因为如果一个人在说话中反复不断地使用口头禅，其职业形象就会大打折扣。克服的常用方法是把自己打电话的声音录下来，反复播放以便发现和纠正问题，或者每天面对镜子演讲，克服口头禅。

三、接听电话的具体要求

（一）铃响不过三

电话铃响三声之内应该拿起话筒，即"铃响不过三"。但是只响一声，甚至一声都没有响完马上就接，对方心理多半没有准备，而且电话也可能还没接通。在响两声到三声的时候接起来是最正常的。如果电话已经响了四五声才拿起来，就算接迟了，此时应该说的第一句话就是："对不起，让您久等了！"

（二）及时问候

在规定时间内接起电话，应对的第一句话应该是问候语——"你好"或"早上好""下午好"，然后是"自报家门"：对外部来电报单位名称，如"××公司"，对内部来电则直接说"××部"。这样的应答暗示给对方的意思就是"我们欢迎你"，而且对方还能马上知道自己的拨号是否正确。

（三）适时应答

在对方说话的时候，我们要给以反馈信号，适时回应，如"是的""好，我明白了""对不起，我没听清，您能再说一遍吗？"等。

（四）掉线等待

如果在通话过程中电话掉线，应该把电话机挂上等待。在这种情况下，主动拨打电话的一方应该再次重拨。

（五）声音积极

前台秘书转接外线电话时，语速要适中，吐字要清晰，语调要积极热情，即向对方通报单位名称的时候，尾音要上扬，而不要下沉或模糊不清。即使在即将下班时也不能显出疲劳的声音。

（六）兼顾各方

当同时有几个电话需要我们处理的时候，不能只顾一个，丢掉其余，而应视情况采取以下几种措施：

1. 保A接B，B毕返A

请正在交谈的一方稍等，告诉他有电话打进来，需要马上处理。迅速接听另一个电话，快速处理完，赶快回到第一个电话上。

2. 保A接B，别B返A

如果第二个电话一时不能处理完，也不属于紧急内容，则应该告诉他还有一个电话没有结束，建议一会儿再给他回电话，然后马上回到第一个电话上。

3. 保A接B，别A返B

如果第二个电话是紧急的事情，则要马上向第一个来电者道歉，建议他先挂上电话稍等或快速处理完第一个电话。

但无论采用哪一种处理方法，回到第一个电话时，都要向来电者致歉。

（七）注意保密

当我们接听到要找上司或者同事的电话，而上司或者同事又恰好不在时，要注意以适当的方式传达信息，做到既保守公司秘密，又让对方满意。

如果上司或同事不在，可以笼统地说"对不起，××现在不在他的座位上"，或者"他出差了"。不必说像"他正在开有关开发新产品的会"这样具体，以防无意中泄露秘密。

（八）做好记录

如果电话内容特别重要，或者需要为上司或同事转达电话内容，则应该填写一张"电话记录单"，并把填好的"电话记录单"按照规定的文书处理程序进行处理，或者背面朝上放在上司或同事的办公桌上，以达到既明确转达又替别人保密的目的。

【工具箱1-1】

如何设计电话记录单

每个单位的工作内容不同，电话记录表可以有所不同、有所侧重，但是基本要素不外乎以下几个：来电者、来电单位、来电时间、电话内容、处理意见、记录人。示例见下图。

青海集团计算机公司电话记录单

来电者		来电时间	
来电单位		来电号码	
电话内容			
紧急程度	□紧急　　□正常		
处理意见			
记录人		记录时间	年　月　日

四、拨打电话的具体要求

（一）提高效率

最好把一天之中需要拨打的电话集中在一起，选择适当的时段拨出。

（二）适时拨出

非紧急电话，一般不要选择上班后半小时内、下班前半小时内及午餐时间拨出。

（三）写下要点

内容比较复杂的电话，应该先把要点记在纸上，以免通话时遗漏。

（四）控制时间

尽量把一次通话时间控制在3分钟之内。如果内容较多，预计将超出3分钟，则应该先与对方商量："可能会占用您比较长的时间，您现在方便吗？"

（五）自报家门

电话接通以后，应该马上清晰地报上自己的姓名和单位，即使是熟人也要如此。不要让对方猜测来电话者到底是谁。

（六）以问候开始，以感谢结束

因为占用了对方的时间，所以要在通话结束前向对方表示感谢："占用了您的宝贵时间，对不起！非常感谢您对我们的理解和支持！""谢谢您支持我们的工作！"

（七）无人当作有人说

如果我们拨通对方电话的时候，被告知我们拨通的是无人值守的录音电话，也不能口出不逊或者干脆挂机，而是要向对其本人一样，以问候始，以感谢终，简要说明事情，留下自己的姓名和电话号码。

【工具箱1-2】

电话用语"脱口秀"

1.对不起，我能耽误一下您的时间吗？

2.不知您现在是否方便？

3.我之所以冒昧地给您打这个电话，是因为……

4.谢谢您打电话来。

5.如果您有什么问题，请随时给我来电话。

6.我能为您做点什么？

7.对不起，我正要去参加一个会议，5分钟之内必须到达，您能说得简短一些吗？

8.我的另一个电话响了，请您稍等片刻。

9.我正在接别人的电话，过一会儿我给您打过去，好吗？

10.对不起，我的办公室还有人等着，我会尽量在短时间内解决，然后给您打电话，好吗？

11.您稍等一会儿，让我帮您查找一下有关的资料，好吗？

12.让您久等，真是抱歉。

13.我现在没有这方面的资料，但我很乐意去找，我明天会给您打电话的。

【思考与练习】

一、不定项选择题

1.电话机上的（　　）键是为配合程控交换机实现特种服务而设置的，其功能由交换机设定。

A.*　　　　　　　B.#　　　　　　　C.数字　　　　　　D.R

2.在日常的电话事务处理中，一般的通话应该尽量控制在（　　）之内。

A.1分钟　　　　　B.3分钟　　　　　C.5分钟　　　　　D.10分钟

3.一般来说，电话机应该摆放在办公桌的（　　）。

A.左上角　　　　　B.左下角　　　　　C.右上角　　　　　D.右下角

4.接听电话时，一般要遵循（　　）的原则。

A.铃响不过一　　　B.铃响不过二　　　C.铃响不过三　　　D.铃响不过四

5.设计电话记录单的时候，一般来说，以下（　　）是必不可少的项目。

A.来电者　　　　　B.来电内容　　　　C.来电者的情绪　　D.记录人

6.接听电话的时候，如果在通话过程中电话掉线，应该（　　）。

A.挂机走人　　　　B.挂机等待　　　　C.回拨询问　　　　D.持机等候

7.拨打电话时不通话也收费的三种情况包括（　　）。

A.接通自动传真　　　　　　　　　　　B.拨打分机电话

C.拨打已停机电话　　　　　　　　　　D.对方呼叫转移

8.拨打电话的时候，摘机按下电话机上的（　　）键，就可以把最近拨打过的电话号码重拨出去。

A.#　　　　　　　　B.*　　　　　　　C.Mute　　　　　　D.Redial

9.拨打电话的时候，如果不是紧急电话，一般不要选择（　　）等时间拨出。

A.上班后半小时　　B.上班后1小时　　C.下班前半小时　　D.午餐时间

10.当我们接听到找上司或者同事的电话而上司或者同事又恰好不在时，可以说（　　）。

A.对不起，××现在不在他的座位上　　　B.他出差了

C.他正在开有关开发新产品的会　　　　　D.他生病了

二、案例分析题

（一）

宏远公司秘书初萌刚一上班电话铃就响了，她拿起听筒："你好！宏远公司。"

对方："初萌吗？"

"对啊。"

"怎么听着不像啊！我是四达公司的小赵。你病了吗？"

"没有，没什么事。"

"那你昨天下半夜看世界杯了吧？"

初萌用手使劲搓着脸："嗯，是精神不太好……"

请根据以上情景描述，分析初萌接听电话时违反了接打电话的哪些基本原则。

（二）

世界第一女CEO、曾任美国惠普公司董事会主席兼首席执行官的卡莉·费奥瑞纳女士在刚刚踏入社会的时候，在马库斯-密里查普房地产经纪公司做接待员，负责迎来送往、接打电话和打字工作。虽然薪水不高，但是她对这份工作很投入。

一天，一位客户来到该公司，表示在与许多公司接触后，感觉更愿意与该公司合作。他的理由是，在他致电咨询时，卡莉表现出了非常友好的态度，积极地给予了他许多的帮助。

鉴于卡莉的出色表现，马库斯和密里查普两位老板给了卡莉很高的奖励，还安排她接受公司培训，将她培养成为一名高级职业经理人。

请问，卡莉在一个普通的前台接待岗位上用什么样的方法为公司吸引来了潜在的合作客户？她的这些做法为她带来了什么样的命运转机？

● 任务04　邮件处理

【任务目标】

掌握处理邮件的一般方法和步骤。

【参考学时】

3学时

【知识支撑】

邮件的处理，是文秘人员的重要工作。有些公司的文秘人员甚至每天要花几乎半天的时间来做这件事。一方面要处理外面寄来的信件，另一方面还要发出大量的信件。文秘人员要做好这项工作，必须懂得一些基本的规则和方法。

一、邮件的种类

（一）按照处理时限划分

1.普通邮件

按一般时限规定传递处理的邮件。

2.邮政快件

一种优先处理，具有明确的时限要求，限时到达的邮件。

3.特快专递邮件

以最快速度传递并通过专门组织收寄、处理、运输和投递的邮件。

（二）按照处理手续划分

1.平常邮件

收寄时不出具收据，处理时不登记，投递时不要收件人签收。

2.给据邮件

收寄时出具收据，处理时进行登记，投递时要收件人签收。

（三）按照内件性质划分

1.函件

以传递信息为主要目的的邮件，主要包括信函、明信片、印刷品和盲人读物等。其中在市属区或者县城城关范围内互寄的称为本埠函件，在这个范围以外互寄的称为外埠函件。

2.包裹

以转移实物为主要目的的邮件，主要包括民用包裹、纸质品包裹和商品包裹等。

（四）按照赔偿责任划分

1.保价邮件

邮局承担按照保价额赔偿的责任。

2.非保价邮件

邮局按规定的限额承担赔偿责任或不承担赔偿责任。挂号函件、快件都可以作保价邮件收寄。民用包裹、商品包裹必须作保价邮件收寄。

（五）按照运输方式划分

1.水陆路邮件

利用火车、汽车、轮船等交通工具运输的邮件。

2.航空邮件

全程或一段利用飞机运输的邮件。

二、邮件的收取

（一）普通邮件的收取

1.坐收

在设有传达室或收发室的单位，普通的邮件一般都是由邮局的邮递员投送到传达室，再由传达室送到办公室。

在这种情况下，秘书人员应注意邮件到达自己办公室的时间规律，尽量不要在邮件到达时离开办公室，如不能避免，应请人代收。

2.自取

在一些规模较小或者有保密要求的单位，与外界联系时，他们往往并不公布自己的详细地址，而是在邮局租赁一个信箱，用这个信箱与外界联系。

在这种情况下，邮局只负责把邮件送到单位所租的信箱，由文秘人员亲自到邮局开启信箱取回邮件。这时，文秘人员每天的开箱次数应该和邮局投递的次数一致，并尽可能在时间上与送达时间相合拍，形成一种规律。这样，才可能提高邮件的处理效率。

自取邮件应该做到专事专办，即取出邮件后应立即返回办公室，不要带着邮件再去办理其他事情。如果邮件较多，文秘人员可以事先带上一个袋子，以免邮件在途中失落。

（二）特殊邮件的收取

如果公司使用电子邮件、传真等邮件系统，文秘人员每天到达办公室的第一件事是检查电脑里的电子邮箱和其他设备，如传真机等，查看晚上是否有信件传送过来。

电子邮件可以在屏幕上看到，但通常的做法是文秘人员把接收到的信息全部或部分打印出来，然后与其他要交给上司的信件放在一起呈送给上司，或者把电子邮件转发给其他部门、人员。

三、邮件的分拣

文秘人员收到邮件后，应该按照一定的标准进行分拣。分拣方法为：首先把私人邮件和公务邮件分开；然后把办公室内部邮件和外部邮件分开；接着把优先考虑的材料放在一起，包括邮局投递材料、专人投递材料和电子文本材料；如果还有其他种类的邮件，可以使用一些如分类架、分类盘等工具，进行进一步分类。

四、邮件的拆封

对于收件人为本单位和本单位秘书部门的邮件，秘书人员应拆封阅读后进行处理。拆封时要注意以下几点：

（一）明确权限

一般情况下，秘书人员拆封邮件的范围仅限于收件人为本单位或本单位秘书部门的邮件，不能拆开收件人非本人且带有"亲启"等字样的邮件，除非收件人授予你这样的权力。

（二）先磕后拆

把信件封口朝上在桌子上磕几下，使里面的信纸和其他东西沉落在信封的底部，然后用剪刀从封口处剪开。

（三）清查核对

信件拆封后，首先要确保取出里面的所有东西，然后检查信封、信纸上的地址、电话是否一致。假如不一致，应打电话询问正确的，再把错误的划去，这样才能保证寄信人及时收到回信。

信封里有时会附有货单、发票、支票等附件，检查这些附件时，应该一一对照信纸上提到的部分。如发现名称或数量不符，要在信封上写上缺少的附件的名称和数量，并及时打电话或写信与寄信人联系，争取事情的妥善解决。信件里的证件、票据等要专项登记和保管。

（四）重要邮件保留信封

对于需要进一步处理的重要邮件，要用回形针把信封附在信纸的后面，以供以后查阅、佐证，这也是归档的要求。

五、邮件的登记

对于比较重要的邮件，秘书人员应逐件在"收件登记簿"上登记，然后根据邮件内容的要求进行进一步处理。

【工具箱1-3】

收件登记簿

收件编号	收件日期	邮件名称（或主题）	发件单位（人）	备注

六、邮件的办理和传阅

（一）邮件的办理

1.职权内及时办理

对于办公室职权范围内可以办理的信件，办公室人员应马上办理，并及时答复对方。

2.职权外先批后办

对于办公室职权范围内无法办理的信件，秘书人员应在信件前面加贴"邮件批办单"，并填写"拟办意见"后送领导批示，经领导批示后迅速办理或者转送给其他承办部门处理。

【工具箱1-4】

邮件批办单

邮件名称	
发件单位	
收件时间	
领导批示： 年　月　日	
拟办意见： 年　月　日	

（二）邮件的传阅

对于需要传递给多位领导或多个部门阅读的信件，秘书人员应在信件前面加贴"邮件传阅单"后，请相关领导或者部门依次传阅。

【工具箱1-5】

邮件传阅单

信件名称			
来信单位			
传阅顺序	阅读人	阅读日期	阅者签
1			
2			
3			

（三）呈送邮件的注意事项

把邮件呈送给上司时应该注意以下事项：

1.超前呈送

尽量赶在上司进办公室之前把收到的邮件放在上司的办公桌上。

2.关联呈送

如果以前保存在档案中的邮件与手头上的邮件有很大关系，要把两者放在一起。

3.分级呈送

根据重要程度整理上司的邮件，最重要的放在最上面。

4.分类呈送

征询上司的意见是否使用不同颜色的文件夹存放不同种类的邮件。

（四）上司不在时邮件的处理

上司因为出差或其他原因不在公司时，文秘人员处理邮件要给予更多的重视，并承担更多的责任。一般而言，有这样几种处理办法：

1.复而不办

把需要上司亲自处理的信件先保存下来，并通知发信人信已收到，告诉对方何时可能得到答复。

2.遵嘱转呈

如果上司指明在他不在的时候，把需要他处理的信件交给某个部门或某个负责人处理，则遵照上司的安排把有关信件转呈指定部门或负责人处理。

3.受权慎办

上司授权秘书人员处理一些应由他处理的邮件时，秘书人员应在全面掌握情况的基础上慎重办理，并在回信上注明自己的职务（某某人的秘书），发出前复印一份，留待上司过目。如果是回电或面谈，则应在收到的邮件上写明回电、面谈的时间和内容，以备后查。

4.摘要汇报

如果需要上司处理的邮件很多，文秘人员应制作"邮件办理摘要表"，列出何时收到的什么邮件，怎样处理的（文秘人员回信或转送他人），做了哪些事，采取了哪些措施等。

【工具箱1-6】

邮件办理摘要表

日 期	来件者	内容摘要	采取的行动
10月5日	李德慨先生	要求确定年度体检的日期	安排在11月12日上午9点整
10月5日	交通大学	邀请函	安排在10月23日下午2点整
10月6日	富兰克林	讨论销售合同	

当上司给办公室打电话或者回到公司的时候，文秘人员应根据"邮件办理摘要表"随时向上司汇报。

5.及时请示

文秘人员在处理邮件时遇到棘手的事情，应及时向上司请示。如有可能，可以把那些难以办理而又急需回复的邮件用传真、快件、电子邮件等形式发给上司，请上司定夺。

七、邮件的寄发

（一）检查附件

如果邮件有附件，秘书应认真检查，防止遗漏，确保附件的准确和齐全。

（二）签字盖章

以公司名义寄出的信件，应请上司审核后在信件的末尾签名或者加盖公章。

（三）复印存档

重要邮件应复印存档。

（四）书写信封

1.国内邮件封面的书写

从左上角开始，依次为：收件人邮政编码，收件人详细地址，收件人单位名称，收件人姓名，寄件人单位名称，寄件人详细地址，寄件人邮政编码。

【工具箱1-7】

国内邮件封面书写示例

116025

辽宁省大连市黑石礁尖山街217号

东北财经大学出版社

张晓鹏　收

山东外贸职业学院经济管理系

山东省青岛市李沧区巨峰路201号

266100

如果是给据邮件，则应在寄件人单位名称后面写上寄件人的姓名。

2.国际邮件封面的书写

收件人的姓名、地址应当写在邮件封面中间靠右偏下的位置，与邮件的长度方向平行书写。书写顺序是：第一行写收件人姓名、第二行写所在单位名称、第三行写门牌号码和街道名，第四行写城市名和行政区域名，最后一行写寄达国名。邮政编码写在寄达地邮政规定位置。

寄件人的姓名、地址应当写在邮件封面的左上角或者写在邮件的背面。邮件上只能书写一个寄件人名址，大宗函件的寄件人地址必须在我国大陆范围以内。

收、寄件人名址应打印或用钢笔、毛笔、圆珠笔书写，颜色为黑色或蓝色。

【工具箱1-8】

国际邮件封面书写示例

```
100080   P.R.CHINA
中国 北京市
海淀区
中关村邮局081信箱
吴亲

              Mr. George Hsiao
              118 South State Street
              Chicago, Illinois 60603
              U.S.A. 美国
```

3.封面书写小窍门

根据《国内邮件处理规则》的规定，邮件（除保价信函和特挂外）的封面上可以粘贴收、寄件人名址签条。

签条尺寸不小于50毫米×30毫米，最大不超过100毫米×70毫米，名址字体的大小以不小于4号字为限。

（五）核对收件人信息

在交寄邮件之前，秘书必须认真核对收件人的姓名和地址等，确保邮件投递准确。

（六）装封登记

邮件装封时，应注意以下事项：

1.方便收件人拆阅

为了方便收件人拆阅，邮件装封时应将内件的上下或左右边缘与信封边缘之间留出大约1厘米的距离。

2.整齐美观

根据所使用信封的大小，信纸应尽量平整地放入信封，可不折叠，也可采用二折法、三折法或四折法。

3.顺序折叠

当信纸有多页时，应首先根据信件内容的逻辑顺序排列好，然后再折叠成一叠，而不能单页折叠，形成多叠。

4.附件套叠

如果有附件，附件应与信件正文分开折叠，并把折叠好的附件放在折叠正文的最外面一层中，使二者套叠在一起，这样收件人取信时，就会很自然地把附件一同取出。

装封结束，秘书还应对待发邮件予以登记，以便工作的落实与跟踪。

【工具箱1-9】

邮件发出登记表

序号	邮件名称	寄出时间	收件人及单位名称	邮件内容或主题	备注

（七）交邮

如果是大宗的一般邮件，只需数清件数，一起交给邮局作为平信邮出。如需挂号，则必须一件一据，收据号码与邮件号码相符合，以备万一出差错时，凭挂号收据寻查邮件下落。

（八）收据的保管

挂号邮件或特快专递邮件一般都有收据，秘书人员应把收据贴在"邮件发出登记表"的"备注"栏内，以利于保管和查询。

八、使用快递服务

（一）快递的概念和种类

快递又名速递，是指快递公司通过铁路、公路、空运和航运等运输方式，对客户交付的物品进行快速投递，是一种兼有邮递功能的门对门物流活动。在不断发展的过程中，逐步形成了以处理文件、资料、图纸、贸易单证等为主的函件快递和处理样品、高附加值物品、社会活动礼品和高档家用商品等为主的货物快递。

（二）常见快递机构

当前，常见的提供国内快递服务的机构有顺丰速运、EMS、宅急送、中通快递、圆通速递、申通快递、百世汇通、韵达快递、天天快递等近30家快递公司；提供国际快递服务的机构有主要有DHL、UPS、TNT、FedEx等国际性快递服务公司。

（三）寄送快递的注意事项

1.看清合同条款

快递运单及背书（运单背面的服务条款）是消费者与快递公司之间签订的运输合同。首次使用某家快递公司的快递服务之前，一定要看清楚该公司运单背面关于保险、赔偿、免责等条款。如果需要频繁大量地使用快递服务，最好与快递公司另外签订一份快递服务合同，既有利于保护自身合法利益，又可以有效降低快递服务费用，还可以采取按月或按季度集中结算等方式提高资金使用效率。

2.准确填写运单

填写运单时，要把寄件人与收件人的联系电话、收件人地址填写准确，否则可能会给派送造成麻烦，或在退回快件时找不到退回地址和发件人。

3.贵重物品要购买保险

一般价值2 000元以上的物品，如手机、手表、电脑、照相机、首饰、高档服装、艺术品等，一定要购买运输保险，并在运单的相关栏目中正确填写物品名称、保险金额等，避免理赔时产生纠纷。保险费率一般为1%～3%。

4.交接签名并保存运单

将快件交给快递业务员时，除自己在运单签名外，要求快递员也必须签名，并且要求其签名应与佩戴的胸牌一致。这是具有法律意义的交接，因为运单除了是运输合同外，还是交寄快件的凭证，在送达寄件人之前千万不能丢弃。

5.熟悉签收流程

如果快件外包装完好，收件人要先签字确认后再验货。如果开箱验货后出现短缺、破损等情况，可以采取退回或让快递业务员写书面材料证明、拍照等措施，并立即打电话通知发件人或快递公司客服人员，并记住快递公司客服人员和快递业务员的姓名和工号。如果外包装出现明显破损等异常情况，收件人则可以先验收内件再签收。如果开箱验货后发现短缺、破损等情况，可以采取退回或让快递业务员写书面材料证明、拍照等措施，并立即打电话通知发件人或快递公司客服人员，协商解决措施。

6.查询快件行踪

当前，几乎所有的快递公司都提供邮件追踪功能，用户可以通过输入运单号在快递公司官网或其他相关网站上随时查询快件的派送情况，做到心中有数。

【思考与练习】

一、不定项选择题

1.在处理接收到的邮件的时候，拆封之前必须先进行的一个环节是（　　　）。

A.分拣　　　　　B.登记　　　　　C.结算　　　　　D.办理

2.分拣邮件时，首先要把（　　　）分开。

A.私人邮件和公务邮件   B.办公室内部邮件和其他部门邮件

C.老板邮件和员工邮件   D.挂号邮件和普通邮件

3.一般来说，秘书人员拆封邮件的范围仅限于（　　　）。

A.收件人为本单位的邮件   B.收件人为本部门的邮件

C.收件人为本单位领导人的邮件   D.收件人为好朋友的邮件

4.邮件拆封的时候，要（　　　），并仔细检查里面的物件是否全部取出。

A.使用开封刀开封   B.使用自动拆封机拆封

C.用手撕   D.把信封完全拆开

5.如果文秘人员在处理邮件时遇到棘手的事情，应及时向上司请示。如果上司出差，可以把那些难以办理而又急需回复的邮件用（　　　）、快件、电子邮件等形式发给上司，请上司定夺。

A.传真   B.快件   C.视频   D.电子邮件

6.邮件装封的时候，为了考虑方便收件人拆阅，折叠时宜将信纸的上下或左右纸边与信封边缘之间留出大约（　　　）的距离。

A.5厘米   B.3厘米   C.1厘米   D.10厘米

7.邮件装封的时候，还要注意整齐美观。根据所使用信封的大小，信纸可以（　　　）装入信封。

A.不折叠   B.两折   C.三折   D.四折

8.邮件装封的时候，如果有附件，应该把附件（　　　）。

A.与信件正文分开折叠   B.把附件叠好放在正文的最后一叠中

C.与信件正文一起折叠   D.与信件正文分装在两个信封里

9.交邮的时候，如是大宗的一般邮件，只需数清件数，一起交给邮局作为平信邮出。如需挂号，则必须（　　　），以备万一出差错时，凭挂号收据寻查邮件下落。

A.一件一个收据   B.至少两件一个收据

C.保价   D.使用特快专递

10.挂号邮件或特快专递邮件一般都有收据，秘书人员应把收据贴在"邮件发出登记表"的（　　　）栏内，以利于保管和查询。

A.序号   B.邮件名称   C.寄出时间   D.备注

二、案例分析题

李威刚刚参加工作，在海天控股集团轨道交通事业部担任总经理刘平的秘书。有一天，他刚到办公室，就收到了集团办公室发来的一份急件。打开一看，是海天控股集团"十三五"发展计划纲要（征求意见稿）。他马上把文件送到了总经理办公室。下午2点多，集团办公室来电话问："下午3点钟的会议，刘总动身了没有？"这时离会议开始时间只有半个多小时了。李威顿时出了一身冷汗，意识到自己遗漏了什么信息。他立即通知司机楼下待命，然后跑到刘总办公室，说："集团有个紧急会议，车子准备好了，请您马上过去。"刘总一走，李威就意识到那个急件的信封里可能还有个会议通知。他赶紧找来一看，果不其然，信封的内壁上紧紧地吸附着一个会议通知……

根据这个案例，分析秘书李威在哪些地方出现了工作失误？今后应该怎样避免？集团办公室的秘书们在工作上有哪些可以学习和借鉴的地方？

項目二

日常事务

● 任务05　印章管理

【任务目标】

了解印章管理的基本技巧，能够独立胜任印章的管理工作。

【参考学时】

2学时

【知识支撑】

印章是各级各类组织对外联系的标志和行使职权的凭证，严格按照规定使用和管理印章，是秘书部门和秘书人员的重要职责。

一、印章的概念

印章，也叫图章，是指刻制在固定质料上的代表一个组织或者个人的法定权利和义务的文字或者图形。

二、印章的作用

一般来说，印章具有以下4个方面的作用：

（一）标志作用

在大量的日常公务和对外往来中，一个社会组织必须有一个区别于其他组织的标志，这个标志一般是通过使用法定的名称来加以区别，而这个法定名称又是通过印章来做标志的。在制发文件、接洽业务等过程中，印章可明确表明该组织的合法身份。

（二）权威作用

各级各类社会组织由于有特定的地位和所辖范围，因此在一定层次和范围内具有权威性。例如，一个学校向学生发出入学通知书，学生就必须在规定的时间内报到。一级政府机关对它所辖的下属各机关发布的各项命令或指示，下级机关必须遵从。上述机关、单位所发的通知、决定等都必须加盖公章，因为印章是该单位权威性的象征物。也就是说，一切文件只有加盖了印章才能产生效力。

（三）证明作用

印章是证明某个单位合法存在的象征物，组建一个新的单位，或者更改一个单位的名称，都要颁发新的印章。在对外交往中，出差人员的合法身份也必须由盖了印章的介绍信来证实，他出差中的公务活动也因此具备了合法性。

（四）凭信作用

既然印章是单位合法性、权威性的象征物，那么，它在工作中无疑具有凭信作用。一切文件、信函、合同、协议书以及各种证明，要使人们真正相信它具有效力，就必须盖章。不盖印章的行文，难以取信于人，因而不能产生效力。例如，学生的毕业证书如果不盖印章，就失去合法性和有效性。同样，一份公务合同，如果协议双方不盖章，它的可信性也就不复存在了。

三、印章的式样

印章的式样由质料、形状、印文、图案、尺寸等组成。

（一）质料

我国古代官印依品级高低分别用金、银、铜等金属铸成，帝王则用珍贵玉质，象征其地位。近代公章用过角质、木质，现代则多用橡胶和塑料刻制。另有一种专用于贴有照片的身份证明上的钢印。近几年还有将色油或固体色料热压而成的"原子印"和"渗透印"，无须印泥就可连续使用万次以上。

（二）形状

古代官印为正方形。现代机关、单位公章则为正圆形，用于其他公务（如收发、财务等）的印章也有长方形、三角形或椭圆形的。领导人和法人代表的印章一般仍为方形。

（三）印文

公章印文应使用国务院公布的规范简化汉字，字体为宋体，自左而右环形排列。领导人签名章则由个人书写习惯而定，民族自治机关的公章可以并列刊有汉字和当地民族文字。

（四）图案

县以上政府机关、法院、检察院、驻外使馆的公章的中心部分刊有国徽；党的各级机关印章刊有党徽；其他机关和企事业单位公章则刊有五角星图案。

（五）尺寸

按国务院规定：国务院的公章，直径为6厘米；省、部级政府机关，直径为5厘米；地、市、州、县机关为4.5厘米；其他机关、部门、企事业单位公章直径一律为4.2厘米（包括边框）。

党的各级机关的正式印章尺寸规格一般与同级行政机关的正式印章相同。

国务院的钢印，直径为4.2厘米。其他单位使用的钢印，其直径最大不得超过4.2厘米，不得小于3.5厘米。

四、印章的种类

在现实社会交往中，印章的形式多种多样，按其性质和作用，大致可以分为如下

7种：

（一）正式印章

正式印章也叫公章，代表一个组织的正式署名。这种印章必须按照国家法定程序，由上级机关、主管部门正式颁发或同意刻制后使用，具有法定的权威性和凭证性。

（二）专用印章

专用印章是各级领导机构或各级业务部门为履行自己的某一项专门性业务而使用的印章。这种印章在印文中除刊有机关或单位的法定名称外，还刊有专门的用途。例如"财务专用章""发票专用章""合同专用章""物资进出库专用章""档案专用章""招标专用章""投标专用章"等。专用印章不能代表整个领导机构的权力，只代表印章上刊明的适用范围，超过这个范围就没有法律效力。但是，这类专用印章的刻制也要经过一定的严格批准手续，绝不能乱制滥用。

（三）套印章

这种印章是指按照正式印章的原样制版而成，在需要印制大批量文件时，以制版印刷的方式代替手工加盖印章。它与正式印章具有同等的法定效力。

（四）钢印

这种印章不用印色，利用压力凹凸成形，一般加盖于贴有照片的证件上，起证明持证人身份之用。但钢印不能作为文件、介绍信及其他票据凭证的有效标志，也不能独立使用。

（五）领导人手章

这是由领导人亲笔书写，而后照其真迹按比例放大或缩小刻制的印章。这种章也叫领导人签名章。领导人手章和个人私章性质不同，它属于机关或单位的公务章和专用章一类。它代表一个机关或单位的领导者身份，是行使职权的标志，具有权威作用。它的适用范围很广，通常用于任命、调遣、罢免干部等重大事项。有些凭证不但要有机关或单位的印章，而且还要由领导人加盖手章或签署，这样才能生效。如合同、协议书、毕业证书、聘请书、财务预决算，都需要加盖领导人的手章。因此，手章还具有凭证作用。

（六）个人名章

个人名章指使用标准字体刻制个人姓名的印章，其作用是代替手写签名，加盖在文件或凭据上以示负责。例如在报表、财务预决算、银行支票、合同等文本或票据上，都要加盖这类印章。

（七）戳记

这种印章主要是为了方便工作、提高工作效率而刻制的。如文件的收文章，文件密级中用的"机密""绝密"等戳记。这种印章可以减少工作人员的工作量，也可以使工作规范化。

五、印章的刻制

（一）刻制印章的严肃性

印章的刻制和颁发是一件极为严肃的事情，《中华人民共和国刑法》第二百八十条规定："伪造、变造、买卖或者盗窃、抢夺、毁灭国家机关的公文、证件、印章的，处三年以下有期徒刑、拘役、管制或者剥夺政治权利；情节严重的，处三年以上十年以下有期徒刑。伪造公司、企业、事业单位、人民团体的印章的，处三年以下有期徒刑、拘役、管制或者剥夺政治权利。"可见，任何机关、团体和企业、事业单位的印章，都不准擅自刻制、颁发。

（二）刻制印章的程序

印章的制发一般采用分级负责的原则，下级机关或单位的印章由上级领导机构批准后刻制颁发。其中，政府机关的公章一般由上级领导机关刻制并颁发，企业、事业单位和社会团体的公章则由本单位持主管部门颁发的法人执照到公安机关指定的印章刻制机构刻制，专用章、领导人手章和名章等印章，则应经本级机关或单位领导人批准同意后，持盖有本单位公章的介绍信到公安机关指定的印章刻制机构刻制。

（三）注意事项

按照规定，正式印章刻制完毕，刻制单位一律不得留存章样，也不能擅自先行使用正式印章。因此，从刻制单位领取印章时，要认真仔细地验收、检查。主要是检查印章的质量是否符合要求，印文是否准确无误，有无使用过的痕迹。如发现质量不合要求，应责成刻制单位按规定重新刻制。如发现印章已有使用过的痕迹或印章的版面上粘有红色印泥，应立即报告当地公安部门备案查处。因为红色印泥是印章启用的标志，只有印章使用机构才可以用红色的印泥盖印。

六、印章的颁发

由上级主管机关负责刻制的印章，刻制后，一般由下级单位派专人持本单位领导人签名的介绍信前往领取，也可以由上级主管机关派专人送到受印单位。

交接时，颁领双方应当当面验印，并严格履行登记、交接等手续，然后由颁发机关将印章密封和加盖密封标志，再交给领取人带回，确保安全。领取人接回印章后，要及时向组织领导汇报，经领导验证后，根据领导的指示交给印章管理人员验收管理。

管印人接到印章后应做好接印登记，内容主要包括印章名称、颁发印章单位、领取人姓名、收到日期、收到枚数、启用时间、主管领导签名、管印人签名等。

七、印章的启用

（一）颁发启用通知

印章启用，应由制发或批准刻制机关先颁发启用通知，并附上印模。如由新印章取代旧印章，启用新印章后，旧印章同时作废。

（二）备案存档

印章启用时，使用印章的组织应将印模和启用日期一并报上级机关备案，而且都必须归档，永久保存。

在正式印章启用通知所规定的生效日之前，印章不得使用，即使使用，也是无效的。

八、印章的保管

（一）保管范围

一般来说，组织的印章大都交由秘书或秘书部门保管。通常情况下，一个组织的秘书部门保管的印章包括以下3类：①本组织的正式印章和钢印；②本组织领导人的手章（也可由其本人或其委托代理人保管）；③办公室本身的印章（它只代表本办公室的职权范围，不代表整个单位组织）。

（二）保管要求

印章的保管，应符合以下要求：

1.专人负责

应选择事业心强、责任心强的人保管印章，不准随意更换公章管理人员或将公章交与他人管理。一般情况下，印章的保管者也是具体用印者。因此，秘书部门对于保管和使用印章的人员必须严格审查和挑选，并应加强平时的教育和考查。

2.确保安全

印章应存放在安全可靠的地方，最好是放在保险柜内，并且要养成随用随开锁，用完即上锁的好习惯，以免印章被滥用盗用，造成不良后果。

节假日应特别小心，存放印章的地方一定要上好牢固的锁，必要时还要贴上封条。印章一旦发生异常情况，应保护好现场，立即报告，迅速查明情况，及时处理，必要时，还可请保卫、公安部门协助查处。

3.防止污损

使用印章要注意轻取轻放，避免破损。同时要注意经常洗刷，防止印泥和其他脏物将刻痕填塞。管印人还要注意经常洗刷印章，保证图案和印文的清晰。

九、印章的使用

（一）严格履行用印审批手续

常规用印，管印人员可在职责范围内盖章。非常规用印，需经主管领导或办公室主任批准后方可盖章。若发现有不符合用印原则和手续规定的情况，管印人员要报请主管领导人批准，或暂缓用印，甚至拒绝用印。非法用印者，根据情节将会受到行政处分，甚至法律惩处。

【工具箱2-1】

用印申请单示例

青海集团机械设备公司用印申请单

申请部门：　　　　　　　　　　　　　　　　　　　　　申请时间：　　年　月　日

用印内容		用印数量	
审批人		批准时间	年　月　日

（二）严格监督用印内容

管印人员对印章使用有监督权。用印前，管印人员必须对用印内容予以审阅，协助上司把关，如发现问题，应在纠正后或报请有关领导同意后再盖章。一般情况下，除非有机关领导人的特别批准，管印人员不能在空白凭证上盖印，更不能"以印谋私"，也不能"有求必印"。

（三）严格执行用印登记制度

为了备查和更有效地发挥对用印的监督作用，秘书部门应建立用印登记制度，登记的主要内容可参阅下表。

【工具箱2-2】

用印登记表示例

青海集团机械设备公司用印登记表

编号	印章类别	用印时间	用印部门	用印内容	用印份数	批准人	盖章人	备注

（四）认真规范加盖印章

1.辨认清楚

当管印人保管有多枚印章时，盖章时要仔细辨认清楚，准确加盖印章，以免出现用错印的现象，铸成大错。

2.选好垫材

加盖印章时，要在用印材料的下面垫上印章垫或者有一定弹性的书本、杂志等，这样可以使加盖在材料上的印章更加清晰，避免因用力不均导致的印章模糊不清的情况发生。专用的印章垫用橡胶等弹性材料制成，圆形或矩形，厚度3~10毫米。

3.位置正确

在规定位置盖章。一般来说，印章应上不压正文，下压成文日期，并且要骑年盖月。加盖钢印时，应注意不得将钢印加盖在照片人的头部或脸上，以免影响辨认效果，因为钢印的凹凸作用会使面部发生细微的变化，正确的位置应是脖子和衣领以下与证件交接部位。

4.由点及面

加盖印章的时候，不能直接把整个印面平行按压在材料表面上，而应先用印面的上边缘（远离身体的一侧）接触材料表面，由点及面地把印面按压到材料表面，以保证整个加盖过程的平稳有序。

5.端正清晰

按印泥时要轻重得当，用力均匀，使印色浓淡合适。要避免倒歪、偏斜和模糊现象，以增加印章的严肃性和美感。

6.骑缝骑页

带有存根的文件材料如介绍信等用印，除在文件正本（出具联）的规定位置加盖完整印章外，还应在出具联和存根联的接缝处加盖"骑缝章"，以备查考。对于需证明各页之间完整联系的材料，应将同一文件的每一页均匀错开，骑各页加盖公章。

7.在规定场所用印

一般情况下，管印人不能将印章带出机关或单位，在办公室以外的地方用印。在印刷部门套印有机关正式印章的文件时，管印人员应在现场监印。

十、印章的停用

（一）停用条件

机关或单位如发生合并、撤销、名称更改等情况时，原印章应停止使用。

（二）注意事项

印章停用应认真负责地做好印章停用后的善后工作。

1.发文通知

发文通知有关单位，说明停用的原因和停用时间，并附上印模，宣布原印章失效。

2.及时交回

作废印章要及时送交原制发机关处理，不得留存在原单位。

3.登记注销

原制发印章的机关，对作废印章应登记注销。

4.定期销毁

除一些具有保存价值的印章须存档保管外，一般单位的作废印章应定期在报经单位负责人批准后销毁。作废印章可以自行销毁，也可以送刻章部门回炉销毁。但无论采用哪一种方式，都应有包括管印人员在内的2人在销毁现场实地监销。所有销毁的废旧印章都要留下印模保存起来，以备查考。

【思考与练习】

一、不定项选择题

1.一般来说，印章的作用可以概括为（　　）。

A.标志作用　　　　B.权威作用　　　　C.证明作用　　　　D.凭信作用

2.印章的式样由（　　）等组成。

A.质料　　　　B.重量　　　　C.形状　　　　D.印文

3.印章的刻制和颁发是一件极为严肃的事情，《中华人民共和国刑法》第二百八十条规定："伪造公司、企业、事业单位、人民团体的印章的，处（　　）有期徒刑、拘役、管制或者剥夺政治权利。"

A.三年以上　　　　B.三年以下　　　　C.十年以下　　　　D.十年以上

4.下面各项中说法不正确的是（　　）。

A.不准随意更换公章管理人员　　　　B.不准将公章交与他人管理

C.印章的保管者也是具体用印者　　　　D.应由专业技术人员保管印章

5.销毁旧公章要登记造册，经上司批准后，要有（　　）人监销。

A.1　　　　B.2　　　　C.3　　　　D.4

6.下列（　　）说法是错误的。

A.不可随便使用单位印章　　　　B.印章刻制的规格因级别高低而不同

C.印章刻制必须履行严格的手续　　　　D.印章刻制没有指定的刻制社

7.管印人员对印章使用有监督权。用印前，管印人员必须对（　　）予以审阅，协助上司把关，如发现问题，应在纠正后或报请有关领导同意后再盖章。

A.用印部门　　　　B.用印内容　　　　C.用印位置　　　　D.用印时间

8.盖印章是秘书的日常工作，盖印章时要做到（　　）。

A.印记端正、清晰　　B.盖在署名下面　　C.用力均匀平稳　　D.骑年盖月

9.机关或单位如发生（　　）等情况时，原印章应停止使用。

A.合并　　　　B.撤销　　　　C.迁址　　　　D.名称更改

10.下列关于作废印章销毁的说法正确的是（　　）。

A.除一些具有保存价值的印章须存档保管外，一般的作废印章应定期销毁

B.作废印章可以自行销毁，也可以送刻章部门回炉销毁

C.管印人员应在销毁现场实地监销

D.所有销毁的废旧印章都要留下印模保存起来，以备查考

二、案例分析题

（一）

柳露是青海集团计算机公司新来的办公室秘书。一天，办公室主任冯大勇让她去刻一个归档章，用来整理办公室近两年积累下来的一些档案材料。冯主任给她打印出来一个印

章图样，她就高高兴兴地拿着上街去了。她找到一个刻章经营部，告诉人家按照图样刻制一枚归档章，并且谈好了价钱。半个小时后，她高高兴兴地返回公司，并且兴奋地把归档章交给冯主任。她觉得冯主任一定会表扬她一下，第一次上街办事，就这么干净利索地完成了任务。谁知，冯主任接过印章，仔细地沾上印泥，用力地在一张纸上盖出一个归档章的红色图样，逐字审视起来。柳露在一旁颇不以为然，心想："就这么几个字，还会有错吗？"突然，冯主任用手指着纸上的红色图样，说："小柳，你看看，'年度'怎么变成'度年'了？"柳露心里咯噔一下，仔细一看，可不是吗！她的脸立即红了，身上也出了一层虚汗，她立即收起印章，对冯主任说："对不起，我马上去重刻。"

试分析一下，秘书柳露在刻制印章的过程中出现了怎样的失误，今后应如何避免。

（二）

青海集团的印章管理实行的是集中统一管理，也就是说，集团的公章和机关各职能部门的印章都由集团办公室统一保存管理。有一次，为了严肃下属各公司的财务管理纪律，集团下发了一份关于加强财务管理、严肃财经纪律的文件，这份文件本应加盖集团财务部的印章，但在加盖印章时，集团办公室的印章管理人员却因疏忽大意盖成了科技开发部的印章，结果，在下属的几十个公司当中造成了不可挽回的恶劣影响，办公室主任受到了行政警告处分，印章管理人员也因此下岗。

试分析一下，青海集团办公室的秘书在这次加盖印章的事件中出现了怎样的失误，今后应如何避免。

三、模拟训练题

请每位同学在练习纸的指定位置上加盖一枚印章，并在印章下署上自己的名字，然后请同学们相互点评各自的加盖质量。

● 任务06 介绍信管理和零用现金管理

【任务目标】

了解介绍信和零用现金管理的基本技巧，能够独立胜任介绍信和零用现金的管理工作。

【参考学时】

2学时

【知识支撑】

一、介绍信管理

介绍信是机关、团体、企事业单位因对外联系工作、商洽事务而出具的凭证性信函，具有介绍和证明的作用，一般由派出人员随身携带。介绍信管理是办公室的一项重要事务性工作。

（一）介绍信的种类

从写作格式来看，介绍信主要有便函式和两联式两种。

1.便函式介绍信

就是像书写便函一样将内容手写或打印出来的介绍信。但无论是手写还是打印，都要使用带有单位名称的信笺纸。

【工具箱2-3】

便函式介绍信示例

青海集团机械设备公司

介绍信

漯钢集团有限公司：

　　兹有我公司业务经理郑伟前往贵公司联系钢板购销业务，请接洽。

（公章）

二〇一五年九月八日

（有效期：10天）

通信地址：青岛市李沧区黑龙江中路639号　　　　　邮政编码：266100

2.两联式介绍信

就是由出具联和存根联两部分组成的介绍信，一般都是先设计好固定的格式，然后大批量印刷，使用时只需填上相应的内容即可。

【工具箱2-4】

两联式介绍信示例

No.0035981

青海集团机械设备公司介绍信

（存根联）

_____：

　　兹有我公司_____等____人前往贵公司联系_____事宜，请接洽。

_____年__月__日

（有效期：_____天）　　　　　　　　　　　　　　　（骑缝章）

No.0035981

青海集团机械设备公司介绍信

（出具联）

_____：

　　兹有我公司_____等____人前往贵公司联系_____事宜，请接洽。

（公章）

_____年__月__日

（有效期：_____天）

（二）介绍信的内容

用来介绍被派遣人员的姓名、身份、接洽事项等情况的一种专用书信，因此，不管是便函式的，还是两联式的，其内容都不外乎由称谓、持信人职务和姓名、同行人数、接洽事项等几部分组成。

（三）介绍信的管理

1.申请审批

根据不同的用途，介绍信使用者要先提出书面申请，由本组织负责人或部门负责人签字批准后，到秘书部门开具。

2.领用登记

发放介绍信要进行登记，领用人要履行签字手续。两联式介绍信可在存根上签字，便函式介绍信在专用登记表上签字。

【工具箱2-5】

介绍信领用登记表示例

青海集团机械设备公司介绍信领用登记表

序号	领用时间	用途	前往单位	有效期	使用人	批准人	领取人	备注

3.未用退回

介绍信开出后未用，应交回保管人员，粘贴在存根上，或者在"介绍信领用登记表"的"备注"栏内注明退回。

4.丢失报告

介绍信持有人将介绍信丢失，应及时报告，涉及重要事项的应及时通知前往办事的单位，防止冒名顶替。同时，介绍信管理人要在介绍信存根或者"介绍信领用登记表"上注明丢失情况。

5.存档备查

介绍信发放登记表、介绍信存根要与作废的和退回的介绍信粘在一起，妥善保存一定时间，以备查考。

6.严禁空白

严禁开具空白介绍信。因为这种空白介绍信脱离了管理人员的监督，其使用范围、用途不一定符合管理者的意图。但在实际工作中，往往有些确系工作需要，并得到了领导人的同意，这种特殊情况就需履行领导人亲笔签署意见的手续，并尽可能在介绍信上填上事前能够填写的项目，如办事人的姓名、所要办的事项及期限，只留下称谓部分由经办人员填写，这样就使空白介绍信限制在一定的范围内。

【小贴士2-1】

出借公章介绍信的法律责任

根据最高人民法院《关于在审理经济纠纷案件中涉及经济犯罪嫌疑若干问题的规定》，个人借用单位的业务介绍信、合同专用章或盖有公章的空白合同书，以出借单位名义签订经济合同，骗取财物归个人占有、使用、处分或进行其他犯罪活动，给对方造成经济损失构成犯罪的，除依法追究借用人的刑事责任外，出借业务介绍信、合同专用章或盖有公章的空白合同书的单位，依法应当承担赔偿责任。但是，有证据证明被害人明知签订合同的对方当事人是借用行为，仍与之签订合同的，出借单位不承担赔偿责任。

（四）介绍信的填写要求

1.明确具体

介绍信内容要明确具体，不能含糊笼统。介绍去参加会议的，应写明参加什么会议。介绍去联系工作、商洽问题的，应写明联系什么工作、商洽什么问题，不要笼统地写"开会""联系工作"等。

2.内容一致

两联式介绍信的开具要保证开具存根联与出具联的内容一致，并加盖骑缝章。

3.注明期限

介绍信上一般都有"有效期：××××年××月××日止"或"有效期××天"字样。但是，有的单位往往不填，成了无限期有效的介绍信，这类情况应避免，宁可有效期长一点，也不能不写明有效期。

4.不得涂改

介绍信是一种严肃的公用文书，一般情况下不得涂改。如果必须涂改，要加盖更正章，或在修改处加盖公章。

5.字迹牢固

填写介绍信应保证字迹的牢固，采用毛笔或钢笔填写。不要使用圆珠笔或铅笔，因为这样的字迹容易模糊或脱落。

（五）介绍信的用印

不管是哪一种介绍信，都必须加盖单位公章或介绍信专用章。两联式介绍信除了在出具联的落款处盖章外，还要在两联接缝处加盖骑缝章，且上压存根联的年、月、日。

二、零用现金管理

（一）零用现金的概念

由于用支票来支付小额费用难以实行，一些企业办公室中常设立一笔零用现金，或称作备用金，以支付本市交通费、邮资、接待用的茶点费、停车费和添置少量的办公用品。

它通常是由企业领导和财务负责人批准后由秘书保管和支出的现金，也是一笔周转使用的现金。它的数额根据企业的规模和平时小额支出的次数多少来确定，秘书取得现金后，应将现金锁在保险箱内，并负起保管和支付备用的责任。

（二）零用现金的获取

首先通过对零用现金需求量的测算确定零用现金数额的大小。然后以借款的形式经领导签字批准后从财务部门借出一定数额的现金作为零用现金储备。

（三）零用现金的管理

1.设置账本

现金日记账是专门用来登记库存现金每天的收入、支出和结存情况的账簿，每一个管理零用现金的秘书人员都要设置一本现金日记账，并根据审核后的现金收、付款凭证，逐日逐笔按顺序如实登记。

现金日记账的账页大多采用"三栏式"。

【工具箱2-6】

"三栏式"现金日记账示例

现金日记账

第　　页

年		凭证		摘 要	借 方	贷 方	借或贷	余 额	核对
月	日	种类	号数		亿千百十万千百十元角分	亿千百十万千百十元角分		亿千百十万千百十元角分	

2.凭单付款

办公室内部工作人员需要领取和使用零用现金时，应填写"零用现金领用申请单"，注明用途、金额，并请有关负责人签字审批。

秘书人员要认真核对"零用现金领用申请单"，确认领用单是否有授权人审批签字和申请人签名，确认无误后，按照单据金额将现金支付给领用者。

【工具箱2-7】

零用现金领用申请单

申请人：　　　　　　　　　　　　　　　　　　　　　　　申请时间：　　年　月　日

现金用途		申请金额	
审批人		批准时间	年　月　日

3.审核发票

领用现金者完成支付任务前来报销时，秘书要认真核对他们提交的发票等支出凭证上的用途、金额是否与"零用现金领用申请单"上填写的基本一致，特别是有关负责人是否签字。

4.收票退单

发票审核合格后，要根据发票与领用单上的差额进行"多退少补"，然后留下发票，退回领用单。

5.登记入账

每支出一笔现金，秘书均需按照发票的票面金额及时在现金日记账上予以如实登记，登记的具体要求如下：

（1）序时逐笔分行登记。为了及时掌握现金收、付和结余情况，现金日记账必须按照现金收、付发生的时间顺序一笔一笔地如实登记，每笔业务占一行的位置。不得将收款和付款登记在同一行，也不得将收款付款相抵后以差额登记。

（2）整洁清晰，准确无误。登记书写时，摘要文字紧靠左线；数字要写在金额栏内；

字体大小要适中，紧靠下线书写，上面要留有适当空距，一般应占行高的1/2，以备改错。记录金额时，如为没有角、分的整数，应分别在角、分栏内写上"0"，不得省略不写，或以"—"号代替。

要根据规定使用黑色墨水笔书写，不得使用圆珠笔或铅笔。但根据会计制度规定使用红字冲账时可以使用红色墨水笔。

（3）不跳行，不隔页。现金日记账采用订本式账簿，其账页不得以任何理由撕去，作废的账页也应留在账簿中。

记账时必须按页次、行次、位次顺序登记，不得跳行或隔页登记，如不慎发生跳行、隔页时，应在空页或空行中间划线加以注销，或注明"此行空白""此页空白"字样，并由记账人员盖章，以示负责。

（4）按规定转页。在每一账页登记完毕结转到下页时，应结出本页发生额合计数及余额，写在本页最后一行和下页第一行的相应栏内，并在摘要栏注明"过次页"和"承前页"字样。

也可以在本页最后一行用铅笔字结出发生额合计数和余额，核对无误后，用黑色墨水在下页第一行写出上页的发生额合计数及余额，在摘要栏内写上"承前页"字样，不再在本页最后一行写"过次页"的发生额和余额。

（5）日清月结。日清，即每日下午下班之前进行现金的清点，并将清点的实有数与账面现金余额数进行核对，做到账实相符。

月结，即每月月底结出现金的本月发生额和月末余额，同时通过现金的月终盘点，进行现金的账实核对，发现问题，及时处理。

6.核对更正

在每天下班前，应把本日发生的收付款凭证与账面记录进行逐笔核对，核对无误后，在每一笔记录的核对栏划上"√"，确保账证、账实相符。

对于核对出的记账错误，要及时予以更正，更正的方法有两种：

（1）划线更正法。先在错误的文字或数字（整个数字）上划一红线注销，并使原来的字迹仍可辨认，然后在红线上方空白处用黑字填上正确的文字或数字，并在更正处由记账人员盖章。

（2）红字更正法。先用红字登记一条与错误记录金额完全相同的记录，并在摘要中写明"更正第*号凭证记账错误"，用以冲销原有的错误记录；然后，再按照正确的金额用黑字重新登记一条正确的记录。

（四）零用现金的周转

当支出累积到一定数额或者月末的时候，秘书人员再把积累起来的支出凭证拿到财务部门统一报销，换回现金，完成一次零用现金的周转过程。

（五）注意事项

1.严格遵守公司财务制度

秘书人员应该具有良好的职业道德操守和良好的思想道德品质。在管理办公室的零用现金时，不应该自己或者协助他人建立办公室的"小金库"，而是应该严格遵守办公程序和财务制度，依照国家法律以及相应的财会管理制度进行现金管理。

2.记录完整

秘书保管备用金，应把办公室的开支记录下来，以便了解办公开支的情况，作为对办公室事务进行科学管理的依据。

3.单据完备

秘书在管理办公室零用现金的过程中，应该严格按照规章制度办事。在向有需要的申请者支付零用现金、用手中的零用现金报销一些开支的时候，应该严格按照相应的程序，做到该有的文件和单据完整齐全，再给予支付或者报销。绝对不能够由于个人关系比较亲近而省去相应的手续，这样的行为于自己、于他人、于公司都是没有益处的，应当极力避免。

【思考与练习】

一、不定项选择题

1.介绍信是用来介绍被派遣人员的姓名、身份、接洽事项等情况的一种专用书信，具有（　　　）的作用。

A.证明　　　　　　　　B.介绍　　　　　　　　C.凭证　　　　　　　　D.付款

2.从写作格式来看，介绍信主要有（　　　）两种。

A.便函式　　　　　　　B.文件式　　　　　　　C.两联式　　　　　　　D.三联式

3.填写介绍信可以用（　　　）。

A.毛笔　　　　　　　　B.钢笔　　　　　　　　C.圆珠笔　　　　　　　D.铅笔

4.零用现金通常是由（　　　）批准后由秘书保管和支出。

A.企业领导　　　　　　B.人力资源总监　　　　C.财务负责人　　　　　D.会计

5.一般情况下，企业办公室设立的零用现金由秘书管理。当内部工作人员需要使用和领取零用现金时，应填写"零用现金领用申请单"，该凭单上须有（　　　）。

A.授权人审批、秘书签字　　　　　　　　B.授权人审批签字、申请人签名

C.授权人批准、申请人签名　　　　　　　D.申请人签名、秘书签名

6.领取零用现金者回来报销时，秘书要认真核对领取者提交的发票等支出凭证上的用途、金额是否与"零用现金领用申请单"上填写的基本一致，特别是（　　　）是否签字。

A.经手者本人　　　　　B.总经理　　　　　　　C.董事长　　　　　　　D.有关负责人

7.秘书必须建立一本零用现金账簿，清楚注明（　　　）等。有的还应该在账目上进行分析，了解花销的情况和去向。

A.收到现金的日期、收据编号、金额　　　B.支出现金的日期、用途、金额

C.零用现金领用申请单编号　　　　　　　D.余额

8.内部工作人员需要使用和领取零用现金时，应填写"零用现金领用申请单"，注明（　　　），并请有关负责人签字审批。

A.用途　　　　　　　　B.日期　　　　　　　　C.金额　　　　　　　　D.所需币种

9.当手中的零用现金快用完的时候，秘书应该（　　　）。

A.到财务部门去借　　　　　　　　　　　B.把手中积累的单据拿到财务部门报销

C.请领导想办法　　　　　　　　　　　　D.用自己的钱垫付

10.秘书人员管理零用现金需要注意的事项有（　　　）。

A.严格遵守公司财务制度　　　　　　B.记录完整

C.单据完备　　　　　　　　　　　　D.增收节支

二、案例分析题

（一）

一天，青海集团机械设备公司办公室秘书刘晓的朋友郑伟找刘晓帮忙，说他有一笔赚钱的生意，但由于自己的个人身份，与对方签合同不太方便，因此，想请刘晓帮忙出具一张加盖青海集团机械设备公司公章的空白介绍信和两张盖章的空白购销合同，并答应事成之后送给刘晓一辆小汽车。鉴于朋友的面子和小汽车的诱惑，刘晓满足了郑伟的要求。

之后，郑伟利用从刘晓那里得到的介绍信和空白合同，以青海集团机械设备公司业务经理的身份与漯钢集团有限公司签订了一份价值1 000万元的钢板购销合同，货到3个月内付清所有货款。谁知，郑伟把到手的钢板转手卖掉，携款潜逃。

3个月后，漯钢集团有限公司发现对方一直没有支付货款，便依法提起民事诉讼，将青海集团机械设备公司告上了法庭。由于证据确凿，青海集团机械设备公司不得不承担巨额的赔偿责任，刘晓也因此失去了心爱的秘书工作。

试分析一下，秘书刘晓在工作中出现了哪些失误？导致了什么样的后果？应该吸取什么教训？

（二）

青菱外贸公司的秘书阿娟请司机小刘出去帮忙买了10个打印机墨盒，小刘买回来后，把发票和余款一起给了阿娟，阿娟赶紧在零用现金日记账上登记了这个支出项目。过了两天，阿娟准备为老板的打印机更换墨盒时，忽然发现小刘帮忙买来的墨盒型号不对。她赶紧把小刘叫来，让她带着原来的发票到原购买商店更换。小刘感到很不好意思，赶紧拿着原来的发票到原购买商店更换了所需型号的墨盒，可是，这次更换的墨盒与上次购买的墨盒价格不一样，商店把原来那张发票收回后，又按照新的价格给开了一张发票，并退还了差价款。阿娟拿着小刘换回的新发票，感到有点茫然，日记账上的记录应该怎么更正呢？

试分析一下，秘书阿娟应该使用哪一种记账更正法更正原来的记账错误？

● 任务07　临时交办事项和文字记录

【任务目标】

了解上司临时交办事项的特点和办理原则，掌握文字记录的方法和技巧，能够圆满完成上司临时交办事项和文字记录工作。

【参考学时】

2学时

【知识支撑】

一、完成上司临时交办事项

（一）上司临时交办事项的特点

上司临时交办事项是指上司临时交代秘书办理的具体事宜。秘书办理上司交办事项，对减轻上司工作负担、提高上司工作效率、解除上司后顾之忧、保证上司集中精力抓大事，具有重要的意义。因此，秘书人员应当掌握上司交办事项的有关知识，努力完成上司交办的事项。一般来说，上司临时交办事项具有如下几个特点：

1.广泛性

上司交代秘书办理的事项内容十分广泛，既有比较重要的事项，又有鸡毛蒜皮的小事；既有公务活动事项，又有私人生活事项；既有决策服务事项，又有应酬接待事项；既有公开交代的事项，又有秘密委托的事项；等等。总之，凡是上司认为需要秘书出面办理的事项，都可能交代秘书去办。广泛性是由秘书工作的综合性所决定的，秘书是为上司工作服务的，办理上司交办的事项是秘书义不容辞的职责。无论上司交给秘书什么事项，只要不违反原则，秘书都应当积极办理，努力完成任务，没有份内份外之分。

2.临时性

上司临时交代秘书办理的事项，往往是上司临时想到或遇到的、需要马上办理和落实的事项，一旦办理完毕，这项工作就宣告结束。它要求秘书人员要不怕麻烦，随时准备接受和完成上司交办的各种事项，而且要抓紧办理、尽快落实。否则，很容易发生忘记、延误等问题，影响上司工作的开展。

3.具体性

上司交办事项一般都很具体、琐碎，需要秘书去动手或跑腿。比如，上司让秘书去查询一个典故，去通知一件事情，去接待一位客人，去安排一顿便饭，去派一台小车，去借一笔差旅费，去购买一件办公用品等。这些事项都很具体，都需要秘书亲自动手去做。它要求秘书人员腿要勤、心要细、路要熟，只有这样，才能办理好上司交办的每一件事情，避免出现差、错、漏、忘等现象。

4.紧迫性

上司交办事项，大都是不能拖延、必须马上落实的事项，否则就会误事。比如，上司有急事临时决定外出，要秘书马上派一台车来，秘书必须立刻打电话落实。耽误几分钟，都可能引起上司的不满。又如，上司要秘书去车站接一位客人，秘书必须在客人所乘车次到达之前赶到车站，否则就会让客人不高兴。紧迫性特点要求秘书人员必须具有敏捷快速的作风，对上司交办的事项马上办、抓紧办，以最快的速度完成任务。

（二）上司临时交办事项的范围

上司临时交办事项非常广泛，而且不同的上司使用秘书的方式不同，交办事项也不可能一样，很难给它划定一个确切的范围，我们只能针对一般情况，指出上司交办事项的大致范围。

1.文书工作事项

如查阅文件、递送文件、承办文件、传达文件、清退文件等。

2.会务工作事项

如通知开会、收集议题、准备会议室、会议记录、整理会议纪要、会后催办等。

3.信访工作事项

如代写回信、代为接待来访者、安排来访者食宿、代买车票、代上司看望友人等。

4.信息工作事项

如搜集某一信息、核实某一信息、报送某一信息、传达某一信息、发布某一信息等。

5.调研工作事项

如临时做一个市场调查、了解一个情况、查阅一个资料、统计一个数字等。

6.督查工作事项

如通过电话、信函或上门等多种途径，督促和检查上司某一批示的落实情况、某项决策的执行情况、某项任务的完成情况、某项工作的进展情况，并向上司及时报告。

7.联络工作事项

如通过各种途径与有关部门和人员取得联系，并且建立密切的关系，为开展工作奠定良好的基础。

8.协调工作事项

如代为召开协调会议，或从中穿针引线，协商解决某个问题，特别是那些涉及几个部门、容易发生推诿、扯皮等的事项。

9.接待工作事项

如接站，安排客人食宿，陪同参观游览，组织宴请活动，购买返程车、船、机票及送行等。

10.其他交办事项

（三）办理上司临时交办事项的原则

秘书办理上司交办事项，应当遵循以下基本原则：

1.积极主动，千方百计

秘书对上司交办的事项，要积极主动、千方百计地去完成，这是秘书办事应持有的基本态度。这种基本态度是建立在秘书对自身工作职责正确认识的基础上的。上司配备秘书的主要目的就是协助上司处理各种事务，减轻上司的事务工作负担，以便上司集中精力处理重大问题。因此，秘书必须把完成上司交办事项作为自己义不容辞的职责，以积极主动的态度，想方设法去完成，做到"不以事小而不为，不以难办而不办"。要通过办理上司交办事项，努力提高自己的办事能力。

2.既要符合政策，又要灵活变通

上司交办的事项，有些是比较好办的，有些则是比较难办的。或因政策规定不明确，或因客观条件不具备，或因上司不便出面，或因涉及人、财、物等。办理难办的事项，秘书既不能因为是给上司办事而违反政策规定，又不能因为政策规定不明确而不去办理，消极等待。正确的方法是既要符合现行政策规定，又要注意灵活变通，在符合政策精神的前提下，从实际出发，变通解决问题，做到原则性与灵活性的辩证统一。

3.件件有着落，事事有回音

秘书对上司交办的事项，无论事情大小，都必须认真对待，做到件件有着落、事事有回音，千万不能"泥牛入海无消息"。要知道，上司最反感的就是秘书不把他交代的事当回事。所以，秘书每当办完一件事情后，应马上向上司报告办理结果。即使有些事情办理所需的时间较长，也应在中间向上司汇报办理情况，使上司随时了解办理进度，并求得上司的指示。秘书如果在办理过程中遇到阻力，自己能想办法解决的，尽量依靠自身的力量解决；实在解决不了的，再向上司报告，并向上司提出解决的建议。总之，秘书对上司交办的每一件事都应高度重视、抓紧办理、认真落实、及时回音。

（四）办好上司交办事项的技巧

1.接受工作任务要弄清"三要素"

上司交办工作任务，大体都有"三要素"：一是内容，即办什么事；二是时限，即什么时间完成；三是要求，即工作质量、注意事项等。秘书人员在接受上司交办的任务时，一定要把"三要素"搞清楚，为把事情办好创造前提条件。

2.方案选择做好"三比较"

当我们面临多个可能的行动方案时，要进行三个方面的比较，这就是"利利相较取其大，利弊相较取其利，弊弊相较取其小"。

3.把握好办事"三形式"

办事通常可能出现三种形式：一是单一办事，即在同一时间段内仅完成一项工作任务；二是交叉办事，即同时受领两项工作任务，在同一时间段内交叉办理完成；三是穿插办事，即三项以上工作任务穿插在同一时间段中进行。在完成上司交办事项的时候，要根据工作任务选择适当的办事形式。

4.检验办事效率"三标准"

秘书人员完成上司交办的工作之后，要进行工作效率自我检验，标准如下：

（1）工作质量是不是达到了上司要求的限制条件，有没有潜在的问题和漏洞。

（2）工作速度如何，有没有超过工作时限，有没有浪费、拖延时间的情形。

（3）对社会和群众的影响，即办事全过程对社会、群众有没有不良影响。

5.向上司复命"三注意"

工作任务全部结束，或告一段落，应向赋予任务的上司复命，汇报完成任务的效果、时间，讲明存在和可能出现的问题，以及对后续工作的看法等。复命时要注意三点：

（1）不失真。对任务完成情况一是一，二是二，不扩大，不缩小，不隐匿问题和缺点。

（2）不邀功。不借机自我夸耀，不喋喋不休地表功、诉苦。

（3）不请赏。不因为完成了上司交办的工作而向上司要好处、提要求。

（五）办理上司交办事项应注意的问题

由于秘书在上司身边工作，直接为上司服务，帮上司办事，容易产生权威效应，所以秘书办事比较方便、顺利。但是，如果秘书思想作风不好，很容易发生违法乱纪等问题。因此，秘书办理上司交办事项，应当注意以下问题：

1.要态度和蔼，协商解决，不要打着上司的旗号发号施令

秘书办理上司交办事项时，一定要注意态度和蔼，尽量与有关部门和人员平等协商，既要转达上司的意图，又要尊重各部门和有关人员的意见。既要把事情办成，又要给有关部门和人员留下一个好印象。千万不要以"二首长"自居，指手画脚，更不要打着上司的旗号发号施令，为所欲为。否则，就会在群众中造成不良影响，不仅损害秘书的自身形象，而且严重损害上司的形象和威信。

2.要坚持原则，按章办事，不要违法乱纪，为达到目的而不择手段

秘书为上司办事也必须坚持原则，按章办事，决不能超越原则，违法乱纪，搞特殊化，甚至为了达到目的而不择手段。尤其是上司的专职秘书，更应注意这一点。近年来，发现一些领导人的秘书违反原则，假借领导人的名义到处伸手、插手，不仅公开索要礼品、礼金，而且插手人事问题。有的秘书甚至摹仿领导人笔迹乱批条子，假借领导人名义乱打电话、托人办事，达到了无所顾忌、无法无天的程度，严重损害了党群关系和干群关系。因此，秘书人员一定要从维护党的形象和领导人形象的高度来认识这个问题，不要给领导人帮倒忙，甚至将领导人也推向犯罪的道路。

3.要一视同仁，不分亲疏，不要看人办事，有失公平

在一个组织中，往往不是只有一个领导人，而是一个领导班子，这个班子里的每一个领导人都有可能向秘书交办一些事情。秘书应以怎样的态度办理这些事项，先给谁办，后给谁办，这里就有一个掌握平衡的问题。否则，就会引发矛盾，伤害领导人的自尊心，进而伤害秘书与领导的关系。一般情况下，秘书办理领导交办的事项，要尽量做到一视同仁，凡是领导交办的事项，都应以积极的态度认真去办、努力完成。决不能有亲有疏、看人办事，对主管领导人交办的事项完成积极，对副职领导人交办的事项就不积极；对资历深的事项完成积极，对资历浅的就不积极；对能力强的事项完成积极，对能力弱的就不积极；对在职领导人交办的事项完成积极，对退居二线的领导人就不积极。这不仅仅是一个为人处世的原则问题，而且反映了秘书的思想作风和道德水准。

二、文字记录工作

（一）文字记录的常用方法

1.要点记录法

要点记录法就是把发言者讲话的主要内容，用较少的文字简明扼要地记录下来。这种方法大多用于说话内容简单，或内容无关紧要的记录，如一般的电话记录、一般的来访记录、一般的会议记录等。

要点记录法的使用要求秘书边听边分析：哪些是说话的重点，哪些是说话的陪衬，从中予以筛选和取舍。对于说话的中心意思、重点部分，可简要地记录下来，其余内容可少记或不记。

2.详细记录法

详细记录法就是把发言者讲话的内容全面、完整地记录下来，如上司的重要讲话、发言和插话，重要会议的讨论情况、决定和决议，重要来访者反映的问题、意见和建议，重要社会问题的调查，领导者的重要指示，等等。

详细记录法的使用要求秘书听力敏锐，思维敏捷，记录迅速，做到准、全、快。所谓准，即如实记录，准确无误；所谓全，即详尽完整，无一遗漏；所谓快，即迅速，言出字随。

3.笔记与录音并用法

笔记与录音并用法就是在记载有声语言时，同时使用笔记与录音机，以达到相互补充的目的。这种方法，大多是在允许录音或便于录音的情况下被采用。

采用笔记与录音并用法，客观地讲，有利也有弊。有利之处是：它灵活、便捷，能够

优势互补；不利之处是：它费时、费事，分散记录的注意力，如果机器出现故障，还会造成漏录。

（二）文字记录的要求

1.认真核对

对记录中的任何疑惑之处都应与口授者或上司进行核对。

2.细致整理

每一份文字记录，事后都要进行重新整理。整理的时候，要对每一个词语的书写、每一个标点符号的使用、每一个段落的划分都认真地斟酌、考虑，力求整理出来的稿件简要、通顺、优美、严谨。对急要的材料应以最快的速度整理成文，并经核查交给有关人员。

3.打印使用

不管是下发还是内部存档备查，每一份文字记录之后都应把整理后的稿件打印出来，而且要确保打印出来的稿件每一个字、每一句话、每一个标点符号都准确无误。

（三）文字记录的工作程序

1.准备好笔和纸

秘书要做好记录，需要多种准备，但最主要的是随身携带笔、纸或笔记本。秘书在做文字记录时，一般应使用灌注蓝黑色墨水或者炭素墨水的自来水笔，不要使用铅笔和圆珠笔。记录用纸也不要使用一般信纸、稿纸、白纸和普通笔记本，应使用专门设计的记录用纸，以及统一制发的保密记录本。这样做，既可以长期保存成为档案的记录材料，又可以有效地防止泄密，还可以提高文字记录的效率。

2.认真倾听，快速记录

记录是把口头语言转变为书面语言的过程。在这一转变过程中，发话者是主动的一方，听话者是被动的一方，记录无非是听话者将发话者的口语变为文字。因此，可以肯定地说，秘书记录是从"听"开始的。因此，学会倾听是秘书做好记录的第一要务。所谓学会倾听，首先就是能听懂发话者说话的内容，其次就是能听出发话者说话的言外之意。

同文字记录的速度相比，口头语言的速度非常快。研究表明，在平静状态下，一般人每分钟能讲120~150个字；激烈辩论时，每分钟能讲300个字。而用汉字做记录，每分钟只能写三四十个字，并且记录时间长了，字形还会发生变化，影响日后认读。面对说与记在速度上的巨大悬殊，秘书若要精确地记录发话者的说话内容，就必须学会多种记录方法，特别是快速记录的方法。

3.及时补充和修改，认真整理记录

即使是采用速记方法记录，也难以把发话者所说的内容全部记录下来，何况有些发话者习惯于"快言快语"，说话时又无抑扬顿挫。对此，秘书要根据工作的需要和上司的要求，结合记忆，及时对记录进行整理，使之成为完整的记录稿，以备拟稿或办事之需。

（四）上司讲话记录

上司在出席各种重要会议、洽谈和商务约见，以及外出考察和调研时，常常要讲话、发言或插话。对此，不论上司是否备有讲稿，秘书都要加以记录，只是详略有所不同而已。记录上司讲话，秘书要视以下情况行事：

如果上司是按讲稿讲话或发言，可记录要点，但对于讲稿之外的补充或发挥部分，则要详加记录；如果上司是即兴讲话或发言，秘书则要有言必录，哪怕是动作、表情和语气等。

（五）上司日常工作部署的记录

上司在日常工作中，会不断地向秘书下达指示，其方式一般有口授和笔授两种，口授是主要的。当上司口授时，秘书应做到：要立即停止其他事项的办理，迅速走到上司身旁；要随手带上笔和本，以备记录之用；要注意聆听口授内容，不要插嘴和提问；要对上司的指示边听边记，疑问之处随手标示；口授结束后，秘书要复述要点，或向上司提问。

（六）文字记录的整理

整理记录是一项十分细致的文字工作，秘书必须认真对待。

1.忠实于讲话者原意

要忠实于讲话者说话的原意，尽量保持原话、原貌，包括说话时的表情、动作和声调等，不可随意增删，更不可推测和想象。

2.体现出讲话者的特点

要体现出讲话者的特点，使人读完记录稿之后，如见其人、如闻其声。

3.适度加工润色

在不背离原意的前提下，记录人可从语法、修辞、逻辑及标点符号、书写格式等方面，进行技术性的加工或润色，使整理后的记录稿文从字顺、层次清晰，具有一定的可读性。

【思考与练习】

一、不定项选择题

1.一般来说，上司临时交办事项具有（　　　）特点。

A.广泛性　　　　　　B.临时性　　　　　　C.具体性　　　　　　D.紧迫性

2.秘书办理上司交办事项，应当遵循（　　　）基本原则。

A.积极主动，千方百计　　　　　　B.既要符合政策，又要灵活变通

C.不成功，则成仁　　　　　　D.件件有着落，事事有回音

3.秘书办理上司交办事项，应当注意（　　　）。

A.要态度和蔼，协商解决　　　　　　B.要坚持原则，按章办事

C.要不择手段，务必完成　　　　　　D.要一视同仁，不分亲疏

4.秘书人员接受上司交办的工作任务要弄清（　　　）。

A.办什么事、什么时间完成、工作质量要求及注意事项

B.办什么事、什么时间、任务质量

C.什么时间、办什么事、任务质量

D.办什么事、什么时间、工作质量

5.文字记录的常用方法包括（　　　）。

A.要点记录法　　　　　　B.详细记录法

C.笔记与录音并用法　　　　　　D.影像摄制法

6.文字记录的要求包括（　　　）。

A.有音必有字　　　　　　　　　　B.认真核对

C.细致整理　　　　　　　　　　　D.打印使用

7.记录是把口头语言转变为书面语言的过程。在这一转变过程中，发话者是主动的一方，听话者是被动的一方，因此，可以肯定地说，学会倾听是秘书做好记录的第一要务。所谓学会倾听，主要是指（　　）。

A.能听懂发话者说话的内容　　　　B.能听清楚发话者的发音

C.能听出发话者的言外之意　　　　D.能够在听的过程中一言不发

8.当上司向秘书口授工作任务或指示时，秘书应做到（　　）。

A.迅速走到上司身旁　　　　　　　B.注意聆听口授内容

C.边听边记，疑问之处随手标示　　D.复述要点请上司确认

9.整理记录是一项十分细致的文字工作，秘书必须认真对待，特别是要注意（　　）。

A.忠实于讲话者原意

B.体现出讲话者特点

C.适度加工润色

D.整理的时候要多用成语、典故、华丽辞藻

二、案例分析题

一名行政主管，让下属制作一份下季度办公用品的采购预算。助理没有多问，很快去准备了。第二天，助理将行政部门的采购预算递交给了主管。主管非常惊讶："这么快就做完了？"她打开预算文件夹一看，顿时气不打一处来，说："你怎么只做行政部门的采购预算呢？前两天我才让小赵做完。我让你做的是整个企业的，拿回去重做！"

分析一下，助理为什么会受到主管的批评？今后应该怎么做才能避免发生类似的错误？

● 任务08　安排上司的差旅事务

【任务目标】

了解商务旅行的基本知识，能够妥善安排上司的差旅事务。

【参考学时】

2学时

【知识支撑】

在商务活动中，到外地或外国出差是日常工作的一个重要组成部分。秘书在为上司或同事做差旅安排时，必须细心、缜密，使各个环节过程流畅，不出差错。

一、国内商务旅行安排

（一）了解情况

当秘书接受为上司安排商务旅行的任务后，应着重了解清楚以下情况：

1.旅行目的

秘书要了解清楚，上司的商务旅行是参加行业会议还是与某公司洽谈业务，或是其他的商业活动。因为，不同的旅行所需准备的资料是不完全相同的。

2.旅行地点

了解清楚本次旅行需要停留的地点，是搜集信息和预订票证等准备工作的前提。

3.时间安排

恰当安排旅行时间，是商务旅行顺利开展的重要保障，也是秘书预订飞机票、车票和安排住宿、接送的重要依据。因此，有关本次旅行的起程时间、在途时间、抵达时间、返程时间，都要事先了解清楚。

4.人员安排

了解清楚上司本次商务旅行的随行人员情况，也是安排旅行的一个必要前提。

（二）准备工作

1.交通工具选择

选择合适的交通工具是差旅工作的关键一步。目前，可供选择的交通工具主要有三大类，即公路交通工具、铁路交通工具和航空交通工具。一般来说，短途旅行宜选择公路交通工具，中途旅行宜选择铁路交通工具，长途旅行宜选择航空交通工具。

2.订票

除了带车出行外，其他的出行方式都需要提前预订车票（机票），只有确认车票（机票）订好了，才能安排其他的行程。

3.预订旅馆

（1）预订途径。可以通过旅行社、旅行网站、目的地商会或当地的合作单位预订。某些航空公司也有旅馆预订业务。

（2）预订方法。告诉旅馆客人的姓名、性别、到达和离开时间、预订房间的类型、朝向以及其他的特殊要求，并索取预订的确认凭证。

4.预支差旅费

旅行出发前，秘书人员还应为上司准备好充足的差旅费用。这些费用一般都可以到财务部门预支，等出差回来后再行结算。

预支的差旅费可以以现金方式交给上司，也可以存入上司的信用卡。一般来说，应该携带一部分零用现金，以备在无法使用信用卡的场合使用，其他的大额费用如住宿费等则用信用卡支付，这样既安全，又方便。

5.相关资料和用品的准备

一般来说，在上司的商务旅行中，秘书人员应协助上司准备以下资料和用品：

（1）商务活动资料，如演讲稿、谈判提纲、合同草本、意向书草本、备忘录、报价资料、工程图表、公司宣传资料、对方公司的背景资料等。

（2）办公用品，如笔记本电脑、笔、公司信笺等。

（3）旅行资料，如目的地的地图或交通图、通信录、旅行日程表等。

（4）个人用品，如身份证、工作证、手机等。

6.拟定商务旅行日程表

一份周密的商务旅行日程表一般应包括日期、时间、地点、交通工具、具体事项、备注等6项内容。日程表做好后，一般要准备3份，一份给上司，一份给他（她）的家人，一份给办公室存档。

【工具箱2-8】

××经理商务旅行日程表

日期	时间	交通工具	地点	事项	备注
8月29日 星期一	8:50—9:30	公司派车	青岛市	去机场	鲁U13458
	10:30—11:30	民航班机	途中	去上海	CA3865
	11:30—12:00	A公司车辆	上海市	去××宾馆	A公司接站人员电话158×××1758
	12:00—13:30	A公司车辆	××宾馆	午餐	A公司市场部刘经理陪同
	14:00—17:00	A公司车辆	A公司	业务洽谈和参观考察	A公司市场部刘经理陪同
	17:30—19:00	A公司车辆	××大酒店	晚餐	A公司总经理宴
8月30日 星期二	9:00—9:30	A公司车辆	上海市	去机场	
	10:30—11:30	民航班机	途中	回青岛	CA3866

7.准备行李

准备行李时，一定要了解清楚各种交通工具对随身行李重量的限制。目前，中国民航规定每位旅客的免费行李（包括托运和随身携带行李）重量为：头等舱旅客40千克，公务舱旅客30千克，经济舱旅客20千克。持婴儿票的旅客，无免费行李额。

如果行李较多，需要托运，则需要准备比较醒目的识别标签固定在行李上，以便提取行李时使用。

（三）注意事项

一是根据公司规定，弄清上司出差应享受的待遇。

二是准备订票时，一定要查用最新的时刻表。

三是订房、订票时要考虑上司的个人爱好和习惯。

四是平时注意学习订房、订票的相关知识，以确保工作的顺利进行。

二、国际商务旅行安排

随着国际间联系的日益频繁，公司领导出国开展一系列相关的商务活动已经成了公司日常事务的一部分。这就要求秘书人员应熟知跨国商务旅行的各种事务，并能够根据具体工作的需要进行适当的安排。

（一）出国手续

当秘书人员接受为上司安排出国商务旅行的任务时，除了了解基本情况、做好与国内商务旅行相同的准备工作外，还应特别开展以下事项的准备工作：

1.撰写出国申请

办理出国手续的第一件事，是要撰写一份出国申请。出国申请的内容一般包括出国事由、出国路线、出国日程安排、出国组团人数4项内容，申请书后面还要附有出国人员名单和外国公司的邀请函，出国人员名单中要写清姓名、年龄、性别、职务职称等内容。

2.办理护照

（1）护照的概念。护照是一个国家的政府发给本国公民，供其出入国境和在国（境）外旅行或居留时证明其国籍和身份的证件。

（2）护照的种类和有效期。中华人民共和国护照分为外交护照、公务护照、普通护照和特区护照。

外交护照和公务护照有效期最长不超过5年，普通护照有效期最长不超过10年，期满后换发新护照。

香港特区护照的有效期一般为10年，签发给16周岁以下儿童的护照有效期为5年。澳门特区护照有效期一般为10年，签发给18周岁以下儿童的护照有效期为5年。

（3）护照的颁发对象。外交护照主要颁发给中国党、政、军高级官员，全国人大、全国政协和各民主党派的主要领导人，外交官员、领事官员及其随行配偶、未成年子女和外交信使等。

公务护照主要颁发给各级政府部门副处级以上官员、派驻国外的外交代表机关、领事机关和驻联合国组织系统及其专门机构的工作人员及其随行配偶、未成年子女等。

公务普通护照主要颁发给各级政府部门副处级以下干部和国有企事业单位因公出国人员等。

普通护照主要颁发给出国定居、探亲、访友、继承财产、留学、就业、旅游等因私出国的中国公民。

香港特区护照颁发给持有香港永久性居民身份证的中国公民。澳门特区护照颁发给持有澳门永久性居民身份证的中国公民。

（4）护照的办理。中国公民申领因私普通护照需向户口所在地的市、县公安局出入境管理部门申请，其一般程序是：

第一步，领取出境申请表。本人（或委托亲友）到户口所在地的公安机关的出入境管理部门领取"中国公民出境申请表"。

第二步，填写并递交"中国公民出境申请表"。

第三步，等候护照。公安机关的出入境管理部门接受本人所递交的申请表格和相应材料并审核后即可做出是否批准同意申请人的申领护照决定，并一般在30天内即可通知申请人。

第四步，领取护照。当公安机关受理本人的申领护照材料后，须经过审核和制作护照的过程，申请人可在规定的时间之内耐心等待并可按递交材料时约定的时间或在接到公安部门的通知后前往领取护照和出境登记卡。

[小贴士2-2]

大使馆和领事馆的区别

大使馆是一国在建交国首都派驻的常设外交代表机关。领事馆是一国政府派驻对方国家某个城市并在一定区域执行领事职务的政府代表机关。两个国家断交，一定会撤销大使馆，但不一定撤销领事馆。

大使馆代表整个国家的利益，全面负责两国关系，馆长是大使，由国家元首任命并作为国家元首的代表履行职责。大使馆的首要职责是代表派遣国，促进两国的政治关系；其次是促进经济、文化、教育、科技等方面的关系，大使馆同时具有领事职能。促进两国关系和人民间的往来是领事馆的重要职责，但其最主要的职责是领事工作，比如：维护本国公民和法人的合法权益，向本国公民颁发或延期护照、向外国公民颁发签证。

大使馆的职责范围遍及驻在国各个地区，领事馆只负责所辖地区。大使馆通常受政府和外交部门的直接领导，而领事馆通常接受外交部门和所在国大使馆的双重领导。

许多国家在多数国家只设大使馆，不设领事馆。设不设领事馆、设哪个级别的领事馆，主要看侨民和领事业务的多少以及所在地区的重要性，并依照对等原则进行。如中国在美国设有大使馆和5个总领事馆，负责各自辖区内的领事事务。在个别小国，外国只设领事馆和派驻领事官员。

3.办理签证

签证是一个主权国家官方机构对本国和外国公民出入国境或在本国停留和居住的许可证明。签证一般签在护照上，分为外交签证、公务签证和普通签证三种。

签证的内容包括：有效期、有效次数、停留期、入出境口岸和偕行人等。如果超过有效期限，应该申请延长签证。

一般情况下，办理签证要由出国人员本人亲自持护照、对方公司邀请函和其他申请签证材料，到所去国驻我国大使馆或领事馆申请，也可以委托可靠的签证代办机构代办。

4.办理"黄皮书"

"黄皮书"，正式名称为"国际预防接种证书"，是各国为了防止国际间某些传染病的流行，要求进入本国国境的外国人持有证明自己接种了某些疫苗的官方证明。至于具体接种哪些疫苗，各国的规定不尽相同，主要有牛痘、霍乱和黄热病疫苗等。

中国的黄皮书由中华人民共和国卫生和计划生育委员会统一印制，各省、市、自治区的卫生检疫局负责签发和注射疫苗。

5.购买机票

办好以上手续后，就可以到国内各航空公司和可靠的售票代理点办理订票手续了，也可以到国外航空公司驻我国办事处订票。如无特殊情况，应该预订往返机票，这样会节约不少费用。

订购机票时，要出示出国人员的护照。拿到机票后，一定要认真检查机票上的各项内容是否正确清晰。

【小贴士2-3】

什么是往返机票

往返机票是对应单程机票而言的。就是在买机票的时候，不仅包括去程，也包括回程。

往返机票的回程有固定日期的，比如×月×日某航班；也有固定一个时间范围的，如45天往返、60天往返、半年往返。

一般来说，回程时间越是"久远"，折扣就越少。

另外请注意，航空公司出售的机票有两种，一种在机票上规定了日期、时间、班次，并在机票上注明"OK"两字，简称"OK票"；另一种则不限定具体航班，票面上注有"OPEN"字样。买"OPEN票"的乘客在确定乘机时间后，需要打电话与航空公司确认航班，才能确保有座位。如果乘客的"OPEN票"事先没有确认，而是直接赶去机场登机，如遇客运高峰，就有可能上不了飞机。当然，国内票一般都已经OK了。OPEN的情况往往出现在国际航班的返回票上，乘客千万要注意。

往返机票一般是一张，但比单程机票多一张乘机联，往程和返程各使用一张乘机联，但也有往程和返程分成两张的。

（二）出入境检查

1.边防检查

边防检查是国家为了保卫自己的主权和安全，对出入本国国境的人员等进行的检查。其内容包括：护照检查、证件检查、签证检查、出入境登记卡检查等。

2.海关检查

海关检查是对出入境的货物、邮递物品、行李物品、货币、金银、证券和运输工具等进行监督检查和征收关税的一项国家行政管理活动。

3.安全检查

安全检查的内容主要是检查旅客及其行李物品中是否携带枪支、弹药、易爆、腐蚀、有毒、放射性等危险物品，以确保航空器及乘客的安全。所有出入境人员，不分男女、国籍和等级，都必须经过安全检查。

4.卫生检疫

卫生检疫由国家出入境检验检疫部门负责，主要是为了避免带有传染性的疾病在国际间传播。

（三）旅行过程安排

1.掌握时差的换算方法

秘书应熟悉世界各地时间计算的方法，国际上统一以英国格林威治时间（Greenwich Mean Time，简称GMT）为标准时间（Standard Clock Time），这样两半球就分为东八区和西八区。东八区的时间比GMT早，西八区的时间比GMT晚。国际商务旅行日程表中的离开和到达的时间都应以当地时间为准。

【工具箱2-9】

世界各地时间计算表

GMT	法国 +1	中国 +8	澳大利亚 +10	加拿大（西海岸）-8	美国（纽约）-5
1:00	2:00	9:00	11:00	前一日17:00	前一日20:00
8:00	9:00	16:00	18:00	0:00	3:00
17:00	18:00	次日1:00	次日3:00	9:00	12:00
21:00	22:00	次日5:00	次日7:00	13:00	16:00

2.兑换目的国货币

在上司出发之前，秘书人员应根据国家规定的数额帮助上司兑换目的国货币。在兑换外币时，最好换一些零钱，以方便在国外乘车、打电话、坐地铁、给小费等。

3.了解目的国风俗习惯和商业环境

秘书人员应帮助上司熟悉目的国的风俗习惯和商业环境，以利于在目的国顺利地开展各项工作。

4.安全防范

（1）财物安全防范。现金、信用卡、证件要分开存放，文件资料锁入箱中。

（2）人身安全防范。①乘坐出租车时不坐在司机旁边，而应坐在后座；乘坐飞机时不坐在头和尾处，最好坐在紧急舱门旁边；乘坐轮船时应尽量选择上层舱。②随时与公司保持联系，让公司知道你在哪里。③随身携带身份证及其他证件，如果有事，可以让帮助、援救你的人知道你的姓名。④不单身一人在夜间出门；不与陌生人交谈交友；不随意暴露自己的身份和旅行目的。

三、上司外出旅行期间的秘书工作

如果秘书没有随上司一起出差，而是留守在单位，则应做好以下几项工作：

（一）检查有无遗漏的文件

秘书应检查上司是否还有遗漏的东西，如果突然发现办公室桌上还有一份文件是次日上司和对方签订协议时用的，千万不能惊慌失措，而是要想办法把它给上司传送过去。传送的方法有三种：一是把文件扫描后以附件的形式用电子邮件发送到上司的电子邮箱，二是用传真机传送到上司所在的旅馆，三是用特快专递传送到上司所在的旅馆。不管采用哪一种传送方式，文件传出后，都要用电话通知上司。

（二）抓住机会学习

上司旅行期间，秘书人员的事务性工作相对较少，因此，秘书人员一定要充分利用上司出差的大好时机，抓紧学习，努力充实自己。

（三）电话的处理

在上司出差期间，如果有客人来电话找上司，秘书要认真做好电话记录。如果事情比较重要，上司回来时，在接站的时候就要向上司汇报；如果不急，就等上司上班后再进行汇报。如果遇到重大突发事件，要立即通过电话向上司汇报。

四、上司旅行结束后相关事务的处理

（一）接站

一般来说，上司旅行结束返回公司驻地时，秘书人员应随车到机场或车站接站。接站的目的除了因为上司出差劳累帮上司搬搬东西外，更重要的是可以加深彼此之间的感情，并且还可以及时向上司汇报工作。因为有的上司责任心很强，他们身在外地却挂念着单位的一切事情，回来后急于得知自己不在单位期间所发生的一切，特别是出差之前悬而未决的一些问题的处理结果。

（二）汇报

上司旅行结束后，秘书应该把上司外出期间单位发生的重要事情向上司做详细的汇报。汇报的时候，应简单明了、详略得当。有些重要的事情如果不是三言两语说得清的，则可以在口头汇报相关要点的基础上，再把详情进行书面汇报。

（三）致谢

如果上司在旅行期间得到了某些关系单位的关照，如接站、送站、宴请等，秘书人员还需要根据上司的授意对这些单位进行感谢。感谢的方式可以是打电话，也可以是寄送感谢信。

【思考与练习】

一、不定项选择题

1.当秘书接受为上司安排商务旅行的任务后，应着重了解清楚（　　）。

A.旅行目的　　　　B.旅行地点　　　　C.时间安排　　　　D.人员安排

2.选择合适的交通工具是差旅工作的关键一步。目前，可供选择的交通工具主要有三大类，即（　　）。

A.公路交通工具　　B.水路交通工具　　C.铁路交通工具　　D.航空交通工具

3.一般来说，在上司的商务旅行中，秘书人员应协助上司准备（　　）。

A.商务活动资料　　B.办公用品　　　　C.食物　　　　　　D.旅行资料

4.上司的商务旅行日程表一般要准备三份，一份给（　　），一份给（　　），一份给（　　）存档。

A.财务部，办公室，档案室　　　　　　B.上司，上司的家人，办公室

C.上司，上司的朋友，传达室　　　　　D.秘书，办公室主任，办公室

5.办理护照一般应携带（　　）。

A.主管部门的出国任务批件　　　　　　B.出国人员政审批件

C.所去国有关公司的邀请书　　　　　　D.2寸证件照

6.国际商务旅行中的出入境检查主要包括（　　）。

A.边防检查　　　　B.海关检查　　　　C.安全检查　　　　D.卫生检疫

7.在安排上司的国际商务旅行时，秘书人员应协助和提醒上司做好（　　）等工作。

A.掌握时差的换算方法　　　　　　　　B.兑换目的国货币

C.了解目的国风俗习惯和商业环境　　　D.旅途的安全防范

8.根据我们课堂上了解到的世界各国时差表和下面的旅行日程表，我们可以计算出CA981次航班从北京到纽约需要飞行（　　），CA982次航班从纽约到北京需要飞行（　　）。

国际商务旅行日程表（2013/07/06—2013/07/09）

时间	事项	备注
7月6日（星期一）		
上午9:15	乘坐南航320次航班从广州飞往北京	
下午1:30	乘坐CA981次航班从北京飞往纽约	
晚上7:15	抵达纽约，下榻谢尔大酒店	琳达小姐接机
7月7日（星期二）	……	
7月8日（星期三）		
上午9:00	乘坐CA982次航班从纽约飞往北京	

A. 18 小时 45 分钟，14 小时 15 分钟　　　　B.7 小时 45 分钟，10 小时 15 分钟

C. 6 小时，8 小时　　　　　　　　　　　　D.15 小时 10 分钟，12 小时 30 分钟

9.在上司外出旅行期间，留在家里的秘书人员主要应做好（　　）等工作。

A.检查上司遗漏的东西　　　　　　　　　B.抓住机会学习

C.处理电话　　　　　　　　　　　　　　D.和朋友聚会

10.在上司的商务旅行结束后，秘书人员通常要处理好（　　）等工作。

A.接站　　　　　　B.送站　　　　　　C.汇报　　　　　　D.致谢

● 任务 09　随从工作

【任务目标】

了解随从工作的类型、特点和要求，掌握随从工作的方法和技巧，能够做好日常随从工作。

【参考学时】

2 学时

【知识支撑】

一、随从工作的类型

（一）调查研究型

多见于在制定方针政策、规章制度、起草重要文件、安排阶段性工作时，或某项大的工作展开前，秘书要跟随上司深入基层，调查研究，听取反映，或总结典型经验，或发现带倾向的问题，掌握第一手资料，为正确决策、部署工作做好准备。

（二）检查考核型

多见于半年或年终总结前夕，为了确切掌握所属各单位完成各项工作任务的情况，总结经验教训，评比和表彰先进，秘书要跟随上司对所属基层单位的工作进行检查考核，全面验收。

（三）处理问题型

多见于发生重大事故、重大案件等问题之后，秘书要跟随上司亲临现场，组织人员抢救、现场保护、原因调查等工作，采取应急措施，做好善后处理。

（四）看望慰问型

在重大节日、重大庆典时，以及在执行抢险救灾等重大任务的过程中，秘书常常要跟随上司看望群众，表示祝贺或慰问，以鼓舞斗志，激励士气。

（五）商务谈判型

企业领导人的商务活动十分繁忙，秘书经常要跟随上司外出参加各种商务谈判，安排

谈判日程，准备谈判资料，负责谈判记录，起草谈判协议等。

（六）参加会议型

上司经常外出参加各种会议，一般要带随从秘书负责往返途中和会议期间的服务保障工作，以保证上司顺利完成会议的各项任务。

二、随从工作的特点

（一）流动性大

这是随从工作最显著的特点。由于上司在外出期间活动的单位、地点、内容、时间不断地转移变化，表现出强烈的流动性，从而决定了秘书随从工作的流动性。秘书人员必须紧紧围绕"动"字做好预想工作，增强工作的预见性、计划性，严密组织，严格要求，细致周到，以保证随从工作不出差错。

（二）时限性强

上司外出活动是有着严格的时间规定性的，何时出发，何时返回，在哪个单位停留多长时间，都是事先计划好的，一般情况下不能随意变动；否则，就会打乱整个工作进程。这一特点要求秘书必须具有高度的时间观念，在"快"字上下功夫。无论是联系协调，还是安排进程，都要有一个提前量，掌握好时间差，做到环环相扣，衔接紧密。同时要有吃苦的思想准备，发扬不怕疲劳、连续作战的精神，以保证按时完成随从任务。

（三）环境复杂

随从工作比起日常工作来，面临的环境要复杂得多。首先，上司外出活动期间，面对的环境比较陌生，比如与对方进行商务谈判，可能会由于不了解对方底细而陷入僵局；其次，人际关系环境比较复杂。领导者在基层视察期间，要接触各种各样的人，由于各自利益和观点不同，反映的情况和意见也不一致，处理起来比较棘手。再加上自然环境的变化和人为因素的影响，还可能会遇到突发事件，甚至天灾人祸。这一特点要求秘书对随从工作的复杂性必须有充分的思想准备，遇事先要进行调查研究，弄清情况，然后再建议上司决断和处理。切忌盲目表态，随便答复。

（四）情况多变

由于上司外出活动处于不断变化之中，可能会遇到许多预想不到的情况，原先的计划很有可能被打乱。这就要求随从秘书必须具备灵活的应变能力，善于根据客观情况的变化及时调整工作计划，采取积极的应变措施，以应付各种复杂的情况。这一特点还要求秘书人员具备多方面的素质，才能适应随从工作的需要。

（五）工作要求高

由于上司外出活动的流动性大，必然受到客观条件的限制，随行规模必须遵循"轻车简从"的原则，随从秘书为上司提供的服务必须是全面性的。从文字材料的起草到人员食宿安排，从交通服务到安全警卫，凡是涉及上司活动的有关事项，秘书都得亲自过问，细心安排，负责到底。由此可见，随从工作对秘书人员提出了很高的要求。随从秘书必须具备多种能力，如文字水平较高而且行文较快，办事精明强干，善于组织协调，还要能吃苦耐劳等。只有这样，才能适应随从工作的需要。

三、随从工作的要求

（一）工作要主动

秘书随同上司外出活动，必须扭转被动工作局面，不等不靠，积极主动开展工作。不仅要积极考虑自己应该做哪些事，还要考虑上司应该做哪些事。要善于把上司意图同基层的实际结合起来，积极出主意、想办法、提建议。涉及上司参加的活动，秘书要提前报告，早做准备；要提醒上司先做什么、后做什么；需要上司出席会议时，要提醒带上有关的文件材料；需要上司到会讲话时，要提醒上司提前理清思路做好准备；在生活上也应主动关心照顾。

（二）办事要细心

上司外出活动涉及的事项多，协调工作量大而且要求高，不能有半点疏忽大意。随从秘书必须具备周到细致的工作作风，精心组织，周密安排，认真负责，一丝不苟。

（三）说话要谨慎

跟随上司外出期间，随从秘书必须摆正自己的位置，说话一定要谨慎。未经上司允许，秘书对任何问题都无权表态。可以选择适当的时机向上司提出自己的建议，但不得与上司唱对台戏，更不能私下议论，犯自由主义。

（四）不要帮倒忙

随从秘书在跟随上司外出期间，必须以身作则，不搞特殊，同时不给上司帮倒忙。不要借考察工作之名大吃大喝。秘书要主动向接待方讲清只能按标准接待，不可暗示其超标准接待。不得接受基层馈赠，更不允许张口索要礼物。

四、随从工作的准备

当上司确定出访后，秘书要在出发前做好充分的准备工作，包括思想、组织、资料和物质等方面。

（一）思想准备

在随同上司出访前，秘书要了解商务出访的意图和目的、出访的内容和重点、邀请的单位和对象、参加出访的有关人员、出访的大致日程安排、希望邀请单位做哪些准备工作等。

（二）组织准备

在随同上司出访前，秘书要在组织上做好五项工作：

第一项，根据上司指示拟制出访方案；

第二项，通知有关部门确定参加出访的随从人员名单，并进行编组和分工；

第三项，组织所有人员参加预备会，听取上司关于出访准备工作的指示，学习有关文件，布置具体任务；

第四项，印发出访方案和日程安排；

第五项，与邀请单位联系，提醒对方做好接待准备。

（三）资料准备

在随同上司出访前，秘书要注意收集四个方面的资料：

第一，邀请单位的历史沿革、领导班子、当前工作情况及评价的资料；

第二，同出访工作相关的上级指示政策、法规性文件；

第三，同出访中心内容相关的理论和典型经验方面的资料；

第四，出访地区有关地理、气候、交通情况以及风土人情方面的资料。

（四）物质准备

在随同上司出访前，秘书要准备好办公用具、常用药物、差旅费以及照相机、收录机等用品。

五、随从工作的实施

(一) 做好组织安排

上司商务出访免不了要察看商品生产现场、召开座谈会，或进行个别访问等。这就要求随从秘书为之安排好时间、地点和有关人员。无论哪种活动，随从秘书都要做好记录，以便事后分析、研究。秘书看到、听到的情况要及时、准确地向上司汇报。

(二) 主动提出建议

在出访阶段，随从秘书如发现问题，应主动向上司提出如何处理的建议。

(三) 及时同单位联系

在上司出访期间，秘书要同公司及时沟通信息。如将外出上司的活动情况及时用通信工具告知公司，使公司留守领导者掌握外出上司的动态；同时也要从公司内部获取信息，使外出上司及时了解上级的重要指示，以及公司的工作动向，保证上司信息灵通，以便实施不间断的指挥。

(四) 处理好日常事务

随从秘书要主动处理日常的事务工作。在组织安排中碰到人事、时间、地点等方面的矛盾，要主动协调，尽量做到事半功倍，提高效率。还要尽可能保证上司的生活和休息，使之精力充沛地投入工作。

六、返回后的工作

出访活动结束后，随从秘书要做好出访活动的善后工作，主要包括：

(一) 做好返程安排

联系安排好返程的交通工具，预订好车、船、机票，安排好途中食宿，确保上司的安全。

(二) 整理调查资料

回公司后，要把出访中发现的问题整理归纳成条，提出改进工作、解决问题的建议。

(三) 抓紧有关问题的落实

在出访时，上司答应办的事，回公司后秘书要及时通知、督促有关部门抓好落实工作，做到言而有信，件件有着落，事事有回音。

(四) 报销差旅费

随从秘书要协助上司结算开支、报销差旅费、偿还预借款。

(五) 回顾总结

随从秘书要对自己跟随上司出访期间的工作进行回顾总结，主动征求上司的批评、帮助，这对秘书自身能力的提高不失为一种有效的办法。

七、注意事项

(一) 维护领导形象

秘书在整个随上司外出活动期间，要时刻注意维护上司的威信，执行政策，遵守纪律，谦虚谨慎，平易近人，为上司也为秘书自身树立良好的形象。

(二) 牢记禁忌事项

秘书随上司外出应注意的禁忌事项主要包括：

1.忌摆错位置

随从秘书要时刻牢记自己是为上司服务的，只有服务的义务，没有争名利、搞特殊的权利，更不能借工作之便谋取私利，或借上司之名狐假虎威，应严于律己，遵守职责。

2.忌作风随便

随从秘书必须有良好的思想作风、工作作风和生活作风。大处着眼，小处着手，时时处处严格要求自己，在上司身边工作应该树立起一种端庄可敬、朴实无华的好形象。

3.忌动作懒散

随从秘书办事应迅速果断，干净利落，说走马上出发，说停可就地安顿，对上司交办的事，要件件有着落，事事有回音，既紧张快速，又有条不紊，不能拖泥带水、漏洞百出。

（三）工作积极主动

随从秘书需要独当一面地开展工作，必须头脑机灵，思维敏捷，反应快速，能够准确理解领导意图，熟悉上司的工作特点和生活习惯，积极主动地完成工作任务。

八、秘书陪同上司出访客户的技巧

在许多时候，秘书需陪同上司出访客户。这时候，上司和秘书的配合程度直接关系到单位的形象，做好陪同是对秘书的基本要求。

（一）站对位置

客户和上司有直接的关系时，作为秘书，应该站在辅助的地位，和客户初次见面时应该亲切地寒暄，并且作适当的自我介绍，第一次就要给对方留下一个好印象。在整个谈话过程中，要不卑不亢，给人以良好的感觉。

如果上司访问的对象也是秘书自己所熟悉的，这时秘书首先要注意的就是不要"越位"，应该将自己立于上司和客户之间的中间人立场，使上司有更多的讲话机会。

（二）灵活应对

当客户和上司谈话时，陪同的秘书应该细心地倾听。如果对方有问题问秘书，秘书要直接或间接地征询领导的意见，然后给对方以满意的回答。

谈判过程中，如果上司和客户在某个方面争论得比较激烈，秘书就要适时地从中打圆场。

在商谈结束时，无论成交还是不成交，都不要被当时的气氛所影响，应尽宾主之谊，亲切地道别，不要让对方有这样的评价："这个公司上下怎么一点礼貌都不懂。"或是："这个公司领导还不错，可用人不太精明，怎么选了个这么不懂礼仪的陪同。"

（三）调节气氛

在上司与客户商谈时，秘书应该注意上司的谈判技巧和应对方法，并且要灵活掌握气氛。气氛过"热"时，要适当地"降温"；气氛过"冷"时，要适时地"加温"；出现尴尬局面时，要适度地转移话题。

在陪同上司拜访客户时，秘书积极地配合并尊重他们，不仅能增进上下级之间的关系，而且客户也会认为这位秘书是一个应对得体的好"幕僚"，从而提高上司和单位的信誉。

【思考与练习】

一、不定项选择题

1.（   ）的随从工作多见于制定方针政策、规章制度、起草重要文件、安排阶段性工作时，或某项大的工作展开前。

A.检查考核型　　　　B.处理问题型　　　　C.商务谈判型　　　　D.调查研究型

2.（   ）是随从工作最显著的特点。

A.流动性大　　　　B.时限性强　　　　C.环境复杂　　　　D.情况多变

3.（   ）这一特点要求随从秘书必须具备灵活的应变能力，善于根据客观情况的变化及时调整工作计划，采取积极的应变措施，以应付各种复杂的情况。

A.流动性大　　　　B.时限性强　　　　C.环境复杂　　　　D.情况多变

4.随从工作的要求主要包括（   ）。

A.工作要主动　　　　B.办事要大胆　　　　C.说话要谨慎　　　　D.不要帮倒忙

5.在随同上司出访前，秘书要准备好（   ）等。

A.蔬菜水果　　　　B.办公用具　　　　C.差旅费　　　　D.常用药物

6.在跟随领导外出的过程中，秘书人员应做好（   ）等工作。

A.组织安排　　　　　　　　　　B.主动提出建议

C.及时同单位联系　　　　　　　　D.处理好日常事务

7.出访活动结束后，随从秘书要做好出访活动的善后工作，主要包括（   ）。

A.整理调查资料　　　　　　　　B.抓紧有关问题的落实

C.报销差旅费　　　　　　　　　D.回顾总结

8.秘书随上司外出应注意的禁忌事项主要包括（   ）。

A.忌摆错位置　　　　B.忌作风随便　　　　C.忌动作懒散　　　　D.忌积极主动

9.当客户和上司谈话时，陪同的秘书应该细心地倾听。如果对方有问题问秘书，秘书要（   ）。

A.直接征询领导的意见，然后给对方以满意的回答

B.间接征询领导的意见，然后给对方以满意的回答

C.直接给对方以满意的回答

D.微微一笑，不予答复

二、案例分析题

（一）

一次，王秘书陪同公司总经理去基层分公司搞调查研究。总经理为了能够了解到第一手资料，白天走访客户做调查，晚上又加班加点写材料，没过几天，他的老毛病——失眠症又犯了。一天深夜，总经理为失眠所困扰，躺在床上怎么也睡不着，不得不把王秘书叫起来，让他去找一些安眠药。王秘书匆忙起身去买药，但由于对当地情况不熟悉，结果跑了许多冤枉路才买到安眠药。

试分析一下，王秘书在这次随从工作中哪些地方做得不够好？应该怎么做才能满足随从工作的要求？

（二）

一次，董事长苏南带着自己的秘书温朴到一个业务合作单位考察工作，在会议室里不小心打碎了一个烟灰缸。会议室的墙壁上贴有损坏公物照价赔偿的字样，苏南没有注意到，就算是注意到了，他当时也不可能停下讲话去照价赔偿。返京后的某一天，苏南无意中在一家很有影响力的报纸上，看到一篇题为《烟灰缸的故事》的文章，文章中讲的那个烟灰缸，正是自己无意中打碎的那一个。事后一了解，方知是温朴在离开合作单位前，说服了死活不肯收赔偿款的对方领导，掏腰包替自己交了一个烟灰缸的钱。事后那位被说服的领导很感动，就请来当地一个小有名气的女记者写了这篇文章。

试分析一下，温朴的做法起到了什么样的作用？又会对自己的前途产生什么样的影响？

项目三

接待事务

● 任务10　接待准备

【任务目标】

掌握接待工作的基础知识和相关礼仪。

【参考学时】

2学时

【知识支撑】

一、接待工作的构成要素

接待，是指一定的社会组织对公务活动中的来访者所进行的迎送、接洽和招待活动。一般来说，一项接待工作包括五个要素：

（一）来访者

来访者，即接待对象，可以是来访个体，也可以是来访团体。

（二）来访意图

来访意图，即来访者期望达到的目的。

（三）接待者

接待者，即对来访者进行接洽招待的人员，通常包括领导人、专职接待人员、业务部门人员、秘书人员。

（四）接待任务

接待任务，即根据来访者情况而确定的接待方针和安排，多由接待计划来体现和确定。

（五）接待方式

接待方式，即接待的规格、程序、方法等。

二、来访者的类型

根据来访者人数的多少或者来访者有无预约，来访者类型的划分有如下两种方法：

（一）按来访的人数、规模分类，可分为个人来访和团体来访

1.个人来访

秘书在日常工作中经常接待一两个人的来访。他们来访的目的往往比较明确、单一，不会占用过多的时间，也不会涉及太多的人。但是发生的频率很高，有可能是无约而来的，有时会打乱既定的接待计划。

2.团体来访

团体来访是指以团、队等形式有组织的多人来访。他们来访的目的往往是会谈、考察、参观、调研、检查工作等。这种来访往往与公司的发展有重要关系，对公司的业务会产生较大影响，涉及的人员和部门也多，所以需要事先制订周密的接待计划。

（二）按照来访者有无预约划分，可分为有约来访和未约来访

1.有约来访

有约来访是指事先约定好的来访。团体来访一般都是有约来访，个人来访也多是事先约定的。对于有约来访，秘书和相关接待人员要做好接待准备，按时接待，不可让客人久等。

2.未约来访

未约来访是指未曾事先约定的临时来访。由于种种原因来访者没能事先预约，有关人员没有准备，他们可能不能得到及时的会见。但是他们的事情不见得就不重要，所以秘书要进行妥善处理。

三、接待工作的准备

秘书要做好接待工作，前期的准备工作是非常重要的，它是做好接待工作的前提条件。秘书应该从接待工作的环境、物质、心理与礼仪四个方面进行准备。

（一）环境准备

1.绿化环境

办公室、会客室内应适当地摆放一些花卉或绿色植物；室外环境应力求做到草坪、花木相映生辉，绿意盎然，富有生气与活力。

2.空气环境

空气环境包括空气的温度、湿度、流动速度与新鲜度四个因素，它的好坏对人的行为和心理有着很大的影响。因此，应在室内安装通风设备和空调，做好空气的调节，并且经常打开门窗透气，保持空气清新。同时，也可适当洒些气味淡雅的空气清新剂。

3.光线环境

室内要有适当的照明，以自然光源为主、人造光源为辅。切勿使光线过强，以免刺激眼睛。但光线也不应过弱，太暗会引起人的视觉疲劳或心情压抑。

4.声音环境

室内要保持肃静、安宁，这样才能使客人心情舒畅。同时也能使秘书人员集中精力做好接待工作，有助于工作效率的提高。反之，办公室声音嘈杂，会使人心烦意乱。

5.室内布置

办公桌、文件柜、复印机等大件物品要摆放合理，书报、文件、文具等物品要归类摆放整齐，墙上可挂日历、公司徽标等，也可挂上市场网络图和宣传照片等。

（二）物质准备

1.前厅接待用品

在公司的前厅，要为客人准备座椅，让客人站着等候是不礼貌的。座椅应该线条简洁、色彩明快。同时，座椅附近还应配有茶几，以便客人喝茶。

2.会客室接待用品

会客室桌椅要摆放整齐，桌面清洁，没有水渍、污渍。墙上可挂与环境协调的画，如公司领导与国家领导人的合影、某次成功的大型公关活动的照片，以提高公司的可信度。桌上可放一些介绍公司情况的材料。另外，茶具、茶叶、饮料要准备齐全。一般客人可以用一次性纸杯，重要客人还是用正规茶具为好。会客室应有良好的照明及空调设备。电话、复印机、传真机等即使不放在会客室，也不要离得太远。客人走后，要及时清理会客室，清洗茶具、烟灰缸，调节空气，然后关好门；否则，会使下一批客人感到不受重视。

3.辅助用品

辅助用品是指在部分接待工作中使用的物品，主要有：

（1）接待用车。如迎送客人用的轿车和面包车。

（2）接待标志。如接待现场的欢迎标语和指示牌、接待人员的统一服装和证件等。

（3）接待设备。如会见大型代表团使用的扩音器，部分会谈时需要的电脑、复印机、传真机、摄像机等。

（4）接待礼品。部分接待工作需要赠送礼品，尤其是一些涉外接待工作。

（三）心理准备

1."感恩"的心情

无论来访的客人是预约的还是未预约的，是易于沟通的还是脾气急躁的，都要让对方感到自己是受到欢迎、得到重视的，对客人要有"感谢光临"的心理。当客人发火或急躁时，不要受其影响，是你自己的问题就应道歉；是公司的或其他人的问题，作为接待人员，你也应该道歉，因为你被客人看作是公司的代表。

2.合作精神

看到同事在招待客人，要有主动协助的精神，不能认为不是自己的客人就不管。

（四）礼仪准备

1.自我介绍

在缺少介绍人的时候，及时自我介绍是非常必要的。介绍的内容依场合而定，公务场合除介绍自己的姓名以外，还需要介绍自己的职务。例如："你好！我是美达公司销售部的业务员，我叫李理。"

2.为他人作介绍

首先确定被介绍的双方哪一方更应该被尊敬。对于更被尊敬的人，介绍人就要让他先了解对方的情况，即先把对方介绍给他。一般说来，应该先把职位低者、年轻人、男士、来访者介绍给职位高者、年长者、女士、主人。

在工作中，不以性别决定介绍的次序，而是以职位的高低、资历的深浅来决定的。介绍的方式是：介绍人先注视并称呼更被尊重的一方，伸出右手，手指自然并拢并抬至齐胸高指向被介绍者："张总经理，这位是长风公司技术部的王同经理。王经理，这位就是我们公司张明明总经理。"需要特别注意的是，在工作场合，对于拥有律师、医生、教授等头衔的人，介绍时应称呼其职业名称，而不应以一般的"先生""小姐"来称呼。

在社交场合，国际通行的是"女士优先"原则，需要先把男士介绍给女士："于梅，这位是我的大学同学程远非。远非，这是我的同事于梅。"

被介绍者的正确做法是：如果原本是坐着的，此时应该站起来，走上前去，在距离对方一臂左右的地方站好，注视对方，面带微笑，待介绍以后，握手或点头致意，并互致问候。

3.握手

（1）握手的基本方法。伸出右手，四指并拢，拇指张开，肘关节微曲，上身稍前倾，与对方掌心相对，相互轻握，右臂轻轻上下晃动，双目注视对方，微笑致意或问好。

（2）握手的次序。职位高者、年长者、主人、女性先伸手，表示出握手的意愿，而职位低者、年轻人、客人、男性则应该马上伸手相握。在这一次序中，握不握手的主动权在前者那里，没有握手习惯或者不想握的人，可以欠欠身、点点头，或者鞠躬。有时后者表现得很热情，主动伸出手来，此时前者不要再矜持于自己的身份，赶快伸手相握，避免让对方尴尬。

（3）握手时的目光。握手时要注视对方的眼睛，表示你的诚恳和自信。握手时眼睛东张西望，传达给别人的意思是心不在焉、轻视或内心慌乱。

（4）握手的注意事项。握手时要力度适中，握上两三秒钟就行。在一般商务活动或社交场合中，没有必要握着手大幅抖动，也不必握着手说个没完，除非是为了让记者拍下这一镜头。多人见面时，注意不要交叉握手，也就是当两个人握手时，另外的人不要把胳膊架在其上急着去和别人握手。握手时应该摘掉手套、墨镜。如果女性穿着礼服并戴着与之配套的手套，则可以例外。男士与女士握手时，一般只宜轻握女士的手指部分。

（5）握手的拒绝。在一般情况下，拒绝对方主动要求握手的行为是极其无礼的，但手上有水或不干净、不方便时可以谢绝握手，但应该立即加以解释并表示歉意。

4.交换名片

名片的使用在国内已不鲜见，在国际上，名片的使用也比较普遍。宾主相见时互相交换名片，已成为现代社会中相互介绍和建立联系的一个重要方式，在商业活动中尤其受到重视。

（1）名片的内容。商务活动中使用的名片，其内容包括所在单位、部门、姓名、职务或职称、通信地址、电话、电子邮箱等。名片上的字数不宜太多，头衔也不宜太多，名字在名片中应该是最大的几个字，这样便于对方一眼就看到你的姓名，并能迅速称呼你。头衔太多给人一种炫耀的感觉。名片的颜色最好选择白色，显得朴素大方。公务名片上一般不印私人住宅的电话号码。

（2）正确携带名片。随身携带的名片，应该放置于名片盒或名片夹中，不要直接放在衣袋里或钱包中，这样既不利于保存，也是对自己的不尊重。女性可以把名片夹放在手提包内，男性可放在西服上衣内侧口袋里或公文包内。

（3）递接名片的礼仪。①递名片的时机。初次相识的人在做完自我介绍或被他人介绍之后，便可递上名片。告辞时递上也是常见的。早递名片便于对方更清楚地了解你，谈话时也好把握分寸。告辞之前递名片的意思是希望以后多联络，体现了积极的诚意。在谈话之中如果提及公司地址、联系方式等内容，也可以拿出名片交换。②递名片的礼仪。一般来说，应该是来访者、男性、身份低者先向被访者、女性、身份高者递名片，而后者在接到名片后应回赠对方自己的名片。递名片时应该站起来（在餐桌前就免了），以齐胸的高度递上。双手拿着名片上方，让名片上字的正面朝向对方，以便对方接过后就能马上看清楚。如果对方也同时拿出名片，来访者、男性、身份低者应该使自己的名片低于对方的，以示尊敬。如果对方不止一人，应该按职位从高到低或按位置从近至远递上。③接名片的礼仪。当别人站起来递过名片时，应该马上站起来双手接过。接受对方的名片后，不可以立刻放到自己口袋里，而应首先表示谢意，然后再认真拜读一下，看清楚对方的姓名、身份。如果对姓名中的某个字认不准的话，应该恭敬地向对方请教："对不起，请问您的名字中这个字怎么读？"或者"对不起，请问贵姓的读音是……"如遇自己名片正好用完，无法回赠对方时，可说明原因，表示歉意，并手写姓名、地址、联络方式送给对方。拜读完名片后要郑重地把它放在桌子上，注意不要把文件压在上面。如果在会谈，可以把名片按对方的座次摆放在自己面前，这样做的好处是：在谈话中你可不时看一眼名片，和人对上号，加深印象。如果在谈话中或下次见面时能准确地称呼出对方的姓名，就能表现出你对他的尊重，赢得对方的好感。事后保存时则应放在名片盒或名片夹中，既方便查找，也利于保存。要像整理文件一样，按一定次序把名片归档。把名片放入客户档案里是最常用的一个办法。另外，还可以按姓名、业务范围、关系的性质（工作关系或私人关系）等你认为最方便的查找办法来整理，把它们按一定次序输入到电脑里进行管理则更方便。

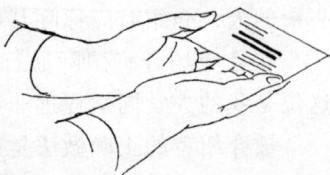

5.乘车

如果是上司或文员自己开车，最受尊敬的位子在驾驶座旁；如果是司机开车，则最受尊敬的位子在后排的右面，其他位子的次序如下图所示：

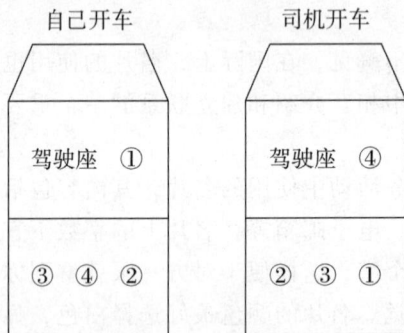

车上的车位的顺序
（以数字从小到大的顺序表示座位受尊敬的次序）

乘车的时候，本着尊者先行的原则，应该让主宾先上车，接待一方的秘书等随行人员为他拉开车门，等他坐好后为他关上车门，并等其余人也都上了车，秘书才能最后上车。

下车的时候，如果车外无人帮助开车门，则秘书先下车为主宾拉开车门。如果有门童、警卫帮助开门，则可让主宾先下。

但是，需要注意的是，如果有些客人确实喜欢坐在前排副驾驶的位置，并且提出明确要求，这时候，秘书人员可以灵活处理，不必非让客人挪动，只需提醒客人系上安全带、提醒司机加倍小心即可。

【思考与练习】

一、不定项选择题

1. 一般来说，一项接待工作通常会包括以下（　　）要素。

A. 来访者　　　　　B. 来访单位　　　　　C. 来访意图　　　　　D. 接待者

2. 秘书在日常接待工作中经常接待一两个人的来访，他们来访的目的往往比较明确、单一，不会占用过多的时间，也不会涉及太多的人，但是发生的频率很高。这种来访叫作（　　）。

A. 团体来访　　　　B. 预约来访　　　　　C. 未约来访　　　　　D. 个人来访

3. 秘书要做好接待工作，前期的准备工作是非常重要的。一般来说，秘书应该从（　　）方面进行准备。

A. 环境　　　　　　B. 物质　　　　　　　C. 心理　　　　　　　D. 礼仪

4. 接待工作的心理准备主要包括（　　）。

A. "感恩"的心情　　　　　　　　　B. 兴奋的心情

C. 合作精神　　　　　　　　　　　D. 拼搏精神

5. 在公务场合自我介绍的时候，除了介绍自己的姓名以外，还需要介绍自己的（　　）。

A. 职务　　　　　　B. 年龄　　　　　　　C. 家庭住址　　　　　D. 籍贯

6. 在工作场所为他人作介绍的时候，应该以（　　）决定介绍的次序。

A. 性别　　　　　　B. 年龄　　　　　　　C. 职位高低　　　　　D. 资历深浅

7. 握手时要力度适中，握上（　　）就行。

A. 1秒　　　　　　B. 2～3秒　　　　　　C. 1分钟　　　　　　D. 5分钟

8. 在接待工作中，乘车的时候，如果是上司或文员自己开车，最受尊敬的位子在（　　）。

A. 前排左位　　　　B. 前排右位　　　　　C. 后排左位　　　　　D. 后排右位

9. 在接待工作中，乘车的时候，本着尊者先行的原则，应该让（　　）先上车，接待一方的秘书等随行人员为他拉开车门，等他坐好后为他关上车门，并等其余人也都上了车，秘书才能最后上车。

A. 主宾　　　　　　B. 女士　　　　　　　C. 年长者　　　　　　D. 主要接待者

10. 在接待活动中，下车的时候，如果有门童、警卫帮助开门，则应该让（　　）先下。

A. 司机　　　　　　B. 秘书　　　　　　　C. 主宾　　　　　　　D. 女士

二、案例分析题

（一）

一次，某公司举行招待会，邀请不少客户和各界人士参加。公司郑总经理的秘书刘雯站在总经理旁边，把重要来宾向总经理一一介绍。当介绍到某律师事务所的律师赵明明和陈丰时，刘雯说："郑总，这是××律师事务所的赵明明小姐和陈丰先生。"说完就发现赵明明的脸色不对，刘雯感到很不好意思，不知道说错了什么。

试分析一下，刘雯在为他人做介绍时在哪个环节上出了问题？出了什么问题？今后应如何避免？

（二）

一次某公司秘书李默代表他的上司去机场迎接外地一家公司的考察团。见面之后，李默安排对方代表团团长坐在小轿车的右后座，可是团长不干，他自己拉开前面的车门，坐到了司机身边。李默觉得很为难，按照礼仪的规矩，领导应该坐在小轿车的右后座，那个座位既方便上下车，又比较安全，可是让客人再站起来挪到后面也似乎不合适。

试分析一下，这时候李默应该怎么办呢？

● 任务 11　日常接待

【任务目标】

掌握日常接待的程序、方法和技巧。

【参考学时】

2 学时

【知识支撑】

一、迎接来访者

（一）"3S"迎客

见到客人的第一时间，应该马上做出如下的动作表情，我们简称为"3S"：

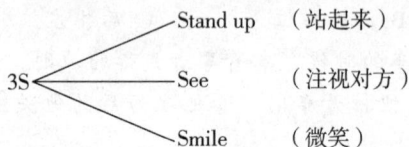

```
                    ┌── Stand up    （站起来）
        3S ◄────────── See          （注视对方）
                    └── Smile        （微笑）
```

然后，伴以 15 度鞠躬，上身要以腰为轴前倾，不可驼背或探脖子。鞠躬的时候，眼睛要随着身体的前倾而向下看，不可翻着眼睛看客人。鞠躬的同时不说话，鞠躬礼毕再向客人问候。

（二）真诚问候

最初的应对语言应该是："您好，欢迎您的来访！""您好，我能为您做些什么？""您好，希望我能帮助您。"不应该说："你有什么事？"或仅仅说"你好"，然后等对方说话。

二、"过滤"和"分流"

前台秘书的责任之一就是要识别客人，起到"过滤"和"分流"的作用。

（一）"过滤"

所谓过滤，就是把上司和其他同事不愿见的或没有必要见的客人挡在门外。有些来访者是没有必要让上司或其他人员接待的，如各类推销员，还有上司明确表明不愿意接待的人。秘书应该善于鉴别这样的人，客气而坚决地把他们挡在门外，以免影响公司的正常工作秩序。但是也应该以礼待之，因为他们也是在对自己的那份工作尽职，更何况今天不受欢迎的人未必以后就不受欢迎。

（二）"分流"

所谓分流，就是让预约好的客人及时得到接待，也让虽然未预约，但是有接待必要的客人及时见到他应该见到的人，或者为他做好预约。有些客人认为只有职位高的人才能解决问题，所以常常希望见到总经理这样的负责人。其实很多具体问题找职能部门解决就可以了。遇到这样的客人，秘书应该耐心了解他的问题，并能准确做出判断要交给哪个部门、哪个人解决，马上提出建议，不要什么事情都找高层领导。

秘书要想做好"过滤"和"分流"工作，就要对公司的组织结构、人员状况非常了解，熟悉公司各部门的业务范围及主要负责人姓名，这样才能及时、准确地处理好接待工作中遇到的各种问题，否则只能徒然给上司和其他部门添乱。

有些单位并不设前台，传达室即起了前台的作用，还有一些公司由办公室秘书接待。这样办公室秘书既要对来访者进行初步的"过滤""分流"，还要进一步解决他的具体问题，这对秘书的要求就更高了。

三、填写接待记录单

为了更好地掌握来访者的情况、总结接待来访工作，秘书应该对每一位确定要接待的来访者的情况进行登记。登记的方式一般采用装订成册的"接待记录单"，每天从新的一页开始记录。

【工具箱3-1】

接待记录单示例
青海集团计算机公司接待记录单

序号	来访时间	来访人姓名	来访人单位	来访目的	要求接见人	实际接见人	宾客卡编号

接待记录单的主要内容可由客人来填，此表最后一项是由秘书来填的，秘书可以针对此项内容与里面的接待人员沟通，看客人是否到达接待者那里，亦或是走错了地方。因为有不少单位允许客人在登记之后自行进去找接见人的，如果主客双方并不相识，就容易出错。特别是有需要保密的地方，无关人员进入是危险的，不排除有人想鱼目混珠，从而获取商业情报。秘书应该有这种保密意识。另外，还可以设计"备注"一栏，记下来访者的一些体貌特征（当然不能当着来访者的面写），加深对他的印象，这样当来访者再次造访的时候，秘书不必等客人自我介绍就能马上认出来，予以热情的问候和欢迎，这会让客人感到很受尊重，对于加强双方的关系有不可忽视的作用。

每一册接待记录单记满之后，至少要保留一年。要按时间顺序装订起来，保存好，因为上面记录的信息可能在以后的来访中用到。例如，可以查到来访者上次的到访时间和接待者是谁，从而查到上次拜访的目的和结果，这也许会对即将进行的拜访产生影响。

四、引领客人

在引领客人的过程中，秘书人员要做到以下几点：

（一）告知方向和目的

要明确告诉客人将去什么地方、会见何人，如"程经理正在等您，我带您去会客厅，在三楼，我们先乘电梯。"

（二）右前引领

秘书人员要走在客人右前侧 1～1.5 米处，与客人步伐一致。在出门、转弯、上下楼梯时，都要用手指示或提醒，如"请小心，楼梯比较滑"。走廊引导如右图所示。

（三）适度寒暄

应该边走边回头和客人聊几句，以消除客人的陌生感和紧张，如"今天外边天气还好吧？""我们公司还好找吧？"等等。

（四）敲门确认

进入会客室前应敲门，确认无人后再领客人进入。应事先安排好会客室，不要让客人站在门外等候。

入口

走道

130°

1m±1

秘书

① ② ③

来访者

走廊引导示意图

（五）拉门请客

如会客室的门是向外开的，则秘书拉开门，请客人先进；如门是向里开的，则秘书推开门先进，用手扶住门，再请客人进。这叫作"内开门己先入，外开门客先入"。

（六）明示座位

进门后要请客人坐上座，明确示意："请坐在这里"，并告诉客人："××经理马上就来，请稍候。"在会客室就座时，主客座次安排如下图所示。

| 客人1 | 客人2 |
| 主人1 | 主人2 |

（a）

| 主人1 | 主人2 |
| 客人1 | 客人2 |

（b）

图示说明：

●图（a）：当会客室的长条形桌子平行于房门所在墙壁时，客人应面对门坐，主人背门而坐。

●图（b）：当会客室的长条形桌子垂直于房门时，进门右手一边请客人坐，左手一边请主人坐。

如果是在办公室里接待客人，以离门远、面对门的位置为上座。

五、茶水服务

在客人等候期间，以及主人与客人会谈期间，秘书人员还要提供茶水服务。上茶的时候，先给客人上，后给主人上，先给职位高者上，后给职位低者上。

奉茶时应留意：茶不要太满，以八分满为宜。水不宜太烫，以免客人不小心被烫伤。有两位以上的访客时，用茶盘端出的茶色要平均，并要左手捧着茶盘底部，右手扶着茶盘的边沿，如有茶点，应放在客人的右前方，茶杯应摆在点心右边。上茶时应以右手端茶，从客人的右方奉上，并面带微笑，眼睛凝视对方。

【工具箱3-2】

泡茶的技巧

要泡好一杯或一壶茶，主要应掌握以下"三要素"：

首先，要掌握茶叶用量。用茶量与冲水量应有一定比例。如冲泡一般的红、绿茶，每杯3克左右的干茶，200毫升左右的水。茶叶用量还与消费者的年龄、性别有关，大致是：年长者用茶量多，年轻者及初学饮茶者，用茶量少；男性比女性饮茶要浓。

其次，要掌握泡茶的水温。所谓茶的冲泡水温，是指将水烧开后泡茶的所需温度。泡茶烧水，要大火急沸，不要文火慢煮。以刚煮沸起泡为宜，用这样的水泡茶，茶汤香味俱佳。如水沸腾过久，泡茶鲜爽味便大为逊色。如水未沸腾，茶中有效成分不能泡出，香味低淡，而且茶叶浮于水面，饮用不便。

最后，还要掌握泡茶的时间和次数。如用茶杯泡饮一般红、绿茶，将茶叶放入杯中后，先倒入少量开水，以浸泡茶叶为度，加盖3分钟左右，再加开水到七八成满，便可趁热饮用。一般来说，水温高，用茶多，冲泡时间宜短，茶汤浓度容易泡出；水温低，用茶少，冲泡时间宜长，茶汤浓度慢慢显现。当喝到杯中只有1/3左右茶汤时，再加开水，这样可使前后茶汤浓度比较均匀。一杯茶通常以冲泡3次为宜。

六、恭送来访者

（一）基本礼节

主人应等客人提出告辞并起身后再站起来相送。主人先于客人起身，是急于送客的表现，是不礼貌的，一般不采用此种方法。当客人起身告辞时，接待方的秘书应马上站起来，主动为客人取过衣帽，与客人握手告别。同时选择最合适的言辞送别，如"希望下次再来""与您合作，感到很荣幸"。前台正在工作的秘书，当目光与客人接触时，亦应点头微笑，向客人告别。

如果公司为客人发放了宾客卡，客人离开的时候会把宾客卡交回前台。如果客人忘记交回，前台秘书有责任提醒，然后微笑着恭送客人。

（二）程序和方法

1.前台秘书

前台一般不负责送客，因为有接待者在陪同客人。在接过客人交回的宾客卡后，前台秘书应该向客人表示感谢："谢谢您的来访，请慢走。"

2.办公室秘书

办公室秘书需要帮助送客。送客时，要先提醒客人有无东西落下。如果送到电梯前，要帮助客人按电梯的按钮，等客人上电梯后，微笑着向客人挥手告别，等电梯门关上后再离开；如果送到楼梯口，要等客人转过楼梯看不见了再回身；重要的客人要送到大门口，如果客人自己没车，要为客人叫出租车，帮助客人打开车门，要请身份最高的客人坐在车的后排靠右的位置。关门后，仍要恭敬站好，向客人挥手告别。要等客人的车开出视野之后，再转身回来。

和上司一起送客时，无论行走站立，都要比上司稍后一两步。在需要开门或按电梯按钮时再赶上前去。

（三）善后事宜

送客之后，要马上整理好会客室，以便迎接下一位客人。

在客人走后，不要和同事一起议论客人的短长。因为有时客人发觉落下东西后会马上返回来取，可能正好听到议论他，这对双方都是极为尴尬的事。也许合作之事因此作罢，此前所有的努力都付诸东流了。

七、日常接待技巧

（一）提前了解预约情况

如果公司设有前台，前台秘书应该在每天下班之前与各部门秘书沟通，了解并确认第二天预约客人的情况。各部门秘书也应该主动把预约客人的名册及时送往前台，由前台秘书汇总登记。

（二）热情接待预约客人

在最初的问候之后，客人会作自我介绍，说出要见之人姓名。秘书首先应确定对方是否预约，最好是对方一报出单位、姓名，秘书就已经清楚对方是不是预约的客人，这需要秘书经常提前查阅访客预约登记簿。对已预约的客人，秘书应说："××先生（女士）您好，××经理正在会客室等您，请您填写一下访客登记簿，我马上带您去会客室。"

这四句话中，第一句，真情问候对方；第二句，表明我方的热情诚恳态度；第三句，让对方明白自己应做的事情；第四句，让对方明确所去地点。

也可以用其他应对的话，但不离这几个要点。有时秘书需要当着客人的面查记录才能确定对方是否已经预约，这时要向对方道歉，有时需要先通知被约见人，或被约见人要亲自出来迎接，可先请客人坐在前厅的座椅上等候。

如果预约客人提前到达，秘书人员应热情接待并委婉告知客人主人现在是否方便接待，切不可生硬地让客人等候。

（三）巧妙应对不速之客

对于突然来访、没有预约的客人，接待方法如下：

1.问明来意

首先问明对方来意，如果对方不愿意告诉你，你一定要让对方明白，这是工作的需要，而不是你刁难他。你可以告诉他："先生，我希望能尽快解决您的问题，但是您得告诉我您想要解决什么。"或"先生，了解您的来访目的是我的责任，这样我才能找到合适的人接待您。"最好不要当面就给上司打电话，免得上司拒绝接见时不好找借口。可请对方稍候，秘书进去与上司商量，然后根据当时的情况迅速做出应对。或者请客人先坐下等候，再拨打电话与里面相关的人商量。这样客人与秘书就保持了一定的距离，听不清秘书与里面的通话。根据客人的情况和上司或相关人员的意见，一般的处理方法如下表所示。

客人	秘书	上司或相关人员	秘书处理方法
要求见上司或相关部门人员	通知上司或相关人员	同意马上见	安排接待
		同意晚些时候见	安排客人等候或作预约
		让他人代理	向客人讲清情况，安排他人接待
		不愿意接待或没时间	建议他人代理或找借口婉拒
	无法通知上司或相关人员	不在单位或联系不上	记录客人姓名、要求、联络方法，日后答复
有问题，但不明确找何人办理	根据情况通知相关者或婉拒		安排接待或记录客人姓名、要求、联络方法、作预约

2.委婉拒绝

对于需要拒绝的客人，一般有如下几种说法："对不起，××经理刚刚出去，今天不会回来。您是否愿意见××副经理？他也负责这个事情。""对不起，××经理出差了。您愿意告诉我您有什么事情吗？或许我能帮您另约一个时间。""对不起，××先生正在参加一个会议，不在公司。您可以留下姓名、电话，我负责转给他。"非常忌讳的说法是："××正在接待一个重要客户，现在没有时间。"因为有的敏感的客人马上会产生被小看的感觉，产生激动情绪，尤其是对因有问题而前来寻求解决的客人，就更要委婉。另外，有的客人听了这样的答复，还会产生"等一等就会有时间接待"的误解，会固执地等下去，使秘书和上司都陷于被动的地步。

（四）接待访客的同时处理电话

在接待访客的时候可能会有电话打来，或者正在接打电话的时候有访客到达，这需要秘书有熟练的应对、快速处理的能力。

1.正在接待访客时有电话打进来

此时要先对客人道歉："对不起，请稍候，我先处理这个电话。"如果是有预约的访客，可以让他先登记，秘书利用这个时间处理电话。如果是未预约的访客，可让其先坐到一边等候，秘书赶快处理完电话后继续接待。

2.正在接打电话时有访客进门

秘书此时要先向客人微笑点头致意，用手势请客人先坐下等候，尽快结束通话。如果一时不能解决完通话中的问题，则应该向对方道歉，说明要接待访客，约好以后的通话时间，马上结束通话，然后向客人致歉："对不起，让您久等了。"

【思考与练习】

一、不定项选择题

1.见到客人的第一时间，应该马上做出（　　）的动作表情，我们简称为"3S"。

A.Stand up　　　　　　B.See　　　　　　C.Say　　　　　　D.Smile

2.日常接待中，最初的应对语言应该是（　　）。

A. "您好，欢迎您的来访!"　　　　　　　B. "您好，我能为您做些什么?"

C. "你有什么事?"　　　　　　　　　　　D. "您好，希望我能帮助您。"

3. 前台秘书的责任之一就是要甄别客人，起到（　　）的作用。

A. "过滤"　　　　B. 洽谈业务　　　　C. 安排食宿　　　　D. "分流"

4. 接待记录单的主要项目应该包括（　　）。

A. 来访人姓名　　　　　　　　　　　　B. 来访人单位

C. 来访人年龄　　　　　　　　　　　　D. 来访目的

5. 引领客人的时候，要明确告诉客人（　　）。

A. 将去什么地方　　　　　　　　　　　B. 会见何人

C. 需要多长时间　　　　　　　　　　　D. 经理在不在家

6. 在客人等候期间，以及主人与客人会谈期间，秘书人员还要提供茶水服务。上茶的时候，要（　　）。

A. 先给客人上　　　　　　　　　　　　B. 先给主人上

C. 先给职位高者上　　　　　　　　　　D. 先给职位低者上

7. 接待预约客人的时候，在确认对方身份之后，秘书应说："××先生（女士）您好，××经理正在会客室等您，请您填写一下访客登记簿，我马上带您去会客室。"这四句话中，（　　）表明我方的热情诚恳态度。

A. 第一句　　　　B. 第二句　　　　C. 第三句　　　　D. 第四句

8. 对于突然来访、没有预约的客人，首先要问明对方来意，如果对方不愿意告诉你，你可以这样处理（　　）。

A. 让对方明白，这是工作的需要，而不是你刁难他

B. 告诉他："先生，我希望能尽快解决您的问题，但是您得告诉我您想要解决什么。"

C. 告诉他："先生，了解您的来访目的是我的责任，这样我才能找到合适的人接待您。"

D. 当面给上司打电话请示

9. 对于需要拒绝的客人，一般应该采用的说法有（　　）。

A. 对不起，××经理刚刚出去，今天不会回来。您是否愿意见××副经理? 他也负责这个事情

B. 对不起，××经理出差了。您愿意告诉我您有什么事情吗? 或许我能帮你另约一个时间

C. ××经理正在接待一个重要客户，现在没有时间

D. 对不起，××先生正在参加一个会议，不在公司。您可以留下姓名、电话，我负责转给他

10. 如果正在接打电话时有来访的客人进门，秘书人员要（　　）。

A. 先向客人微笑点头致意　　　　　　　B. 尽快结束通话

C. 用手势请客人先坐下等候　　　　　　D. 不予理睬，继续通话

二、案例分析题

（一）

寒玉是青萌商贸公司新来的秘书。这天一上班，赵经理告诉她等一会儿有客人来，让她做好接待准备。寒玉赶紧检查了一遍会客室的茶具、茶叶等接待用品，并备足了开水。

一会儿，客人来了，寒玉赶紧往茶杯里加入茶叶，倒上开水，恭敬地捧给客人，然后，悄悄地退出了会客室。过了几分钟，寒玉又轻轻地走进会客室，准备给客人加水。可是，她发现她泡的茶水客人一点儿也没喝，因为茶杯已经被泡开了的茶叶充满了，有的甚至像盆景一样从茶杯里长出了茶叶。赵经理看到她进来，很不满意地看了她一眼，脸色很难看。她心里"咯噔"一下，赶紧满脸通红地退出了会客室。

试分析一下，寒玉在这次接待工作中出现了哪些失误？应如何补救？

（二）

天地公司的田苗是一个新员工。她在前台负责接待来访的客人和转接电话，还有一个同事小石和她一起工作。每天上班后1~2个小时是她们最忙的时候，电话不断，客人络绎不绝。一天，有一位与人力资源部何部长预约好的客人提前20分钟到达。田苗马上通知人力资源部，部长说正在接待一位重要客人，请对方稍等。田苗转告客人说："何部长正在接待一位重要客人，请您等一下。请坐。"正说着电话铃又响了，田苗匆匆用手指了一下椅子，赶快接电话，客人面有不悦。小石刚好处理完一个电话，见状赶快为客人送上一杯水，与客人闲聊了几句，以缓解客人的情绪。

试分析一下，在这次接待过程中秘书田苗和小石各有哪些做得正确或者错误的地方，并说出正确或者错误的理由。

● 任务12　团体接待

【任务目标】

掌握接待来访团体的知识和技巧，学会制订接待工作计划，安排迎送来访团体，安排来访者食宿、交通、行程和参观及娱乐活动。

【参考学时】

3学时

【知识支撑】

一、团体接待的基本要求

（一）健全制度，按章办事

2013年12月8日，两办印发了新的《党政机关国内公务接待管理规定》，对公务接待的范围、原则、标准、程序、要求、监督等做出了明确的规定。每一个社会组织都应根据或参照这一规定，结合本地区、本行业的实际情况，制定本单位的具体实施办法，并严格执行，使接待工作科学化、制度化、规范化，做到接待工作有章可循、有法可依。

（二）厉行节约，经济实惠

接待费用的开支必须本着"最小支出，最大成果"的原则，充分考虑每一次接待的目的和方法，合理接待，有效使用经费。在餐饮、住宿方面，要精打细算，对不同的接待对象执行不同的标准，避免铺张浪费。一般不安排来宾住高档豪华宾馆，不吃天价宴席，一般不将来宾带到豪华娱乐场所消费；提倡用地方特色菜肴招待客人，既能使客人了解当地的饮食文化，又体现了节约精神；要控制陪客吃饭的人数，严禁"一个客人十多人陪"的现象。力争少花钱多办事，让领导和来宾都满意。

（三）规范操作，周到细致

一是要认真细致地做好接待准备工作，每一个环节、每一个细节都要考虑周全，准备充分。二是在接待过程中，要根据接待方案逐一认真实施，一丝不苟，滴水不漏，确保接待工作中的每一项内容都能落实到位。三是接待任务完成后要及时认真总结，找出存在的问题，提出整改措施，精益求精，不断提高接待工作水平。

（四）高效机动，紧张有序

在实际接待过程中，常常会有一些意想不到的事情发生，比如来宾人数有变化、到达时间推迟、参观路线临时改变等等。这些都要求接待人员在短时间内迅速做出正确的判断，采取行之有效的应对措施。因此，接待人员一要头脑灵活，随机应变，能够根据变化迅速调整接待方案；二要沉着冷静，准确掌握不断变化的情况，及时果断处理；三要高效工作，雷厉风行，保证各项应对措施迅速落实到位，真正做到有条不紊、忙而不乱。

（五）服务热情，仪表庄重

一个社会组织能否给来宾留下良好的印象，除了看这个组织本身的发展和建设水平外，接待人员的素质也是一个重要因素。因此在接待过程中，接待人员要注重接待礼仪，着装符合礼仪要求，操作规范标准，举止庄重大方，言谈热情文明，注意把握分寸和尺度。对来宾提出的任何问题或要求，都要做出热情、礼貌的回应，做到朴实、热情、真诚，使来宾有宾至如归的感觉。

二、制订接待工作计划

接待来访团体的第一项工作就是制订工作接待计划。一般来说，接待工作计划的制订需要经过以下几个步骤：

（一）了解来访目的

秘书必须准确了解来访团体的来访目的，这样做出的计划和准备工作才有针对性。一般来说，秘书应该向上司或有关人员了解情况，取得准确信息。了解的途径通常包括对方的访问预约函、电话询问上司或有关人员等。

（二）了解来访者的基本情况

为了使接待工作万无一失，秘书要事先掌握来访者的基本情况，主要包括来访单位基本情况，如所在单位的全称、业务范围、发展态势等；来访团体基本情况，如来访者人数、姓名、性别、身份、民族（国籍）、宗教信仰等，有的时候还要进一步了解主宾的基本情况，如个人爱好、性格、特长等。了解得越多、越具体，准备工作就越有针对性，接待成功的把握就越大。这些内容很多可以直接向来访者一方了解。

（三）确定接待规格

1.接待规格的概念和种类

接待规格是指接待方与访问方在职务级别上的对比关系，以及与之相应的接待措施。从主陪人的角度而言，常见的接待规格有3种：

（1）高规格接待，即主要陪同人员比主要来宾的职位要高的接待。如一公司副总经理接待上级单位派来了解情况的工作人员，或接待一位重要客户，而这位客户的职位不过是某公司部门经理。高规格接待表明对被接待一方的重视和友好，常用于比较重要的团体接待。

（2）对等接待，即主要陪同人员与主要来宾的职位相当的接待。这是最常用的接待规格。

（3）低规格接待，即主要陪同人员比主要来宾的职位要低的接待。这种接待规格常用于基层单位，比如某部门领导到下属企业视察，其企业的最高领导的职位也不会高于部门领导，这就属于低规格接待。低规格接待有时是因单位的级别造成的，有时是另有原因，用得不好，会影响双方的关系。

2.接待规格的确定

确定接待规格主要应考虑以下几个因素：

（1）客人的身份和来访目的。据此确定由谁来出面接待最合适。

（2）对方与我方的利益关系。当对方的来访事关重大或我方非常希望发展与对方的关系时，往往以高规格接待。

（3）一些突然的变化。如上司生病或临时出差，只得让他人代替，致使接待规格降低。遇到这类情况，应该尽量提前向客人解释清楚，向客人道歉。

（4）上一次的接待标准。对以前接待过的客人，接待规格最好参照上一次的标准。接待规格的最终决定权是在上司那里，秘书仅提供参考意见。当接待规格定下来以后，秘书应当把我方主要陪同人员的姓名、身份以及日程安排告知对方，征求对方意见，得到对方认可。

（四）草拟接待计划

接待计划的内容主要有4项：

（1）接待规格，即本次接待应由哪位高层管理者出面（由谁主陪）、其他陪同者、住宿、用车、餐饮的规格等。

（2）工作人员。根据接待规格和活动内容确定工作人员的构成和数量。这些工作人员要做来访前的准备工作、来访期间的联络沟通和协调服务工作。重要的团体来访，秘书一个人是无法承担所有的准备工作的。

【情景案例】

某大型广告公司为了庆祝公司成立十周年，计划举办一个庆祝大会及大型招待会，邀请上级部门领导和各方客户出席，并为此临时成立了一个筹备小组，公司办公室章主任是筹备小组的负责人。章主任首先做出了大会的议程安排，并对接待的各个环节进行分析，把接待人员分成如下几组：签到组、贵宾接待组、一般来宾接待组，然后聘请专业的礼仪教师对公司所有计划参与接待的人员进行分组培训。最终这次活动举办得很成功。

（3）日程安排。其包括来访的起止时间、每天的活动内容等。日程安排要具体，包括日期、时间、活动内容、地点、参加人员等内容，一般以表格的形式列出。

【工具箱3-3】

接待活动日程安排示例

青海集团计算机公司××接待活动日程安排

日期	时间	活动内容	地点	参加人员	备注

（4）经费预算。根据接待规格、人员数量、活动内容做出接待费用的预算。接待经费包括：①工作经费，如租借会议室、打印资料等费用；②住宿费；③餐饮费；④劳务费，即讲课、演讲、加班等费用；⑤交通费；⑥参观、游览、娱乐费用；⑦礼品费；⑧宣传、公关费用；⑨其他费用。有时，客人的住宿费、交通费等由客人一方支付，就要把所需费用数目与日程安排表一起提前寄给对方。接待经费从何而出，也是要落实的问题。特别是由两个以上单位联合接待时，从开始筹划起就要确定经费来源问题。

（五）与本单位相关部门沟通情况

接待计划涉及本单位哪个部门，秘书要事先与之商量沟通，商定接待的时间、涉及内容、地点、人员等事项。

（六）与来访者沟通情况

日程安排初步定好后，要报给来访一方，看还有什么要修改的，一般要尊重来访一方的意见。对于实在难以办到的要求，要如实向对方解释清楚。

（七）报请上司审批

接待计划通常是由秘书草拟的，但一定要经由上司审定批准才行。经双方认可并经上司批准的接待计划一般就不应该再改动了。

三、安排迎送来访团体

（一）安排迎送车辆

应该根据来访团体的人数和接待规格来确定用车。接待规格高、人数较少的用小轿车。人数多的团体可用大轿车，也可以大小轿车都用，小轿车接主宾，其他人乘坐大轿车。

（二）迎接

迎接客人的时候，如果接站的人与来访者从未见过面，就需要事先制作一面牌子，上书来访者的单位名称，字迹要工整、要大，能让人从远处看清。如果需要，可准备花束，一定得是鲜花。但是不可用黄色和白色的菊花，因为这两类花人们习惯用在葬礼上。

迎接人员的安排有两种方法：一种是主陪人在宾馆等候，派副职或办公室主任带人到机场、车站迎接。这样可以为主陪人节省很多等候的时间，并无不恭敬的意思；另一种是主陪人亲自到机场或车站迎接，以显示对来访者的重视。

见到客人后，主人一方应该主动伸手握手，向客人表示欢迎。同时，由主陪人为客人介绍自己方面的人，然后主宾把自己一方的人介绍给主人。

启程返回时，主人一方的司机或秘书应该马上接过客人的行李放在车上，当然，客人随身携带的皮包除外。

（三）送别

如果来访团体离开的时间是在上午，在前一天晚上，主人一方全体陪同人员要到客人下榻的宾馆去话别，时间不需过长，控制在半个小时之内为好。有礼物要送的话，也是在此时送上最好，因为客人还来得及把礼物放在行李里面。如果临上机场再送礼，客人就只能把它提在手里了，很不方便。

如果客人离开的时间是在下午或晚上，也可以在当天上午到宾馆话别。此时应该告诉客人送行的人员、车辆及时间方面的安排，让客人心里有数。主陪人如果工作忙，可以请副职代替到机场送行。

（四）交通安全常识

要根据接待规格和客人的人数制订用车方案，并把用车方案复制一份给车辆调度人员，和他商量具体的实施问题，确定司机、行车路线等。对于安排了接待任务的司机，要让他们明确团队来访的重要性、每一次的服务对象是谁，加强安全教育。要派技术熟练、对路线熟悉的司机，用车况良好的车。

四、安排来访者的食宿

（一）饮食安排

接待来访团体，接风和送行都需要正式的宴请，其他时间的饮食安排可以简单一些，可安排工作餐。正式宴请时要注意：

1.时间和地点事先确定

正式宴请的时间以晚上居多。地点以中高档餐厅为佳，应该是包间。首先要根据主人、主宾身份确定餐厅的档次，再根据宴请事由和规模确定餐厅的大小。选择宴请地点的时候，要特别注意环境的幽雅、安静。

2.宴请的人员事先确定

主宾和主人当然是确定的，其余的陪客也是事先就定下的，一般不应无故缺席或换人。

3.宴请的桌次、座次事先确定

次序体现了地位、身份的尊卑，正式宴请时，主客双方都应该按照事先安排的桌次、座次入座。

4.菜单事先确定

商务活动中的正式宴请最好事先确定菜单。临时点菜有时会出现菜肴搭配不合理、不合口的情况，会冲淡宴请郑重其事的色彩。菜单确定好后，要请上司过目，看有无更改后再定下来。如果能把菜单印出来，每个客人一份，一方面更显郑重，另一方面也是很好的纪念。但是千万不要把价钱也一起印上去。

5.发请柬

正式宴会要发请柬，而便宴可以口头邀请。

（二）住宿安排

为客人选择住宿宾馆要考虑以下几个方面：一是交通是否方便；二是档次是否合适；

三是环境是否安静幽雅。秘书可以同时选几所各具特色的宾馆，让上司定夺。

一般来说，为客人预订住宿房间应该选择熟悉的宾馆，因为对其服务质量等各方面比较了解，不会出大问题，而且作为老客户还可以享受一些优惠。

住宿房间的安排一般是主宾安排套间，朝向、楼层要好；一般人员安排普通单人房间或者标准间。因此，为来宾安排住宿的时候，应随机抽查一个套房、一个单人房间、一个标准间的房间设备和情况。

五、安排来访者的参观、游览和娱乐活动

（一）初步确定内容

秘书根据了解到的客人情况和上司的意见草拟方案，初步确定活动的内容。

1.参观活动

安排参观活动，首先要明确参观的目的。参观的目的要与来访目的相一致。例如，对方是为了引进某个项目而来访，安排其参观的当然是相关的设备、厂房、实验室等。

安排参观活动，还要善于选择参观内容。安排参观内容时，应该考虑这样几点：能够满足来访者的基本要求；不会影响正常的工作及生产；不会泄露核心机密。

2.游览活动

在团体接待中，一般都会安排游览本地区的著名景点。秘书要做的准备工作如下：

（1）了解客人的身体、年龄、兴趣等相关情况。例如，虽然有些景点风景优美，但是地势险要或路途较远，如果来访团体中的主宾年龄较大或身体状况不太好就不宜安排。

（2）熟悉将要游览的地方。如果是人文景观，秘书应该对它的历史有所了解；如果是自然景观，秘书也应该知道它的特色是什么，有哪些与众不同之处。尽管可以请导游讲解，但如果在宾主聊天之际客人提出了问题，上司答不出来，秘书也一头雾水，大家都会非常尴尬。

3.娱乐活动

娱乐活动可以分为观看项目和参与项目。听音乐会、看话剧、京剧、看芭蕾舞剧、参观博物馆，这些都属于观看项目；打高尔夫球、台球、唱卡拉OK、跳舞等，属于参与项目。

安排娱乐活动，首先要了解客人的特长和兴趣，这样安排的活动才能使客人满意。选择娱乐项目的时候，如果选择观看项目，要选择水准较高的，有地方特色的最好；如果选择参与类项目，选择的地点要合适，格调要高雅。

（二）征求对方意见

在日程安排里列上具体的参观娱乐活动内容，征求对方的意见。

（三）修改、确定方案

如果对方提出不同的意见，要本着维护双方关系的原则尽量予以满足。但是，一要先报告给上司，二不能违反组织的规章制度。

（四）实施方案

1.人员安排

主陪人应该陪同客人一起参加娱乐活动。在比较轻松随意的氛围里，易于增进双方关系。万一主陪人因特殊情况不能参加，也要派副职代替，并提前向客人解释，不可只派秘书来应对。

2.参观地点检查

秘书要在正式参观的前一天检查已定好的参观地点和项目，如果发现问题，要及时与具体负责人商量解决方法。

3.提前预订门票

一些高水平的演出常常一票难求，秘书应该提前数天订票。秘书如果能掌握几种不同渠道的订票方法（例如电话预订、网上预订等），会更好地完成这一任务。观看节目的座位以第七、八排为最好。

4.服务外包

如果来访团队人数较多，可以把游览、娱乐项目外包给旅行社，他们更有经验，也拥有更多的这方面的资源。为确保不出问题，一定要选择资质、信誉好的旅行社。

（五）注意事项

1.不要迟到

在观看各类文艺节目时，不要迟到。即使是贵宾，也不应该在节目正式开始以后才抵达现场。提前退场当然也是不礼貌的，对演员的情绪和其他观众都会有影响。

2.不要影响别人

无论在参观、游览还是观看节目中，都不要大声喧哗议论。观看节目的时候要将手机调成静音或振动状态，或者关机。如果有特别重要的电话需要接听，应先离开观众席，到走廊或其他不影响别人的地方接听电话。陪同人员也不要在看节目的时候为客人作讲解。如果怕客人不明白，可以在进场后买几份节目单给客人。

3.着装适当

参观、游览、娱乐是在不同场合进行的，着装应该根据场合调整。

六、团体接待中的注意事项

（一）严格执行规章制度

如果本单位有接待方面的规章制度，秘书应严格执行，不得擅自更改接待标准。

（二）了解来宾风俗习惯

要注意了解来宾的饮食习惯，特别是与宗教相关的饮食忌讳。比如，为信仰伊斯兰教的客人安排餐饮时，应该选择清真餐厅。有时在一个代表团中会有不同宗教信仰的客人，就需要分别满足他们的要求。

（三）注意保密

在接待过程中，要特别注意做好保密工作，重要的文件、资料要保管好。不能让客人参观的地方，决不安排。注意内外有别，严守机密。

【思考与练习】

一、不定项选择题

1.上级部门工作人员来单位了解情况、传达意见，需（　　）。

A.同等接待 B.低规格接待

C.高规格接待 D.对等接待

2.在各种接待规格中，（　　）是最常用的一种。

A.对等接待   B.低规格接待

C.正规接待   D.非正规接待

3.在接待活动中，秘书应该根据（   ）、人员数量、活动内容做出接待费用的预算。

A.对方的要求   B.人员职位   C.接待规格   D.接待地点

4.正式宴请的时间以（   ）居多。

A.中午   B.下午   C.晚上   D.周末

5.在接待工作中，用来招待客人的娱乐活动可以分为（   ）和参与项目。

A.歌舞项目   B.地方特色项目   C.传统项目   D.观看项目

6.影响接待规格的因素有（   ）。

A.对方的要求   B.对方与我方的关系

C.突然的变化   D.上一次的接待标准

7.在重要接待活动中为来宾安排住宿的时候，应随机抽查（   ）的设备。

A.一个商务间   B.一个标准间

C.一个单人房间   D.一个套房

8.从主陪人的角度讲，下列情况下，接待规格属于正常的是（   ）。

A.河北千盛分公司王经理出面接待了中国千盛总公司李副总

B.中国仁和总公司销售部业务员王清接待了其辽宁分公司负责销售的张副总

C.万豪酒店大堂经理接待了皇都酒店总经理（两个酒店级别相同）

D.中国名仕总公司的张副总接待了俄罗斯分公司负责广告宣传的孔业务员

9.了解来访者的基本情况，应包括其所在单位的全称、（   ）、姓名、性别、身份、民族（国籍）、宗教信仰等。

A.业务范围   B.来访的目的   C.发展态势   D.来访者人数

10.在拟订接待计划时，要与（   ）沟通情况并报请上司审批。

A.下级单位   B.上级部门   C.来访者   D.本单位相关部门

11.参观、娱乐的相关礼节主要有（   ）。

A.不迟到   B.不大声喧哗   C.必须买节目单   D.注意着装

12.团体接待中，参观内容的选择应同时满足以下（   ）要求。

A.能够满足来访者的所有要求   B.能够满足来访者的基本要求

C.不会影响正常工作和生产   D.不会泄露核心机密

二、案例分析题

　　某公司秘书赵倩在陪同来访客人观看文艺节目的时候，没有关闭自己的手机，她只是把手机调到"振动"模式，她怕上司有急事找她。结果演出中真的来了两次电话。赵倩赶快接通电话，她尽量用小声说话。但是当她挂断电话时，前排的观众还是回过头来瞪了她一眼。

　　试分析一下，赵倩哪些地方做得不够恰当，今后应怎样避免？

三、模拟训练题

　　请3～5个学生模拟接站人员，5～7个学生模拟来访人员。根据接站的礼仪要求和注意事项模拟接站的全过程。

● 任务13 涉外接待

【任务目标】

了解涉外礼仪的基本知识和原则，能够为涉外接待活动制订计划以及有序地实施计划。

【参考学时】

3学时

【知识支撑】

一、涉外接待的原则

（一）不卑不亢

不卑不亢是涉外接待时我们应该始终坚持的原则。不管对方比我们强还是比我们弱，都应该以平等的态度去交往。面对强国，我们在交往之中要保持尊严，这就是"不卑"。面对弱国，也没有必要得意忘形、妄自尊大，更何况商业合作总是对双方都有益处，而非你一方的施舍，这就是"不亢"。

（二）依法办事

国际交往合作都要依法而行，不仅要遵守我国的法律，也要遵守对方国家的法律。特别是我国加入了WTO以后，对外贸易交往还要遵守WTO的各项规则。没有守法观念，将会使自己陷入被动。

（三）内外有别

内外有别是指要有保密观念，既要保守国家机密，也要保守本单位的机密。涉外接待要以礼待客，但不意味着要答应外宾的一切要求，有些外宾可能会利用我们的好客，提出一些过分的要求，我们必须坚持原则。文件、重要的会议记录、数据等，都不要随便泄漏给外人。

（四）尊重个人

尊重个人的理念体现在国际交往的各个方面。例如，敬酒的时候，不强迫客人把酒喝干；尊重他人的选择，不以自己的思维定势、生活习惯作为衡量一切的客观标准；尊重他人的隐私，包括他人的年龄、婚姻状况、收入支出、家庭住址和私人电话、个人经历、身体状况、宗教信仰、政治态度等。

（五）女士优先

"女士优先"这一礼仪由来已久，人们认为它是绅士风度的一种体现，认为照顾女性、帮助女性是男性的职责和基本教养。这一礼节在欧美各国被广泛应用，逐渐成为国际礼仪的一部分。虽说在商务活动中的工作场合，一般不讲究这个礼节，但是，人们在公共场合、社交场合都会自觉遵守。

（六）入乡随俗

各国、各地区、各民族都有自己不同于他人的特别的礼仪，这些礼仪来自于文化传承、宗教信仰、生活习惯。国际上通行的做法是：到了哪个地方，就要遵守当地的习俗礼仪，这就是"入乡随俗"。

在国内接待外宾，应以我国的礼节为主。例如，设宴招待外宾，应该用中餐，餐具也是使用筷子。但是我们要考虑到外宾可能不会用筷子，那么在餐桌上另外加一套西餐餐具，则体现了我们对客人的关照。

二、涉外接待中的礼宾次序

（一）礼宾次序的概念

礼宾次序亦称礼宾序列，是指在商务交往中对参观访问、出席活动、参加仪式的来自不同国家、不同地区、不同团体、不同单位、不同部门、不同身份的组织或个人的尊卑、先后的顺序和位次，所进行的合乎礼仪惯例的具体排列。它主要适用于在多边性商务交往中如何同时兼顾尊卑有序、平等待人这两项基本礼仪原则，处理实践中难以回避的顺序与位次的排列问题。

（二）确定礼宾次序的常用方法

在商务交往的具体实践中，礼宾次序共有5种常见的排列方法。

1.字序排列法

依照来宾所在国家或地区名称的首位拉丁字母的顺序来排列其次序。在举行大型的国际会议或体育比赛时，通常可以采用此种排列方法。

2.身份排列法

依照来宾的具体身份与职务的高低来排列其次序。在正式的政务、商务、科技、学术、军事交往中，均可采用此种方法。若外国来宾系组团前来，则应按照团长的具体地位来排列其先后次序。

3.抵达时间排列法

依照来宾抵达现场的具体时间来排列其先后次序。如当各国大使同时参加派驻国的某项活动时，一般均以其到达现场的具体时间来排定其礼宾序列。在非正式的涉外活动中，亦可采用此种排列方法。

4.告知时间排列法

依照来宾告知东道主自己决定到访的具体时间的先后来排列其次序。举办较大规模的国际性的招商会、展示会、博览会时，大都可以采用这一排列方法。

5.不排列法

所谓不排列，其实也是一种特殊的排列方法。当上述几种方法难以应用之时，便可采用这种排列方法。

（三）礼宾次序的确定步骤

1.确定排序方法

在商务活动中，一次接待两个以上的外国代表团就需要确定礼宾次序。因为这涉及在会议发言时谁先谁后，宴请时谁坐在主人右边那个最好的位置等敏感问题。在礼宾实践中，上述5种方法可以交叉采用。一般的习惯是：首先按照来宾的身份、职务的高低排列；身份相同者，再按国家、地区名称的拉丁字母顺序排列；名称的第一个字母相同者，再按某种时间顺序排列。

2.提前通知有关各方

不论采用何种排列方法，均应事先与外国来宾进行沟通协商，一般在发邀请函的时候就应注明礼宾顺序的排列方法，这样会减少以后的摩擦。如果某个国家的代表团希望能排列在前面，就需要研究这次活动的礼宾次序，或委派身份高者任代表团团长，或争取早一些抵达。

3.排列次序

（1）排列座次。按礼宾次序排列在前面的代表团，在开会时要坐在前排，在宴请时，团长坐在主人右侧的上座。

（2）排列名次。会议发言时，发言人名次按此排列。各国国旗的排列也是如此。挂在主席台上的各国国旗依礼宾次序从右向左（以旗本身的面向为准）排列，东道主的排在最左边。

（3）排列出场次序。像大型体育比赛一样，谁先出场要遵照一定的顺序，按礼宾次序出场就不会引起矛盾。

三、安排涉外迎送仪式

在涉外商务交往中，一项重要而又经常的工作就是在国内迎接或送别外国的商务人员。通过这种迎送活动表达东道主的诚意，展现主人的形象，使双方建立友好的商务关系。安排涉外迎送仪式，须依次做好以下几项工作：

（一）发出邀请

在正式对外方发出邀请前，必须先明确邀请的规格，以便兼顾来宾的具体身份与来访的目的。在一般情况下讲究规格对等，就是在涉外邀请时，我方出面进行邀请的人士的职务、地位、身份应当大体上与被邀请者的职务、地位、身份相当。邀请一般采用书面形式，被邀请者在接到邀请函后，应及时给予答复，并据此办理有关的手续。

（二）准备工作

1.了解基本情况

例如，来访外宾的总人数，是否包括主宾的配偶，来访人员的职务、性别等情况，这些均可请对方事先提供。此外，较高层次的商务访问随行的还有记者等。以上这些都应事先了解清楚，以便做好相应的接待准备。

2.弄清生活习惯

外宾的饮食爱好、宗教禁忌，以及是否有其他特殊的生活习惯等，也可事先向对方探询，必要时还可向对方索要来访者的详细资料。

3.拟定访问日程

应向对方了解清楚抵离的日期和时间、交通工具和路线、对参观访问的具体愿望等。然后根据这些信息拟定外宾的访问日程。日程草案拟定后，可先将主要内容告知对方，以便听取对方意见，并使对方有所准备。

4.安排食宿

根据上述了解到的情况做好外宾的食宿安排。在商务活动中，很多公司在一些国家的大城市都有固定的住宿宾馆，不需接待方安排，这就比较省事。如果不是这样，就要根据对方的身份或要求进行安排。

5.确定迎候人员

本着身份对等的原则，参加涉外迎送仪式的有与主宾身份相当的主人以及随从人员，还要有翻译。

6.准备迎宾物品

如果双方互不相识，则需要准备一块牌子，上书来访团体的名称或主宾的名字，用对方能看得懂的文字，书写工整。如果决定献花，一定要用鲜花，不可以用黄白两色的菊花或百合花。献花人应为年轻的女性。要按照来访团体的人数和主宾的身份决定接客人的车辆。

（三）迎宾

双方见面以后，主人一方的领队先把自己这方的主要人员介绍给主宾，然后由主宾或他的秘书把客人一方的主要成员介绍给东道主，双方握手互致敬意。有的国家来宾习惯先行拥抱礼、合十礼、鞠躬礼等，我方均应做出相应表示，不可表现出勉强。献花人献上鲜花，然后主人马上引领客人上车。秘书要注意关照客人的行李，提醒客人检查行李，不要有遗忘。

如果出现客人的行李丢失等问题，秘书或其他随从人员应该留下来向航空公司方面交涉，而让客人先行。

（四）送行前的拜访

在拜访前秘书应该打电话给对方的秘书，告知将去拜访的时间和主要人员的身份，提醒其做好准备。虽然这个环节在做计划时已经列上，但是提醒和确认也是必要的。

（五）安排送行仪式

客人如果是乘坐飞机，特别是国际航班，一定要至少提前3个小时出发，因为路上可能遇到交通拥堵，办理登机手续和安全检查都需要不少时间，所以送行人员一定不能迟到。

主陪人可以在客人下榻的宾馆与客人道别，而由副职代替到机场或火车站送行。当然，主陪人如果一直把客人送到机场或车站则表现出更为重视双方的关系。

四、安排涉外会见和会谈

（一）涉外会见与会谈的概念

会见，也叫礼节性会晤，一般持续半小时左右，属于礼貌性的应酬。按照国际惯例，身份高者会见身份低者，或是主人会见客人，一般称为接见或召见；身份低者会见身份高者，或是客人会见主人，一般称为拜会或拜见。我国不作区分，一律统称会见。

会谈，也称谈判，是指双方或多方为各自利益，就某些实质性问题交流情况、交换意见、达成协议等。会谈的内容比较正式，而且专题性较强。

会见与会谈在程序安排和礼仪要求上是一致的，区别在于谈话的内容与持续时间不同而已。

（二）涉外会见与会谈中的秘书工作

安排会见、会谈时，对秘书的要求如下：

1.了解双方情况

要充分了解双方的相关情况，如人数、职务、性别、特长、业务背景等。

2.做好准备工作

准备工作要落实到位，如场所的布置、记录和翻译人员的安排、照相人员的安排等。

3.记录和落实

会谈、会见时要做好记录，对客人提出、领导许诺的问题，会后应负责落实。

（三）会见、会谈前的拜访安排

在国外代表团抵达之后，主人一方应该在适当的时候到宾馆去拜访客人，介绍情况，了解对方还有什么要求，以示关照。

1.拜访时间安排

拜访时间一般安排在客人抵达的第一天晚上或第二天某个时候，再晚就失去了拜访的意义。拜访前由秘书先电话联系对方的秘书或随员，双方商定时间。

2.拜访场所安排

由东道主带领随员前去对方下榻的宾馆，到达后应该在大堂里打电话通知对方，不要直接上楼去敲对方的门。外宾不习惯在自己的房间里会客，除非外面带有会客室的套间。对方可能会临时在宾馆里租一间会客室，也许还需要主人一方的秘书帮助安排。

3.一般不送礼物

因为有些国家忌讳在初次见面就送礼，尤其是马上就要进行对双方都有很大利害关系的会谈，他们就更不愿意在此时收礼，以避免受贿的嫌疑。可以在临行前的拜访时再送礼。

（四）涉外会见、会谈的工作程序

1.约定

会见、会谈均应事先约定，并且可由宾主任何一方首先提出。提出会见要求的一方应将本方出席人员的姓名、职务，以及会见什么人、会见的目的等情况告知对方，被约一方则应尽早给予答复，因故不能参加会见应婉言解释。

2.通知

不管是哪一方首先提出会见会谈要求，一旦约定会见会谈事项，负责安排会见会谈事务的一方（一般为主方）都要主动地将会见、会谈的时间、地点、本方出席人员、具体安排及有关注意事项通知对方。前往参加会见的一方，则应主动向对方了解上述情况，并通知有关人员出席。

3.准备工作

（1）了解背景资料。包括对方的人数、职务、专业背景等基本情况，以及可能提出的问题、习俗禁忌、礼仪特征等，形成文字材料，呈送上司（主见人）及其他参与会见的人员。

如果并非第一次交往，秘书还应把以前会谈的文件、协议找出来，做出摘要提供给相关人员。

（2）布置活动场所。在我国，一般公务性会见大多在会客室进行。会见时，座位安排通常为半圆形，主人主宾并排而坐。会谈时，一般用长条形桌子，宾主相对而坐。座次安排是布置会见、会谈场所时一项最重要的内容。

会见的座次安排通常为：主宾席、主人席安排在面对正门的位置，客人坐在主人的右边；翻译人员、记录员坐在主人和主宾的后面；其他客人按身份高低在主宾一侧就座。如下图所示。

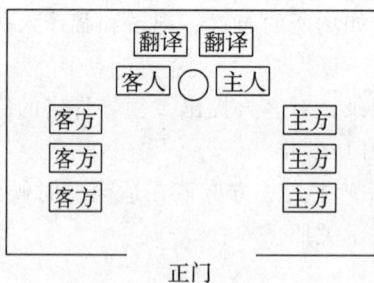

正门

会谈的座次安排通常为：宾主相对而坐，以正门为准，当会谈长桌平行于正门时，主方背对正门，客方面对正门，主谈人居各自一方的中间，双方的其他人员应依其具体身份的高低，各自先右后左、自高而低地分别就座在自己的上司一方。按惯例，双方的翻译应分别在主宾、主人右侧的第一个位置上就座。如下图所示。

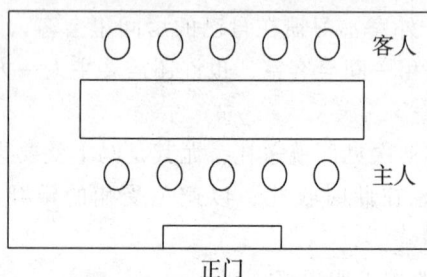

正门

如会谈长桌垂直于正门，则以进门的方向为准，右为客方，左为主方。其他方面的做法，均与前者相似。如下图所示。

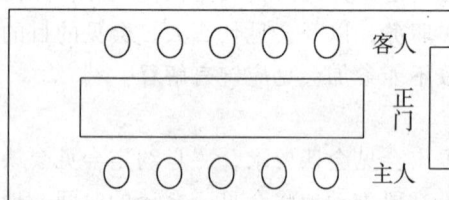

在排定座次之后，秘书要按双方人员的姓名制作名牌，一面是中文，另一面是对方的文字，按座次摆放在桌子上。中方人员的名牌中文一面朝向就座者，外方人员的名牌外文一面朝向就座者。

（3）优化活动环境。第一，要有充足且适宜的光线；第二，要充分考虑色彩对人们心理的影响，选择能够对人们的心理产生温暖、柔和、温馨感觉的颜色；第三，要把室内的温度控制在18℃~21℃，把湿度控制在40%~60%；第四，要有较好的隔音和抗噪声干扰设施；第五，要保持卫生与清洁；第六，室内布置要有一定的艺术品位。

（4）检查相关设备。要检查扩音器声音是否清晰、电源插座与桌子的距离（如果用手提电脑的话）等。

（5）人员安排。首先确定参与会谈的人员，一般主谈应该是有较高业务水平、有会谈经验、有决定权的高层领导。其他参与者也是对会谈涉及的业务范围很熟悉的人。其次确定工作人员，包括翻译、记录员、设备管理人员、服务人员等。

4.迎接客人

主方应先于客方到达会场，客人到达时，主方应迎接。秘书应该在大门处迎接，引领客人抵达会谈地点，主人在此迎接客人的到来。

双方见面后，由主方代表团团长把自己的部下介绍给客人，然后客方领导再把自己这方人员介绍给主人。

5.合影

如有合影仪式，应事先安排合影地点并准备好必需的摄影器材。合影的排列顺序按照"以右为尊，以前为尊"的原则，结合礼宾顺序排列主客各方人员。具体站位方法有两种：

（1）主客分列站位法。如下图所示，其中单数为主方站位，双数为客方站位。

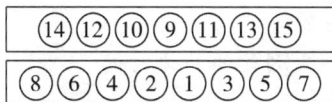

⑭ ⑫ ⑩ ⑨ ⑪ ⑬ ⑮
⑧ ⑥ ④ ② ① ③ ⑤ ⑦

▼
照相机

（2）主客混列站位法。如下图所示，其中前排主方站中点和两端，后排客方站中间，主方站两边。

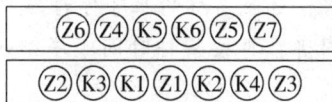

Z6 Z4 K5 K6 Z5 Z7
Z2 K3 K1 Z1 K2 K4 Z3

▼
照相机

6.会见、会谈

合影完毕入座就绪后，双方会谈开始前，除陪同人员和必要的译员、记录员外，一般工作人员即应退出。

会见、会谈过程中，旁人不可随意出入。主客双方可作简短致辞，互赠礼品。礼品不一定昂贵，只要能传达敬意、表达友谊即可。

在会见、会谈时，主方应提供饮料。通常情况下，可备茶水、矿泉水，夏天加冷饮。如会谈时间较长，可适当上咖啡。对伊斯兰国家的来访者，不要上带酒精一类的饮料。

7.送别客人

会见结束后，主人应送客人至车前或门口握手告别，目送客人离去后再退回室内。

【思考与练习】

一、不定项选择题

1.涉外接待的原则是不卑不亢、（　　）。

A.依法办事　　　　B.内外有别　　　　C.尊重个人　　　　D.入乡随俗

2."女士优先"这一礼仪由来已久，人们认为它是绅士风度的一种体现，认为照顾女性、帮助女性是男性的职责和基本教养。这一礼节在（　　）被广泛应用，逐渐成为国际礼仪的一部分。虽说在商务活动中的工作场合，一般不讲究这个礼节，但是，人们在公共场合、社交场合都会自觉遵守。

  A.东南亚   B.非洲   C.欧美各国   D.阿拉伯国家

  3.根据（ ）的原则要求，在国内接待外宾，应以我国的礼节为主。例如设宴招待外宾，应该用中餐，餐具也是使用筷子。但是我们要考虑到外宾可能不会用筷子，那么在餐桌上另外加一套西餐餐具，则体现了我们对客人的关照。

  A.依法办事   B.内外有别   C.尊重个人   D.入乡随俗

  4.在涉外商务交往中，礼宾次序可采用（ ）排列方法。

  A.所在国家或地区的名称的拉丁字母

  B.来宾抵达现场的具体时间

  C.来宾告知东道主自己决定到访的具体时间

  D.不排列，随便坐

  5.在商务活动中，一次接待两个以上的外国代表团就需要确定礼宾次序。因为这涉及在会议发言时谁先谁后，宴请时谁坐在主人右边那个最好的位置等敏感问题。在礼宾实践中，一般的习惯是（ ）。

  A.首先按照来宾的身份、职务的高低排列

  B.身份相同者，再按国家、地区名称的拉丁字母顺序排列

  C.名称的第一个字母相同者，再按某种时间顺序排列

  D.不排列，随便坐

  6.在确定礼宾次序的时候，不论采用何种排列方法，均应事先与外国来宾进行沟通协商，一般在发邀请函的时候就应注明礼宾顺序的排列方法，这样就会减少以后的摩擦。如果某个国家的代表团希望能排列在前面，就需要（ ）。

  A.研究这次活动的礼宾次序   B.委派身份高者任代表团团长

  C.争取早一些抵达   D.和主办方搞好关系

  7.在正式对外方发出邀请前，必须先明确邀请的规格，以便兼顾来宾的具体身份与来访的目的。在一般情况下讲究规格对等，就是在涉外邀请时，我方出面进行邀请的人士的职务、地位、身份应当大体上与被邀请者的职务、地位、身份相当。邀请一般采用（ ），被邀请者在接到邀请后，应及时给予答复，并据此办理有关的手续。

  A.书面形式   B.电话形式   C.电子邮件   D.电报形式

  8.在外宾抵达前应做好充分的准备工作，主要包括：搞清楚来访外宾或代表团的基本情况、来宾的饮食爱好、（ ）。

  A.宗教禁忌   B.拟定来宾访问日程

  C.安排购物   D.安排食宿

  9.涉外会见、会谈的准备工作主要有：背景资料的准备、（ ）。

  A.做好记录   B.人员安排   C.会见场所的准备   D.做好后续工作

  10.合影的时候，一般由主人居中，"以右为上"，主客双方间隔排列。一般来说，两端（ ）。

  A.均由主方人员把边   B.均由客方人员把边

  C.由主客双方人员各把一边   D.均由礼仪小姐把边

二、案例分析题

（一）

某公司承办了一个大型招商会。会议邀请了数个国家的投资公司前来参加，同时还有不少中国本土的公司也表示了参加的意愿，会议的接待工作十分繁重。为了显示各国、各公司一律平等的原则，并且为了鼓励大家积极参与，大会秘书处决定按照参加者决定到访的时间来排列礼宾次序，结果出了问题。因为国内的公司接到邀请函的时间比国外公司要早，反馈也快，这样在礼宾次序上，国内公司就基本都排在了前面，这在实际中是对国外公司的一种不平等，这让大会秘书处感到很为难。

试分析一下，该公司在这次礼宾次序的安排上出现了哪些问题？应该怎么做才不会出现这些问题？

（二）

某公司要接待一个来访的外国考察团，由于双方是第一次接触、互不相识，因此，接机的时候，秘书应该事先准备一块牌子，写好来访公司的名称。可是由于没有经验，秘书柳栩忽略了这件事。到了机场大家才想起来，可是谁也没有带合适的纸。此时客人所乘的飞机已经抵达，机上乘客有的已经开始出站了。

试分析一下，柳栩应该采用什么样的措施来补救这次失误才能顺利地接到客人。

（三）

某公司接待了一个英国贸易代表团。这次接待活动的主陪人是公司的王总经理。在英国公司抵达的当晚，王总经理带领手下接待人员去拜访对方。他们到英国代表团团长的房间门口敲门，团长穿着睡衣开门一看，脸上露出非常意外和尴尬的表情。团长请他们等一等，然后关上了门。王总经理感到很不理解，我们主动拜访，为什么对方却如此冷淡？

试分析一下，王总经理为什么会吃闭门羹？应该怎么做才会受到客人的欢迎？

● 任务 14　中餐宴请

【任务目标】

了解中餐宴请的基本知识和相关礼仪，能够安排中餐宴请。

【参考学时】

3 学时

【知识支撑】

一、中餐宴请的准备

（一）明确宴请目的

随着社会文明程度的提升，人们对公务宴请的认识也在提高，通常只有在必需的情况下才考虑公务宴请活动。公务宴请的缘由总是因具体事件而定，如欢迎、欢送、答谢、庆贺、交流等，一般以特定时刻、特定事件为由举办。宴请目的决定着宴会的规格和形式。

（二）确定规格形式

宴请的规格和形式根据以下几个因素确定：宴请的目的、被邀请主宾的职务身份、宴请对象的风俗习惯、本单位的招待经费情况。

（三）拟定客人名单

在举办宴会时，首先应考虑邀请哪些人。凡为了某件事而举办的宴会，一般要求与此事有关的方方面面的人都要邀请，不能有所遗漏。但是，在遴选客人时，要尽量避免邀请与主宾有矛盾，或平日有积怨者同时赴宴，以免双方在宴会上产生尴尬或发生冲突。一般来说，举办正式的宴会时，应邀请客人携配偶参加。

（四）确定时间地点

确定宴请时间，首先，要考虑主宾双方合适和方便，有时还要选择有特定意义的时间，如与某重大事件有关的纪念日等，但春节、元旦、中秋节等传统重大节日或圣诞节是典型的私人时间，不宜安排宴请活动；其次，还要考虑宴会的性质和形式，正式宴会多在晚上进行，便宴则可以安排在其他时间；此外，宴请外宾和有特殊风俗习惯的宾客，还要顾及禁忌的日子和方式。

确定宴请地点，首先，要考虑宴请规格、餐饮特色、环境情调及服务水准等因素；其次，还要考虑到距离的远近，以及周边是否方便停车，场所内是否有配套的卫生、娱乐设施等。

【工具箱3-4】

宴请外宾的时间禁忌

西方国家忌讳"13"，特别是恰逢13日的星期五。

伊斯兰教的斋月有白天禁食的习俗，所以，宴会只宜安排在日落以后。

（五）确定菜品酒水清单

确定菜品酒水清单一般要依据宴请的总预算而定。一般来说，主菜（主打菜，多为地方特色菜）要比客人数多一个到两个，再配两到三个冷盘和一道汤就够了。

在中餐宴会中，一桌饭菜主要由汤、热菜、凉菜三部分组成，原料是肉类（畜、禽）、水产品（鱼、虾、蟹）和蔬菜三类，点菜时必须合理排列组合，种类和做法最好有区分，避免重复。

点酒时则要注意两个事项：一是酒的单瓶价格最好不要超过一桌饭预算的1/3～1/2；二是注意酒和菜的搭配，可遵守"红酒配红肉（猪牛羊等哺乳动物的肉），白酒配白肉（鸡鸭鱼等非哺乳动物的肉）"的原则，如吃海鲜尽量喝干白，吃牛肉最好喝红酒。

（六）提前发出邀请

各种正式的宴请活动，邀请客人的时候一般都要使用请柬，不论路途远近都应如此。如果被邀请的是具有较高身份者或者长辈，还应专人登门单独邀请，以示诚意。请柬应提前1～2周发出，以便被邀请人做出安排。请柬中应说明宴会的目的、时间、地点、邀请单位或主人姓名以及对来宾的要求等，必要时请柬还应注明桌次和附有回单。

（七）安排宴会桌次

1.桌次的概念

桌次就是桌位的高低次序，表明各桌就座人员的身份。两桌和两桌以上的宴会一般应排定桌次，桌数多时应摆上桌次牌。主人和主宾应当安排在主桌就座，其他每一桌都应当安排主方人员陪同。

2.桌次的安排原则

桌次的安排原则一般为：把主桌排在离宴会厅门口最远的地方，或者是宴会厅的中心位置，其余的桌次高低以离主桌的远近而定，右高左低，近高远低。

3.常见的桌次排列方法

（1）横向宴会厅的两桌排列法。如下图所示，进门后右侧为主桌（圆点为各桌第一主人或主要陪同人员或主要客人的位置）。

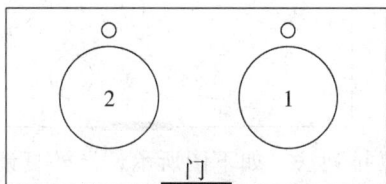

（2）纵向宴会厅的两桌排列法。如下图所示，进门后里侧为主桌（圆点为各桌第一主人或主要陪同人员或主要客人的位置）。

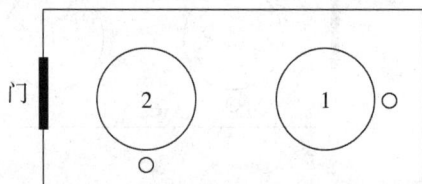

（3）横向宴会厅的三桌排列法。如下图所示，涉外宴请，主桌右侧桌次为上，左侧桌次为下；国内宴请左右顺序对调。

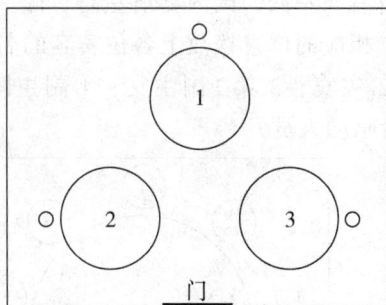

（4）横向宴会厅的多桌排列法。在横向宴会厅排列多个宴会桌时，有两种排列法：

第一种，列队式多桌排列法，如下图所示，涉外宴请，次桌的桌次高低按与主桌的距离而定，距离相等时以右高左低排列；国内宴请以左高右低排序。

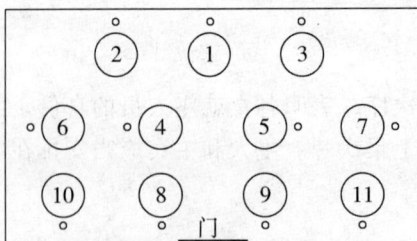

第二种，环绕式多桌排列法，如下图所示，涉外宴请，次桌的桌次高低按与主桌的距离而定，距离相等时以右高左低排列；国内宴请以左高右低排序。

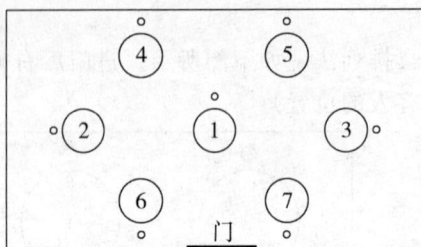

（5）纵向宴会厅的多桌排列法。如下图所示，涉外宴请，次桌的桌次高低按与主桌的距离而定，距离相等时以右高左低排列；国内宴请以左高右低排序。

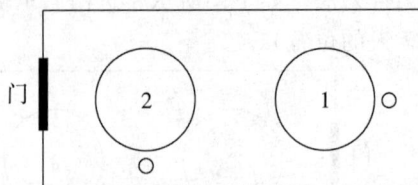

（八）安排宴会座次

1.座次安排的基本原则

一般情况下，主人坐最高席（主陪位置），其他座位的高低以离主陪和副主陪的远近而定，近高远低，涉外宴请右高左低，国内宴请左高右低。

座次排好后，应在餐桌相应的位置摆放上各位宾客的名签，以方便宾客就座（具体安排见下图，其中1.主陪；2.主宾；3.第1副主宾；4.副主陪；5.第2副主宾；6.第3副主宾；7~10.一般客人或一般陪同人员）。

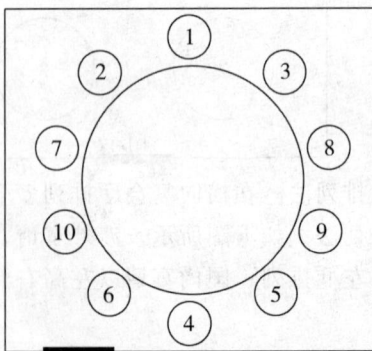

2.座次安排的注意事项

（1）夫人的座次安排。如果主人和主宾的夫人均出席，通常把女方排在一起，即主宾坐在主人的右方，主宾夫人坐在主人夫人的右方（如下图所示，其中1.主人；2.主宾；3.第1副主宾；4.主人夫人；5.主宾夫人；6.第2副主宾；7~10.一般客人或一般陪同人员）。

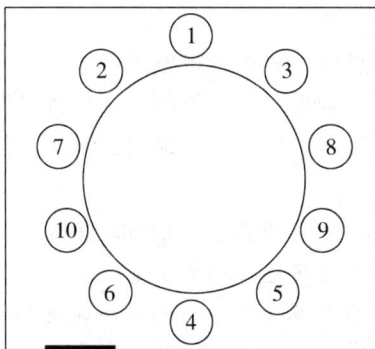

如果主宾携夫人出席，而主人夫人因故不能出席的，通常可请其他身份相当的女士出席，也可把主宾夫妇安排在主人的左右两侧（如下图所示，其中：1.主人；2.主宾；3.主宾夫人；4.副主陪；5.第1副主宾；6.第2副主宾；7~10.一般客人或一般陪同人员）。

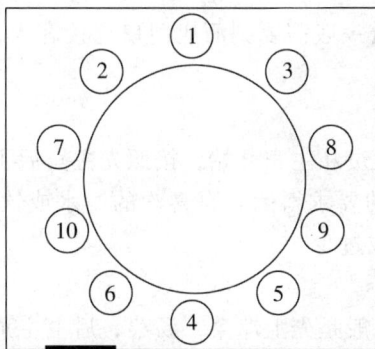

（2）礼宾次序的调整。除了按照常规方法安排礼宾次序外，还要考虑一些特殊因素：多边活动应注意客人之间的政治关系，政见分歧大、两国关系紧张的客人应避免安排坐在一起；身份大体相同，使用同一语言或专业相同相近者可以安排坐在一起。

（3）译员安排与席卡制作。译员一般安排在主宾的右侧。座次安排好后，应制作席卡置于桌上。

涉外宴请中，应用中外两种文字书写，中文在上，外文在下。

【小贴士3-1】

中国传统文化中的左右尊卑

在中国的传统文化中，左右尊卑的观念在不同的时代有着不同的表现。黎琳先生在《古汉语中的左右尊卑》（见《语文知识》2002年第4期）一文中总结的大致规律是：春秋以前以左为尊，战国、秦汉时期以右为尊，汉以后至宋这一时期以左为大，元朝右为上，明朝以后又尚左。

（九）餐具摆放

中餐宴请中使用的餐具比较多，其中包括个人餐具和公共餐具。个人餐具主要有餐盘、小碗、汤匙、筷子、筷架等，公共餐具主要有公用勺和公用筷等。

餐盘放在个人餐位距桌边最近处，主要用于盛放菜点和鱼刺、骨头等残渣，小碗专作盛放汤、羹类菜肴之用，可端起使用，通常放在席位的左侧。汤匙与小碗配套用于舀汤、喝汤。

（十）现场布置及服务

现场包括宴会大厅和休息厅，要布置得整洁、大方，可适当点缀鲜花。大型公务宴会要悬挂会标，并准备话筒等音响设备，一般应在主桌背后设一立式话筒。要有专门的工作人员负责宴会的各项准备及服务工作，安排好迎宾人员、接待人员和引导人员。

【工具箱3-5】

宴会安排的5M原则

在商务交往中，宴请客人的问题往往备受重视，从宴请的规模规格、宴请的档次、参加的人员、邀请的函件到宴会的具体安排，都有一定之规。具体来说，就是要遵守5M原则，即在商务宴请中要兼顾Meeting（约会）、Media（环境）、Money（费用）、Menu（菜单）、Manner（举止）五大基本问题。

二、中餐宴会程序

（一）热情迎客

宴会开始前，主方人员一般需要到酒店门口迎接客人，迎接时依身份高低依次排列，身份最高者在最前面。

（二）依次斟酒

客人入席后，由服务人员从主宾开始，按照先主宾后主人、顺时针绕台的顺序进行斟酒。斟酒时，应根据宾客的要求斟倒各自喜欢的酒水或饮料。斟酒的数量以酒杯容量的70%~80%为宜，不能过多或过少。

（三）顺序上菜

中餐宴会的上菜顺序一般是先上凉菜、汤菜，后上主菜、甜品及点心，最后上水果。

（四）礼貌致辞

宴会开始的时候，一般要先由主人致祝酒辞，主宾致答谢辞。在宾主致辞时，服务人员应停止斟酒或上菜，站在不影响他人倾听讲话的位置上静候，待致辞结束后，再继续服务工作。祝酒结束，主人应先与主桌客人碰杯，然后到其他各桌敬酒。

（五）文明就餐

在中餐宴会上，要正确使用各种餐具，文明取菜，注重咀嚼与喝汤时的形象，给别人留下一个美好的印象。

（六）礼貌退席

用餐结束，要根据主人的示意，跟随主宾及时退席，并向主人告辞致谢。

三、应邀赴宴礼仪

（一）准时出席

准时出席是参加宴会的基本礼仪，根据中国人的习惯，主宾一般比其他客人晚到一步，但不能迟到，否则会影响整个宴会的进程。

（二）寒暄致意

到达宴会地点后，除要向主人打招呼、问好之外，还应与先到的客人握手寒暄，相互问好。对长辈或领导要起身致意，对女宾则应举止端庄、彬彬有礼。

（三）顺次入座

一般情况下，正式宴会的桌次和位次都是事先安排好的，进入餐厅的客人要等主人的招呼和安排，不要急于就座，以免坐错位置，造成尴尬。就座时，还应向其他宾客礼让，若旁边有女宾或长者，要先帮助他们就座，自己再坐下。

（四）举止文明

餐桌上应有良好的举止，否则会给人留下缺乏教养的坏印象。开席前不能乱动桌上事先摆好的餐具，不能随意脱下上衣、摘下领带、挽起袖子。

四、餐具使用礼仪

（一）使用筷子的礼仪

1.不挑不拣，就近取菜

夹菜时，不用筷子在盘子里挑挑拣拣，只在靠近自己的一边夹。

2.干净利落，不粘不吸

夹菜时，筷子上不可粘有饭粒，更不得用嘴吸吮筷子。

3.讲究卫生，中转取用

不要把菜从盘子里直接夹入口中，应先放入自己的盘或碗里，然后再送入口中。

4.合理放置，公私分明

不要把自己的筷子架在公用的菜盘上，也不要把公用的筷子架在自己的盘子或者筷架上。

5.文明劝菜，说而不做

有些人视为客人夹菜为一种礼节，其实没有这个必要，因为这样一来，客人就必须吃下这道菜，可是他也许并不爱吃。因此，不要轻易为客人夹菜，更不要用自己的筷子为客人夹菜。

6.用完即放，莫做他用

谈话时，不要拿着筷子比比画画。

（二）使用汤匙的礼仪

1.公匙取菜，私匙用菜

用公用匙把滑溜、切得比较细小的菜肴盛到自己的菜盘或小碗中，然后用自己的汤匙取用。

2.公匙盛汤，私匙用汤

用公用汤匙盛汤、调料，自己的汤匙只用来喝汤。

3.或匙或筷，交替使用

不要一手拿筷子，一手拿汤匙，"左右开弓"。

五、中餐进餐礼仪

（一）文明取菜

1.公筷夹菜或请服务员分菜

要用公筷夹菜，或者请服务员分菜，不要直接用自己的筷子到公用菜盘里取菜。

2.文明礼让，按序取菜

每道菜上桌，一般要待主人或同桌中身份地位较高者动手后再去取食。动作要轻快、平稳，不要碰到杯盘。

3.举止高雅，就近取菜

取菜时，不能把筷子在盘内翻来翻去，只能在菜盘靠近自己的一侧取菜，而不能把筷子伸到菜盘靠近别人的那一侧。取菜时，如偶尔有菜肴掉在桌上，不能把它重新放回盘中去，只能放在自己的餐盘中。

4.主动避让，适量取菜

别人取菜时要主动避让，谨防"筷子打架"。一次取菜的量不宜过多，即使是自己喜欢的菜肴，也不要频频取用，更不能急于把菜堆放在自己的餐盘内。

5.适时转动，关照他人

餐桌上使用转盘时，应适时地按顺时针转动。每道菜上过之后，要先转到主宾面前，看到有人夹菜时就先等一等再转。应等菜肴转到自己面前时再去取食，不要站起来伸长手臂到别人面前去取菜。

（二）讲究咀嚼形象

1.以食就口

进食时，不可伸颈向前以口就食，而应以食就口。

2.细嚼慢咽

嘴里的食物不要塞得太多，并闭嘴咀嚼，细嚼慢咽，嘴里不要发出"叭叭"的响声，说话前要先咽下嘴中的食物，以免给人留下贪吃的印象。

（三）喝汤注意礼节

1.文明取汤

在全桌共用一碗汤羹时，应先用汤盘内的大汤勺，从靠近自己的这侧将汤羹盛至自己的汤碗内，再用自己的汤匙舀着喝。盛汤时要避免"海底捞月"的不雅举止。

2.以匙喝汤

喝汤时不要用嘴啜吸，而应用匙把汤盛起，用匙的内侧靠近嘴唇，慢慢品尝。

3.汤热不吹

如汤太热，切勿用嘴去吹，可用汤匙轻轻搅动，待稍凉后再喝。

（四）不勉强客人喝酒

向客人敬酒时，要与客人同喝。客人酒力不支时，不要勉强客人喝酒，要尊重每一个人的习惯和意愿。

六、中餐退席礼仪

正式宴会，当上完最后一道菜，即将上水果时，服务人员都会礼貌地告诉主人"菜已上全"，提醒宴会即将结束。

吃完水果的时候，主宾便可在主人的示意下最先离席，其他的客人跟随主宾相继离席。此时如果再贪杯狂饮、拖延不散，或余兴未尽、迟迟不起，都是对主人的失礼，也是对众宾客的不敬，会严重损害自己的个人形象，破坏宴会的气氛。

宴会结束时，客人应热情与主人话别，感谢主人的盛情款待，同时也应向其他客人道别。道别时不要拉着主人的手说个没完，免得妨碍主人为其他客人送行。如主人有礼物馈赠，应表示感谢，并将礼物收下，既不能毫无反应，也不要过于推辞。

七、中餐宴请注意事项

（一）鱼刺骨头放盘内

在进餐中，对鱼刺、骨头、果核之类的东西，不要直接吐在桌面上，更不要随意吐在地上，而应以毛巾或餐巾掩面，用手从口中取出，放在自己的餐盘内。

（二）喷嚏咳嗽避他人

席间如要打喷嚏或咳嗽，应掉头向后，用自己的毛巾或手绢掩住口鼻，避免发出过大的声音或口沫四溅。千万不要面向桌面及他人。

（三）擦嘴剔牙讲文明

用餐结束别忘了擦嘴，擦嘴可用餐巾或餐巾纸，切记桌上的餐巾不能用来擦脸。席间、餐后剔牙要注意用手遮挡，不可当众仰面张口，也不要边走边剔，更不能咀嚼牙签。

（四）能忍则忍别抽烟

随着社会文明程度的进步和人们健康意识的提升，吸烟有害健康的意识已深入人心。公共场合禁烟已成潮流，即便在允许吸烟的公共场合，当众吞云吐雾也会被视为无礼。因此，在多数情况下，我们不提倡在公务宴请时吸烟。如果实在无法克制，应征得主人或身边女士的同意，至少说句"抱歉"，以示对他们的尊重。抽烟时烟灰、烟蒂要放入烟灰缸，不要随意丢在地上。

（五）席间谈话要谨慎

与两旁的人谈话时，要把嘴里的饭菜咽下去再说，不要一边嚼一边说。看到别人正在进食，就要等一等，先别和他讲话。谈话声音不要过高，两边的人能听清就够了，宴请外宾时尤其要注意这一点。

（六）出现意外莫惊慌

如果酒杯、饮料杯被意外碰翻的话，不要惊慌，可用手示意服务员帮忙，切勿大声叫喊。

（七）陪客劝菜有讲究

在中餐宴请中，作为陪餐人员，特别是主陪人员，要不时地向客人介绍菜肴的特色，劝客人吃菜。

劝菜的时候，最好只介绍菜肴的特色，请客人决定是否享用这道菜品，而不要"不管三七二十一"就帮客人把菜夹到面前。

当客人比较客气，不愿首先取用新上菜品时，也可以为客人夹菜，但必须使用公用筷、勺，不可用自己用过的筷、勺为其他宾客夹菜。

【思考与练习】

一、不定项选择题

1.公务宴请的缘由主要包括（　　）等。

A.欢迎　　　　　　B.欢送　　　　　　C.交流　　　　　　D.庆贺

2.宴请的规格和形式主要根据（　　）确定。

A.宴请的目的　　　　　　　　　　B.主宾的身份

C.天气情况　　　　　　　　　　　D.本单位的招待经费情况

3.正式宴请的时间以（　　）居多。

　　A.中午　　　　　　　B.下午　　　　　　C.晚上　　　　　　D.周末

4.确定宴请地点，首先，要考虑宴请规格、餐饮特色、环境情调及服务水准等因素；其次，还要考虑到（　　）等。

　　A.距离的远近

　　B.周边是否方便停车

　　C.场所内是否有配套的卫生、娱乐设施

　　D.是否靠近旅游景点

5.各种正式的宴请活动，请柬应提前（　　）发出，以便被邀请人做出安排。

　　A.1～2周　　　　　B.1～2个月　　　　C.3～4周　　　　　D.3～4个月

6.排列桌次时，一般是把主桌排在（　　），其余的桌次高低以离主桌的远近而定，右高左低，近高远低。

　　A.离餐厅门口最近的地方　　　　　　B.餐厅的中心位置

　　C.离餐厅门口最近的地方　　　　　　D.离餐厅窗户最近的地方

7.中餐宴请中，餐盘放在个人餐位距桌边最近处，主要用于盛放（　　）等。

　　A.菜点　　　　　　B.鱼刺　　　　　　C.骨头　　　　　　D.茶杯

8.就餐时使用筷子有如下忌讳：吸吮筷子、（　　）。

　　A.用左手　　　　　　　　　　　　　B.挑挑拣拣

　　C.用筷子敲打碗碟　　　　　　　　　D.用自己使用的筷子为客人夹菜

9.安排宴会时要遵循5M原则。它包括约会、环境、（　　）等几个基本问题。

　　A.费用　　　　　　B.菜单　　　　　　C.举止　　　　　　D.音乐

10.在中餐宴请中，作为陪餐人员，特别是主陪人员，要不时地向客人介绍菜肴的特色，劝客人吃菜。劝菜的时候，正确的做法是（　　）。

　　A.只介绍菜肴的特色，请客人决定是否享用这道菜品

　　B.帮客人把菜夹到面前

　　C.一定要让客人吃下自己介绍的这道菜

　　D.带头品尝

二、案例分析题

接受来访的法国商务代表团的邀请，青海集团机械设备公司的总经理钱大发今天晚上要去参加对方在香格里拉大酒店举行的答谢宴会，他通知秘书刘晓晚上陪同一起去。

自从当上秘书以来，刘晓是第一次参加这种正式宴会。她用心打扮了一番，高高兴兴地随同钱总到了香格里拉大酒店。

餐桌上，刘晓处在接近门口的位置，服务员上菜的时候，每道菜都是先放在刘晓的身边，然后把转盘转向钱总的位置。看到那一盘盘美味的菜肴，刘晓实在是忍不住心中的冲动，利用菜品靠近自己的短暂机会，不失时机地率先夹上一口菜吃。她心中暗暗高兴："天赐良机，近水楼台先得月啊！"

宴会结束了，钱总把刘晓叫到没人的地方，劈头盖脸地来了一顿臭骂："你上辈子没吃过菜吗？你也不想想自己是什么身份？难道每道菜都是专门为你准备的吗？看见美味，把尊重客人、尊重领导都忘记了？"

刘晓默不作声，眼泪不住地流了下来。

试分析一下，刘晓为什么会受到批评？她应该怎么做才是正确的。

● 任务15　西餐宴请

【任务目标】

了解西餐宴请的基本知识和相关礼仪，能够按照相关礼仪要求参加西餐宴请。

【参考学时】

2学时

【知识支撑】

在涉外交往活动中，我方宴请外方通常采用中餐宴会的形式，而西方回请我方则往往采用西餐宴会或者招待会的形式。因此，要想从容应付涉外商务交往，必须了解和掌握一些关于西餐和招待会的常识和礼仪。

一、西餐简介

（一）西餐的含义

西餐，原本（狭义）是指欧洲菜，但现在（广义）指除中式菜以外的所有其他菜品。

【小贴士3-2】

世界菜系的分类

关于世界菜系的分类，大致有两种说法：一说为三大菜系，一说为四大菜系。三大菜系是指：（1）中国菜系，包括中国、朝鲜、日本、东南亚若干国家及南亚一些国家，以中餐为代表，这是世界食用人口最多的一个菜系；（2）法国菜系，包括欧洲、美洲、大洋洲等许多国家，占地面积最大，以西餐为主题；（3）土耳其菜系，又称为清真菜系，包括中亚、西亚、南亚及非洲一些国家。四大菜系则加上俄国大菜。

（二）西餐的菜品

1.法国菜

法国菜的突出特点是选料广泛。法国菜常选用稀有的名贵原料，如蜗牛、青蛙、鹅肝、黑蘑菇等。用蜗牛和蛙腿做成的菜，是法国菜中的名品，许多外国客人为了一饱口福而前往法国。此外，法国菜还喜欢用各种野味，如鸽子、鹌鹑、斑鸠、鹿、野兔等。

2.英国菜

英国菜可以用一个词来形容——"Simple"（简单）。简而言之，其制作方式只有两种：放烤箱里烤，或者放火锅里煮。做菜时什么调味品都不放，吃的时候再依个人爱好放些盐、胡椒或芥末、辣酱油之类。

3.意大利菜

意大利菜肴最注重原料的本质、本色，成品力求保持原汁原味。通常将主要材料或裹或腌，或煎或烤，再与配料一起烹煮，缔造出层次分明的多重口感。橄榄油、黑橄榄、干白酪、香料、西红柿与 Marsala 酒这六种食材是意大利菜肴调理上的灵魂，最常用的蔬菜有西红柿、白菜、胡萝卜、龙须菜、莴苣、土豆等。意大利人善做面类制品，著名的有意大利面、比萨饼等。由于南北气候风土差异，意大利菜有四大菜系——北意菜系、中意菜系、南意菜系和小岛菜系。

4.美国菜

由于大部分美国人是英国移民的后裔，所以美国菜可以说是以英国菜为基础发展而来的，并且继承了英国菜简单、清淡的特点，口味咸中带甜。但随着生活方式的改变，美国菜也形成了自己的特色，就是讲究营养搭配和方便快捷的原则。美国人普遍认为，鸡、鱼、苹果、梨、香蕉、甜橙、花椰菜、马铃薯、脱脂奶粉、粗面包等都是最有营养的食品，而快餐也因方便快捷而成为了现代美国的典型饮食。

二、西餐礼仪

（一）赴宴前的准备

1.看清请柬内容

接到邀请以后，要看清请柬的各项内容。要看清是否请了家人、是否要求回复（如果在请柬的左下方印有 R.S.V.P 字样即"敬请答复"，就得在一天之内答复主人是否能赴宴）、服装的要求等内容。

2.言而有信

如果决定接受邀请并已答复主人，就不要轻易改变。如果已经辞了宴请，可是突然又可以去了，很遗憾，此时你不可以再给主人带来麻烦。

3.礼品选择

到别人家赴宴需要带礼物。带一瓶葡萄酒、一盒巧克力、一束鲜花都可以。到饭店赴宴可以不带礼品。

4.服饰装扮

要根据请柬上的要求选择赴宴的服装。女性要化妆。

5.适时赴宴

到饭店赴宴最好准时。到人家赴宴应该稍晚几分钟，给女主人留一点余地。

（二）西餐的座次安排

中西方请客礼节有很多差异，其中明显的一点就是座次的安排不一样。西餐讲究的是：主客间隔而坐、夫妻分开而坐。目的是让大家都有结交新朋友的机会。其具体安排如下图所示。

（三）入席、就座礼仪

男主人带领女主宾第一个入席，女主人引领男主宾最后入席，其他客人由服务员引领入席。商务宴请可能没有女主人，那么双方身份最高者就最先入席。

每一位客人都要从座椅的左侧入座，以免相互碰撞。男性要先为左侧的女性拉开椅子，助其入座后，自己再入座。

入座后，腰挺直，背部微靠在椅背上，双手放在膝盖上，不要上桌。

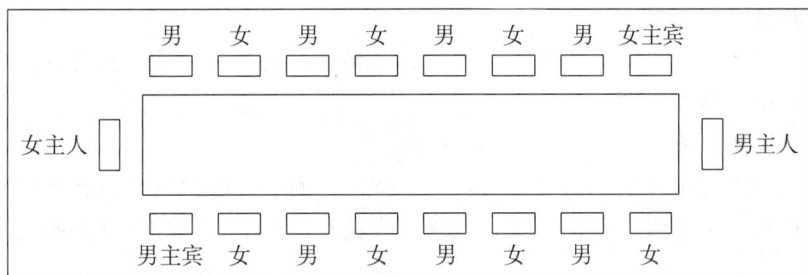

西餐座次安排

（四）餐巾使用礼仪

女主人拿起餐巾打开，表示宴会正式开始，客人才可以动餐巾。

餐巾可以对角折，也可以对边折，小餐巾也可以不折，放在膝盖之上。千万不要把餐巾塞在领口处，那是小孩子的用法。

餐巾只可以擦嘴，不可以用来擦汗。

（五）餐具使用礼仪

西餐餐具的摆放位置是固定的。在食盘的左边放叉子，右边放刀子和汤匙。吃正餐时，刀叉的套数和上菜的道数是相等的，每上一道菜，都用最外侧的刀叉，每用完一道菜，就换一套刀叉。

使用的时候，左手持叉，右手持刀，先用叉子叉住食物，然后用刀切下一小块，再用叉子叉起切下的食物放入口中。

注意：使用餐具时，胳膊肘不要上桌；用刀子切食物时，用食指压住刀背，手腕缓缓用力下压，尽量不要与盘子撞出声响。

（六）西餐上菜程序

第一道菜：汤或冷食（包括虾和贝类）

第二道菜：鱼（如果上过贝类，鱼就可以免了）

第三道菜：主菜（如烤牛排、烤乳鸽等肉类菜肴）

第四道菜：色拉（英文名称Salad，又译作沙拉，是由绿色有叶生菜制成的一道菜，常加有萝卜、黄瓜或西红柿，并加调味品食用）

第五道菜：甜食（布丁、冰激凌等）

第六道菜：咖啡

（七）西餐进餐礼仪

1.食用肉类

食用带骨头的鸡或其他肉类时，先把肉厚的地方切下来吃掉，剩下的贴骨肉可以拿起骨头来吃。

2.食用鱼虾

吃整鱼时，要先吃一面，然后把鱼刺剔出来放到盘子边上，再吃下边那块。吃到嘴里的细鱼刺，要吐到叉子上或用手指捏下来放到盘边，不可以直接吐到盘子里。

吃大虾时，可以用刀叉把皮剥掉，也可以用手拿住虾把皮剥掉，然后用叉子叉住大虾蘸一点调料，放入口中。吃完虾后，把手指放到洗指碗中洗一洗，用餐巾擦干。

3.食用面包

吃面包的时候，除了烤得很脆的面包片，不要拿着整个面包啃，要掰下一小块，涂上黄油，放入口中，慢慢咀嚼。

4.食用意大利面条

吃意大利面条时可叉子、汤匙并用。右手持叉子慢慢挑起少量（四五根）面条，左手持汤匙，匙面抵住叉子尖，转动叉子，面条就绕在叉齿上了，这时便可方便地吃下绕在汤匙上的面条。

5.食用水果

整个的梨或苹果，要先用刀把它切成四瓣，然后用刀去核去皮。削完后用刀切成小块，用水果叉叉起来吃。

吃香蕉要用刀把皮从中间划开，剥开皮后，用刀切成小块，用叉子吃。桔子、橙子用刀切成几瓣，用叉子叉着吃。葡萄可以直接用手摘下一粒放入口中，把皮和籽吐到手中。

6.饮用咖啡或茶

西餐的最后一道"菜"是咖啡或茶。喝咖啡时可以右手拿杯把，左手端小碟，也可以只端杯子，将小碟留在台上，喝完一口后，一定要把杯子放回碟上。

如果愿意加牛奶或者糖，可自取加入杯中，用茶匙轻轻搅拌，不要发出声响，搅拌后把茶匙放回茶碟。茶匙的用途仅限于搅拌，不能用来盛咖啡或茶喝。

7.用完一道菜的表示方法

每道菜吃完，都要把刀叉并排放在盘内。如果一道菜未吃完，需要暂停，则要把刀叉呈八字形摆放。但不论怎么摆放，刀口都要向内。

8.进餐速度

在西餐宴会上，进餐的速度要尽量与大家保持一致。因为西餐的上菜方式是，一道菜吃完撤下后，下一道菜才上来，如果你吃得很慢，大家就要等你，下一道菜就上不来；如果你吃得太快，吃完这道菜你就无事可做，只能坐等别人。

（八）西餐饮酒礼仪

西餐宴会中有很多种酒，每种酒的饮用时间都应和上菜时间配合着进行。

1.鸡尾酒的饮用

鸡尾酒是一种以朗姆酒、金酒、龙舌兰、伏特加、威士忌等烈性酒或是葡萄酒作为基酒，再配以果汁、蛋清、苦精、牛奶、咖啡、可可、糖等其他辅助材料，加以搅拌或摇晃而成的一种饮料，最后还可用柠檬片、水果或薄荷叶作为装饰物。

鸡尾酒是在宴会开始之前，人们在客厅里聊天时喝的。

2.白葡萄酒的饮用

白葡萄酒是配合鱼类菜肴饮用的，饮用前要事先在冰箱里放几个小时，甚至几天，喝冰镇的。

3.红葡萄酒的饮用

红葡萄酒是配合味道浓厚的肉类主菜饮用的，最好的饮用温度是与室温相同。

4.香槟酒的饮用

香槟酒素有"葡萄酒之王"之称，真正的香槟酒，只有巴黎东北部的兰斯和埃佩尔奈出产。精美的法国香槟酒是用黑、白两种葡萄混合制成的，葡萄汁要很快地榨出，以免果皮影响了汁的颜色。

西餐宴会上，如果有其他葡萄酒，香槟酒就和肉类主菜一起上，没有其他酒时，从第一道菜时就要斟上。香槟酒也要喝冰镇的。

5.接受或拒绝斟酒的礼仪

在西餐宴会上，当主人或服务员为你斟酒时，你无须拿起杯子。如果你不想喝酒，可以说："不用了，谢谢!"不可用手捂住杯口，也不要把杯子倒扣，对方绝不会硬往你杯子里斟酒。

6.用酒与用菜的配合

每道菜吃完撤下去的时候，配它的酒也就不再喝了，你可以把酒喝干，剩下也没有关系，酒杯将随菜盘一同撤下去。

（九）暂时离席礼仪

席间要离开一会儿去方便，或者接打电话，应该把餐巾放在自己椅子上，以示还要回来。如果放在盘子旁边，就意味着结束进餐了，服务员会把你的餐具收走。

（十）席间谈话礼仪

西餐和中餐的追求热闹有很大不同，讲究的是一种高雅的就餐气氛。因此，在席间谈话的时候，要注意以下几点：

（1）声音轻。只要两旁的人听到就可以了。

（2）内容雅。不要讲一些离奇怪异、不登大雅之堂的内容。

（3）左右兼顾。要同时关注左右两边的人，不可以只顾一边而冷落另一边。

（十一）退席礼仪

女主人或第一主人要眼观全局，当看到大家都差不多吃完的时候，她（他）才能放下餐具，并把餐巾略加折叠，放在桌上。

其他人见到这一动作，就知道宴请结束了，也要马上放下餐具，把餐巾放在桌子上，随着女主人退席，仍然是从椅子的左侧退出。

向主人告辞时，别忘了向他们表示感谢。

（十二）注意事项

1.营造幽雅氛围

参加西餐宴会，一定要注意控制自己说话和笑的音量，尽量不要发出打嗝、打喷嚏、咳嗽等不雅的声音，控制不住时，要将脸扭向一侧，用餐巾捂住嘴，事后还要向旁边的客人道歉。嘴里嚼着东西时也不要说话。

2.衣着要讲究

特别是出席晚上的宴会，男士要穿深色西装，女士要穿晚礼服、单色长裙或中式旗袍。要符合主人请柬上的要求。

3.感谢主人

除了退席时向主人致谢外，赴宴的第二天，还要向主人表示感谢，可以打电话，也可以写信。

三、招待会礼仪

招待会包括冷餐会和酒会两种形式，在商务活动中经常被采用。由于它可以同时招待很多客人，形式比较随意，因而很受人们喜爱。但尽管比较随意，一些基本的礼节还是应该知道的，否则也会造成主人和其他客人的不便与不安。

（一）招待会的请柬

1.标明时段

在招待会的请柬上，一般都会写明开始至结束的整个时段。在此期间任何时候到达或离开都可以。主宾稍晚一点抵达或提前离开都是正常的。

2.不需要回复

因为客人较多，又不安排座次，所以对人数的统计不需要很精确。但是主人对出席率应该有个大概的估计，以便有所准备。

（二）冷餐会礼仪

1.按顺序取菜

冷餐会的菜肴常常很丰盛，好像随意选哪一种都行，其实还是讲究一定的顺序的。

（1）按照西餐上菜顺序取菜。吃过凉菜再取热菜。不要把凉菜、热菜、甜食统统放在一个盘子内。

（2）按照顺时针顺序排队取菜。如果取菜的人比较多，大家会按顺时针的顺序排队去取。没有轮到你的时候，要耐心一点，不要伸长手臂"侵入"别人的领域。

2.少量多次取菜

自助式冷餐会不会限制你吃多少，但是吃完后盘子里不应该剩东西，多取的菜肴是不可以打包带走的。为了避免浪费，在开始时，你每样菜只夹一点点，尝过后，合意的再多取一些，就不会剩下了。

3.顾及他人的利益

（1）用公用餐具取菜。不要用自己的餐具取菜，要用公用菜夹或大勺、铲子来取。取菜的时候不要挑挑拣拣，把菜翻乱，要从边上、上面取菜。

（2）随机适量取菜。遇到自己喜欢的菜，除非它只剩下一份的量，否则不要一扫而光，让自己盘子里堆得像一座小山，后面的人却无菜可取。

（3）讲究卫生。注意桌面整洁，不可乱吐、乱放骨头之类的东西。

（三）酒会礼仪

1.酒会的特点

（1）以酒水为主。酒会，顾名思义，是以酒水为主。菜肴没有冷餐会那样丰富，除酒水之外，主人常常准备一些小点心、三明治、小香肠、炸春卷等食品，用手或牙签取用，一两口就可以吃完。这些酒水、食品常由服务员用托盘端到客人面前，供其选取。有时设有酒吧，由调酒师为来宾调制各种鸡尾酒。

（2）座位较少。一般来说，酒会的座位可能比较少。即使有座位，也要先让给女性及年长者。

（3）站着聊天。之所以少设座位，就是要鼓励客人多走动，多与陌生人交往，给来宾创造一个相互认识的机会。

2.参加酒会的礼仪

（1）要以恰当的方式把自己介绍给陌生人。当你看到几个人站得比较松散，表情随意，就意味着他们不介意别人加入进来。你可以走过去，打招呼问候，紧接着做自我介绍。千万不要默不作声地站在一旁，让人以为在偷听。如果看到几个人围成一个较紧的小圈子，或两个人低声谈话，表情严肃，此时以不打扰为妙。

（2）要欣然接受陌生人加入自己的谈话圈中。要以开放的心态参加酒会，不要只是几个熟人扎堆聊天。

（3）聊天时要照顾到所有在场者。不要只与其中一两个人聊，对其他人置之不理。要用大家都听得懂的语言。如果有不同国家的人在场，用英语交流比较好。当然，如果他们懂汉语，用汉语交流对我们更方便。

（4）不要大声喧哗。在酒会上相互交流的时候，音量要适度，能够让与自己交流的人听清楚即可，不能大声喧哗，以免对别人的交流形成干扰。

【思考与练习】

一、不定项选择题

1.接到对方的西餐宴请邀请以后，要看清请柬的各项内容，主要是要看清（　　）等内容。

A.是否请了家人　　　B.是否要求回复　　　C.服装的要求　　　D.礼品的要求

2.到西方人家里赴宴的时候，一般来说，要带一些小礼物，比如，可以带（　　）。

A.一瓶葡萄酒　　　B.一只宠物　　　C.一盒巧克力　　　D.一束鲜花

3.西餐座次安排的特点是（　　）。

A.主客间隔而坐　　　B.主客各居一侧　　　C.夫妻分开而坐　　　D.夫妻相邻而坐

4.忌讳"13"，特别是13日恰逢星期五的是（　　）。

A.亚洲国家　　　B.澳洲国家　　　C.欧美国家　　　D.非洲国家

5.西式宴会正式开始的标志是（　　）。

A.主人拿起餐巾　　　B.主人拿起餐具　　　C.主宾拿起餐巾　　　D.主人坐到餐桌前

6.在西餐宴会中，暂时离开的表示方法是（　　）。

A.把餐巾放在餐桌上　　　　　　　　B.刀叉平行放于餐盘旁

C.把刀叉摆放成八字　　　　　　　　D.把餐巾放在椅子上

7.应邀赴家宴时，到达时间应该（　　）。

A.早到20分钟　　　B.晚到20分钟　　　C.早到30分钟　　　D.稍晚几分钟

8.下列各项符合西餐礼仪要求的是（　　）。

A.不要用刀叉大声撞击盘子　　　　　B.右手持叉，左手持刀

C.将食物切成小块　　　　　　　　　D.吃鸡、虾、螃蟹等，不可用手撕开吃

9.赴宴前作为客人的准备工作有：看清请柬、（　　）。

A.通知朋友　　　B.答复主人　　　C.准备服饰　　　D.准备礼物

10.冷餐会应该注意的礼节是：按顺序取菜、（　　）。

A.不可多食　　　　　　　　　　　　B.少量多次取菜

C.顾及他人利益　　　　　　　　　　D.剩下的菜要打包带走

二、案例分析题

秘书小王接到来访的法国代表团的邀请，她将与上司一起出席法国代表团的答谢宴会。她白天陪同法国代表团游览、购物，等忙完了，离晚宴的时间已经不到一个小时了。

她精疲力竭地回到公司。上司李总经理看到她还穿着牛仔裤、旅游鞋，就问她打算穿什么出席晚宴，小王说，实在懒得回家换衣服，就这样去算了。李总一听，脸色马上阴沉下来。

试分析一下，在这个案例中，秘书小王出现了什么样的错误？应该怎么样补救？

● 任务16　礼品馈赠

【任务目标】

了解礼品馈赠的基本知识和相关礼仪，能够根据不同情况选购恰当的馈赠礼品和馈赠形式，为商务活动的圆满成功增加砝码。

【参考学时】

2学时

【知识支撑】

礼品是沟通人际关系的润滑剂，无论好友，还是商务伙伴，相互馈赠礼品都能增进彼此的感情。因此，了解礼品馈赠的知识，能让你在处理生活与工作中的人际关系时如虎添翼。

一、馈赠礼品的时机

选择恰当的时机，可以使馈赠礼品显得亲切自然。具体说，主要有以下几种时机：

（一）节假良辰

遇到我国传统节日，如春节、端午节、中秋节等，还有法定节日，如元旦、五一国际劳动节、六一儿童节、教师节、国庆节等都可以送些适当的礼物表示祝贺。

（二）喜庆嫁娶

乔迁新居、过生日、生小孩、庆祝寿诞、结婚等，遇到亲友家中这些喜庆日子，一般应考虑备礼相赠，以示庆贺。社会上工作单位也有一些喜庆日子，如开业典礼、周年纪念、校庆、重大科技成果获奖、重大项目投产等，备礼相送表示祝贺与纪念，可以增进单位之间的合作关系。

（三）探视病人

亲友、同学、同事或领导有病，可以到医院或病人家中探望，顺便带去一些病人喜欢的水果、食品和营养品等，表示关心。

（四）亲友远行

自己的亲友或共事多年的同事要调离到其他岗位，甚至到异国他乡，为表示惜别之情，一般送些礼物，以表友谊地久天长。

（五）拜访、做客

这种时候可以备些礼物送给主人，特别是女主人或小孩。

（六）感谢帮助

当你的生活或工作遇到困难得到别人的帮助时，为了表示感激之情，经常送些礼品酬谢。

（七）商务往来

当商务合作的双方进行友好访问，或者洽谈业务时，为了增进双方的友谊，往往会准备一些有特色的礼品赠送给对方。

二、礼品的选择

（一）礼品的种类

礼品可以分为两种：一种是可以长期保存的，如工艺品、书画、照片、相册等；一种是保存时间较短的，如挂历、食品、鲜花等。馈赠时可根据自己的实际情况加以选择。喜礼，如朋友结婚，可送鲜花、书画、工艺品、衣物等；贺礼，如企业开张、大厦落成、厂庆等可送花篮、工艺品等。

（二）影响礼品选择的因素

在选择礼品的时候，需要考虑这样几个因素：

1.与受礼者的关系

双方关系或亲或疏，或者想进一步发展，选择的礼品就会有轻有重。私人送礼，特别是不同性别的人之间送礼，如果不分亲疏关系，有时反而会失礼。如化妆品、贴身的衣服、贴身使用的物品等礼品就不适合关系一般的男女同事、同学之间赠送。

2.送礼的原因

这决定了选择哪类礼品。庆贺开业的礼品和感谢支持的礼品肯定会有差别，庆贺结婚和庆贺生日的礼品也是不一样的。即使是礼品的包装也会不同，圣诞节礼品包装纸上常常会有圣诞树、圣诞老人和"圣诞快乐"的字样，如果用来包装生日礼物，就犯了错误。

3.受礼者的特点

受礼者是一个组织还是个人，如果是个人，他的性别、职务、爱好等，都是选择礼物时要考虑的。在送外宾礼品时，还要了解对方的宗教信仰和习俗禁忌，如果触犯了禁忌，再贵重的礼品也将丧失其价值。送外国人礼品当然是选有中国特色的，但也要因人而异，因国而异。文房四宝固然很雅，可是送给西方人就没有意义，他们不懂也不会欣赏，而送给日本人、韩国人就合适，他们会欣赏。中国的字画独具特色，很多西方人也喜欢，但是应该送裱装好的，给他们讲解所送字画的含义，并教给他们如何挂、如何保存。

4.经济方面的限定

单位购买礼品，一定要按照财务及有关方面的规定去做，不可违纪。个人购买礼品，也不应该超过自己的经济水平。"千里送鹅毛，礼轻情意重"，如果仅以花钱多少来衡量礼物的轻重，就本末倒置了，这是古人就已悟出的道理。而且送礼过重，会给受礼者造成心理压力。

三、馈赠礼品的要求

（一）撕掉价格标签

买好了礼物之后，要把上面粘贴的价格标签撕掉，因为友谊是不宜用价格来衡量的。

（二）精美包装

包装是礼品的一部分，因此，馈赠礼品时，一定要有一个精美的包装。选择包装纸时，要注意上面的花纹、字及颜色与馈赠的目的相吻合，不要为感谢合作者的支持，却选了印有"Happy Birthday"的纸。送日本人的礼物不要选绿色纸，不要打蝴蝶结；送阿拉伯人的倒是应该用绿色纸，因为他们很喜欢绿色，不喜欢红色。

（三）当面赠送

礼物要当面送给受礼者，双手递上，并且明确地说明是礼物。中国人喜欢自谦，在这种场合常说的话是："一点薄礼，不成敬意。""一点小礼物，拿不出手，请笑纳。"如果对方是西方人，不懂我们的婉转自谦，就应该这样说："这是我们特意为你挑选的礼物，希望你喜欢。""这是我们中国的工艺品，是特别为你选的。"

（四）临别赠送

在商务活动中，一般不要在第一次见面时或业务洽谈开始阶段就送礼，以避免行贿的嫌疑，对外商尤其要注意。业务洽谈结束之后送礼是合适的。

（五）分量适度

商务活动中的礼品馈赠，一般不能太贵重，有纪念意义就好。有不少单位会专门订购一些礼品，在上面印上自己单位的名称。这种礼品用于一般应酬尚可，如果是送比较重要的客人就不合适了，有做广告的嫌疑，会降低礼品的分量。

四、接受礼品的礼节

（一）双手接受

中国的礼节是站起来双手接受礼品，接到礼品后不打开包装，以免有重礼轻情之嫌。在国内，与国人之间交往时，我们还是要遵守这一习惯。有些年轻人可能已经接受了西方礼节，但是最好只在年轻人之间使用。西方人的礼节是当面打开包装，并且说："太漂亮了，我很喜欢。""这正是我想要的，谢谢！"如果能马上用上，送礼者会更高兴。

（二）表示感谢

不论中外，收到礼物之后，都要道谢，并在适当的时机回礼。外国人的习惯是收礼后还要写信道谢。

【小贴士3-3】

收礼送礼要登记

如果公司在举行某个庆典活动中收了其他单位的不少礼品，就要派专人把礼品登记造册（送出的礼品也应该有登记），事后请有关领导一一过目。以后遇到外单位有礼仪活动的时候，查一查登记册就知道同类情况下送过什么礼、收过什么礼、该送多重的礼。

五、回赠礼品的礼节

（一）时机适当

接受他人的馈赠，在适当的时机和场合应当有回礼。可以在客人临走时回赠，也可以在接受礼物之后隔一段时间登门回拜，顺便带给对方一些礼物表示感谢。还可以寻找机会回赠，如在亲友喜庆的日子送上适宜的礼物以表示你的谢意。

（二）方式适宜

回礼的方式多种多样，礼品可以和馈赠礼品的价值相仿，但也可多可少，视亲密程度而定。一般工作上来往，或初次来往还没有深交，回礼都应当和馈赠礼品价值相仿或更重一些。关系密切的亲朋好友的回礼则可以随便些，多一点少一点都不要紧，主要在表达情意。

六、不同国家、民族馈赠礼品的礼仪与禁忌

各国、各民族都有自己独特的礼节和习俗。在对外交往中送礼如果不考虑对方的习俗，很可能就触犯了对方的禁忌，引起对方的反感，所以应该对各国的忌讳有基本的了解。

（一）日本

1.重外轻内

日本人认为送礼是向对方表示心意的物质体现，礼不在厚，送的得当就会给对方留下深刻印象。因此，日本人送礼时，往往送一些价值低廉且对受礼人来说毫无用途的小礼品，但包装却极为讲究，因此，受礼人可以再转送给别人，并且多次转送下去。

2.讲究数字

日本人送礼喜欢单数，但是对于我们中国人最中意的"9"却不感兴趣，因为在日语里它的发音与"苦"相近。同时，日本人也不喜欢数字"4"，因为数字"4"的发音和"死"相同。

3.喜欢名牌

日本人喜欢名牌货，因此，不管价值高低，一定要选择具有一定知名度的品牌送给对方。

4.讨厌狐狸图案

日本人对装饰着狐狸和獾的图案的东西甚为反感，因为在日本的传说中，狐狸和獾是贪婪和狡诈的象征。因此选择礼品的包装时一定不能出现这些图案。

【小贴士3-4】

日本传统文化中的狐狸和獾

传说有一个砍柴人在森林里迷了路，到了晚上又饿又累，忽然看到一间房子，他就走了进去，看到里面有个美丽的女子，然后女子就招待他吃好吃的东西，然后两人就喝酒作乐……

第二天，那个人醒来的时候发现自己躺在地上，身上盖着树叶，吃的东西都是马粪，才知道被狐狸给骗了。

在日本传统文化中，狐狸和獾都是具有灵气的动物，能够变换成人形，也能够把一些东西变成别的东西，从而欺骗人类。

特别是狐狸，常常变成美丽的女子来蛊惑人心。

5.酷爱中国文化

日本人非常喜欢中国的传统书画、文房四宝、茶叶、丝绸等，在购买这些东西送给日本人时，要注意两点：

第一点，选购包装精美者，最好带有名店特色包装；

第二点，书画宜小而精，一般以不超过2尺长、1尺宽的未装裱书画为宜。因为日本普遍住房较小，但装裱技术普遍较好。

（二）美国

1.赴宴必送礼

在美国，如果应邀赴宴的客人不向主人赠送礼品，往往意味着准备回请一次。

2.当场打开

美国人在接受礼品时，往往当场打开礼品，这时，送礼者介绍几句，受礼者赞扬一番，气氛颇为亲切融洽。

因此，接受美国人的礼品的时候，万万不可先客气一番，辞谢不受，后又接过礼品，放在一旁。这样对于美国人来说，等于对这些礼品不屑一顾。

3.讲究包装

美国人虽然不太注重礼品的价值，却十分讲究礼品的包装。美国有专门的礼品包装纸和装饰花样，如果送礼时忽略了这点，甚至认为昂贵的包装纸只有几分钟的作用，实在浪费，那就错了。

4.喜欢中国传统工艺品

美国人喜欢中国的唐三彩、泥塑、蛋壳画、仿玉小品、折扇、剪纸、字画等传统工艺品，因此，给美国人送礼的时候，可选择具有浓厚乡土气息或别致精巧的传统工艺品。

5.不送日用品和宣传品

美国人不喜欢别人送给自己香烟、香水、内衣、药品等日用品，也不喜欢接受印有公司名称的物品，因此，和美国人交往时，不宜选用上述物品作为礼物。这种习惯也是西方各国所共有的。

6.喜欢白黄蓝，讨厌蝙蝠图案

美国人最喜欢的颜色是白色、黄色和蓝色。美国的国鸟是白头雕，因此，他们比较喜欢带有白头雕图案的礼品。

蝙蝠在美国文化中被视为吸血鬼和凶神，非常不受欢迎。这一点和中国文化中的蝙蝠大相径庭，是我们在和美国人交往时需要特别注意的。

【小贴士3-5】

中国传统文化中的蝙蝠

蝙蝠省称"蝠"，因"蝠"与"福"谐音，人们以蝠表示福气、福禄寿喜等祥瑞。民间绘画中画五只蝙蝠，曰《五福临门》。旧时丝绸锦缎常以蝙蝠图形为花纹。婚嫁、寿诞等喜庆日子里，妇女头上戴的绒花（如"五蝠捧寿"等）和一些服饰、器物上也常用蝙蝠造型。

（三）韩国

1."身土不二"

韩国人民族自尊心很强，反对崇洋媚外，倡导使用国货。因此，给韩国人送礼，可选择韩国本土的鲜花、酒类或工艺品。

2.讨厌日本

由于曾长期被日本侵占，因此，韩国人对于日本货、讲日语的人都没有好感，所以不要送他们日本产品。

3.推辞谦让，不当场打开

在接受礼品时，韩国人大都不习惯当场打开其外包装。

（四）英国

1.业务交往不送礼

由于业务关系和私人关系泾渭分明，因此英国人最不注重送礼。业务往来中如果送礼，会被认为别有用心。

2.喜欢鲜花、名酒、巧克力

英国人喜欢高级巧克力、名酒和鲜花。和英国人交往，合适的送礼时机应是在晚上用完晚餐或看完演出之后。

3.禁忌较多

英国人不喜欢孔雀、大象和猫头鹰，也不喜欢用这些动物图案和人像图案作装饰的物品。此外，英国人还忌讳百合花、数字"13"和星期五，特别是13日和星期五重合之日。

（五）阿拉伯国家

1.喜欢具有知识性、艺术性的礼品

例如，艺术品、书、唱片等。办公用具也很受欢迎，如办公桌上的成套文具及袖珍计算器等。

2.忌偶像崇拜

根据"人主独一"的信条，伊斯兰教徒忌任何偶像崇拜，只信安拉。所以，他们禁止模制、塑造、绘制任何动物的图像，包括人的形象也在禁忌之列。所以在伊斯兰建筑艺术与其他艺术作品中只能看到绘制的植物或几何图形。因此，与阿拉伯人交往的时候，不能送动物雕塑、布娃娃、人物画像之类的工艺品。

3.讨厌猪及其类似动物

阿拉伯人认为猪肉在所有肉类中是最不干净的，所以他们不吃猪肉及与猪有关的食品，谈话时忌谈与猪有关的话题，忌用猪作为装饰图案，也不使用猪皮制成的物品，甚至与猪的形象类似的熊猫他们也非常讨厌。

4.忌用左手

阿拉伯人认为左手是不干净的，因此吃饭、传递物品、握手、指人时一定要用右手。如果使用左手，首先要向对方表示歉意。如果用左手写字，在表示歉意后，必须当面写，否则会被认为是对他们的侮辱。

5.忌与女性交往

阿拉伯人认为，女性不宜在公共场合露面，在公共场合与女性交往会给自己带来厄运。因此，与他们交往，最好不要委派女性工作人员，更不可与阿拉伯女性交往甚至赠送礼品。

6.忌酒、忌红色

在阿拉伯地区，切忌赠送酒，因为信奉伊斯兰教的阿拉伯人禁止饮酒。阿拉伯地区沙漠多，因此，阿拉伯人特别喜爱绿色和蓝色，忌讳红色。

（六）俄罗斯

俄罗斯女性喜欢鲜花，因此，拜访俄罗斯客人时，可送女士鲜花，但不要送双数。俄罗斯男性喜欢饮酒，尤其是烈性白酒，因此，与他们交往时可送白酒。俄罗斯人与其他信仰基督教的国家和民族一样，忌讳数字"13"和星期五。

（七）印度

印度人视黄牛为神，不但不杀牛，也不使用牛皮制品，因此，送印度人礼物，不要送牛皮的腰带、皮包和皮鞋。

（八）法国

1.动物形象的象征意义复杂

在法国，公鸡是国鸟，代表勇敢；孔雀象征灾祸，仙鹤代表淫妇，大象意味着愚蠢。

2.花卉禁忌较多

在法国，菊花、杜鹃花、牡丹、玫瑰、水仙等花卉以及纸花都不能送人。

向女性送花的时候，只能送单数，但要避开"1"和"13"。

3.异性不送香水

在法国，异性朋友之间赠送香水会被认为关系过于亲密或者暧昧，因此，男性一般情况下不要向正常交往的女性赠送香水。

4.不喜欢墨绿色

法国人不喜欢墨绿色，因为墨绿色是纳粹军服的颜色，他们饱受纳粹军队的蹂躏，讨厌见到这种颜色。

【思考与练习】

一、不定项选择题

1.选择恰当的时机，可以使馈赠礼品显得亲切自然。具体说，主要有（   ）几种时机。

A.节假良辰　　　　B.喜庆嫁娶　　　　C.商务往来　　　　D.拜访做客

2.礼品可以分为两种：一种是可以长期保存的，如工艺品、书画、照片、相册等；一种是保存时间较短的，如挂历、食品、鲜花等。馈赠时可根据自己的实际情况加以选择。一般来说，对方企业开张、大厦落成或周年庆典时可送（   ）等。

A.食品　　　　B.鲜花　　　　C.花篮　　　　D.工艺品

3.在选择礼品的时候，需要考虑（   ）这样几个因素。

A.与受礼者的关系　　　　　　　　B.送礼的原因

C.受礼者的特点　　　　　　　　　D.自己的经济条件

4.私人送礼，特别是不同性别的人之间送礼，如果不分亲疏关系，有时反而会失礼。如（   ）等礼品就不适合关系一般的男女同事、同学之间赠送。

A.化妆品　　　　　　　　　　　　B.贴身的衣服

C.贴身使用的物品　　　　　　　　D.工艺品

5.馈赠礼品的时候，要（   ）。

A.保留礼品的价格标签　　　　　　B.精美包装

C.分量适度　　　　　　　　　　　D.当面赠送

6.馈赠礼品的时候，礼物要当面送给受礼者，双手递上，并且明确地说明是礼物。如果受赠方是中国人，在这种场合常说的话是：（   ）

A."一点薄礼，不成敬意。"

B."一点小礼物，拿不出手，请笑纳。"

C."这是我们特意为你挑选的礼物，希望你喜欢。"

D."这是我们中国的工艺品，是特别为你选的。"

7.接受礼品时，要（　　　）。

A.单手接受　　　　　B.双手接受　　　　　C.表示感谢　　　　　D.立即回赠

8.（　　　）送礼时，往往送对受礼人毫无用途的物品，于是受礼人可以转送给别人，那个人可以再转送下去。

A.日本人　　　　　B.美国人　　　　　C.英国人　　　　　D.俄罗斯人

9.向（　　　）赠送礼品时，最好不要带有蝙蝠图案，因为在他们国家，蝙蝠被视为吸血鬼和凶神，不受欢迎。

A.日本人　　　　　B.美国人　　　　　C.英国人　　　　　D.俄罗斯人

10.和（　　　）交往时，赠送一副中国的花鸟画或山水画会备受欢迎，但不能是古代仕女画，因为他们不愿让女子的形象在厅堂高悬。

A.日本人　　　　　B.美国人　　　　　C.阿拉伯人　　　　　D.俄罗斯人

二、案例分析题

大地公司总经理陈衡要设宴招待来访的沙特阿拉伯某公司总经理穆罕默德一行人。秘书赵晨在一家有名的川菜馆订了包间。按陈总经理的意思，赵晨选购了具有中国特色的礼品：景泰蓝花瓶和送给穆罕默德夫人的真丝长袍。赵晨还特地选了绿色的包装纸把礼品包装起来。当客人应邀来赴宴时，陈总经理拿出礼物说："这是鄙公司送给总经理和夫人的一点小礼物，拿不出手，不成敬意。"穆罕默德一行人立刻面露惊讶之色。

试分析一下，穆罕默德一行人为什么会面露惊讶之色？大地公司的人应该怎么做才能让客人感到满意？

办公环境

● 任务 17　整理工作环境

【任务目标】

了解办公环境整理的范围，掌握办公环境整理的技巧。

【参考学时】

2学时

【知识支撑】

保持和创造科学、良好的工作环境，是秘书人员的职责。一个和谐、美观、整洁、舒适和安静的工作场所，必然有助于办公室日常工作的完成，也有利于秘书人员的健康。

一、办公环境的构成要素

办公环境主要包括硬环境和软环境两部分。

（一）硬环境

1.绿化环境

（1）办公室绿化的好处。

第一，美化环境，提高空气质量。绿色植物通过光合作用，能够吸收二氧化碳等有害物质，同时放出氧气。

第二，丰富色彩，增加生气。绿色植物大都枝叶繁茂，而绿色象征着和平与生机，能够促人奋发向上。

第三，消除疲劳，提高效率。很多花卉都有怡人的芳香，能够通过刺激人的嗅觉，促使大脑皮层兴奋，从而影响人的心理、情绪和行为举止，提高工作效率。

（2）办公室绿化要求。

第一，室外绿化。应绿树成荫，芳草铺地，花木繁茂。

第二，室内绿化。应合理配置花草品种，巧妙安排摆放空间，既能获得办公室绿化应有的好处，又不妨碍视线交流及人员活动。摆放的时候，尤其要注意不能摆放在行走必经之地，如过道上。

【小贴士4-1】

常见办公室绿化植物简介

（1）发财树。又名翡翠木，因叶片酷似元宝而得名。发财树可以有效清除空气中的有害物质甲醛。每平方米的发财树植物叶面积，24小时可以清除0.48毫克的甲醛。

（2）绿巨人。又名一帆风顺，是欧美最流行的室内观叶植物之一。绿巨人可以有效清除空气中的甲醛。每平方米的绿巨人叶面积，24小时可以清除1.09毫克的甲醛。

（3）常春藤。又名洋爬山虎，是一种常绿小型藤本植物。常春藤可以有效清除空气中的有害物质甲醛和苯，还能有效吸收香烟烟雾，抑制尼古丁中的致癌物质，还能杀菌、吸收灰尘。

（4）龙血树。又名狭叶龙血树，是一种常绿小灌木，叶狭长无柄，密生于茎顶部。龙血树的叶片和根部都能吸收二甲苯、甲苯、苯和甲醛，并将其分解为无毒物质。在抑制有害物质方面具有无与伦比的优势。

（5）橡皮树。又名印度橡胶树，是一种常绿木本观叶植物。橡皮树能够吸收室内的一氧化碳、二氧化碳等有害物质，对室内灰尘也有良好的吸附净化作用。

（6）松树盆景，又名马尾松，是一种常绿针叶乔木。松树盆景能释放出负离子，对治疗糖尿病、心血管系统疾病和头疼等有一定功效，还能有效消除室内的电磁波辐射。

2.空气环境

空气环境的质量，取决于空气的温度、湿度、清洁度和流动速度四个指标。这四个指标的适宜范围为：

（1）温度。空气温度的高低对人的舒适和健康影响很大。办公室的温度冬天一般应保持在20℃～22℃，夏天一般应保持在23℃～25℃为最佳。如果空气温度过高，会使人频频出汗，烦躁难耐，造成人体内热量不能及时散出；温度过低，又会使人体热量散出过多。不管哪种情况，都会使人感到不舒服，严重者还会引起中暑或感冒，造成健康上的损害和工作上的损失。

（2）湿度。一定的场合有一定的湿度要求。对于办公室工作人员来说，适当的空气湿度能振奋精神，提高工作效率。我们知道，人体有时通过出汗散热来调节体温。适宜的湿度是创造理想工作环境的一个重要参数。据研究表明，在正常温度下，办公室理想的相对湿度在40%～60%之间。在这个湿度范围内工作，人会感到清凉、爽快、精神振奋。

（3）清洁度。空气的清洁度一般从两个方面来衡量：一个是新鲜度，即每千克空气中含有氧气的数量，一般要求$\geq 21mgO_2/kg$；另一个是洁净度，通常用每立方米的空气中含有直径大于5微米的尘粒的数量来表示，一般要求$\leq 3\ 500$个。

（4）流动速度。办公室内适宜的空气流动速度为，在室温为22℃时，空气的流动速度为0.25m/s，这种空气流动速度会给人一种微风拂面的感觉。

【阅读材料4-1】

老板办公室的"隐形杀手"最多

权威部门研究显示，现代办公室里污染严重，特别是老板的办公室。"经检测，平均甲醛超标6.68倍，苯超标2.6倍，甲苯超标2.7倍，二甲苯超标2.3倍，TVOC（有机挥发物）超标3.4倍。"这是在最近的一次室内环境检测中，北京一家研究机构对办公室的检测数据。

国家环境分析测试中心的一位高级工程师说，从大楼建筑到室内装修，再到家具布置、办公设备布置，甚至包括办公用品的使用过程，每一个环节都有可能带来污染。如建筑材料中加入的防冻剂会渗出有毒气体氨；油漆、胶合板等装修材料可能含有甲醛、甲苯、乙醇、氯仿等；激光打印机会产生臭氧，喷墨打印机则会带来可吸入颗粒物；涂改液等也含有对呼吸系统、神经系统有刺激的一氧化碳、二氯甲烷等物质。

更让人不可思议的是，根据国家环境分析测试中心历年来的测试，在办公楼中老板等高级管理人员的办公室污染最严重，超标的污染物主要是TVOC和甲醛等。权威人士解释说，这主要由于高级管理人员办公室里的装修更为高档且家具也较多。他介绍说，TVOC主要来自地毯、皮质沙发等高档办公家具，而甲醛则主要来自高标准装修。他说，最好的解决办法是控制办公室中办公设备和家具的密度，同时加强通风。

3.光线环境

（1）光线环境标准。根据《民用建筑照明设计标准》（GBJ133-90）的规定：办公室、报告厅、会议室、接待室、陈列室等场所0.75米水平面的适宜照度为100～200勒克斯，设计室、绘图室、打字室等场所实际工作面上的适宜照度为200～500勒克斯。亮度过高或过低，都容易造成视觉疲劳，进而导致其他的身体不适。

【小贴士4-2】

照度是指单位面积上接收到的光通量。照度符号是E，照度单位是勒克斯（lx），计算式为：E＝F/S。式中：F—光通量，流明；S—照明面积，平方米；E—照度，勒克斯。1勒克斯（lx）相当于1平方米被照面上光通量为1流明（lm）时的照度。夏季阳光强烈的中午地面照度约50 000勒克斯（lx），冬天晴天时地面照度约2 000勒克斯（lx），晴朗的月夜地面照度约0.2勒克斯（lx）。

（2）光线环境的营造。布置办公室时应注意：第一，尽量利用自然光。因为人工照明比自然光源更容易使人疲累，也正因为这样，所以办公室的窗户更适宜于采用有利于采光的百叶窗；第二，办公桌最好安放台灯，以20W～25W为宜，要加灯罩，避免灯光直射人眼。打字时，最好让灯源来自两方；第三，尽量避免因电脑、办公桌面、玻璃或其他有光亮表面的物品反光而刺激人的眼睛。

（3）光线环境的效用。科学测试证明，适当而稳定的光线，可以提高生产力和工作安全性，使工作效率提高10%～15%。

4.声音环境

（1）噪声的控制标准。排除、降低噪声，是办公室对声音的要求。噪声会使人注意力分散，思维力下降，记忆力减退，并令人产生烦躁、厌恶等负面情绪。中国科学院声学研究所《环境噪声标准》规定：办公室的噪声，白天应在45分贝以下，晚间则应在35分贝以下。

（2）降低噪声的措施。第一，尽可能让办公空间远离噪声源，如果噪声对办公室造成影响，有条件的话，可在办公室和噪声源之间种植绿化带；第二，采用隔音玻璃、隔音板等控制噪声；第三，地上可铺放地毯，以减少走动的声响；第四，茶几上可摆放垫子，以防放置茶杯时出声；第五，门轴上可添加润滑油，以免开关门时出现噪声。

5.色彩环境

色彩对人的情绪有着直接的影响，因此，必须注意办公室的内墙、天花板、地板、办公家具等色彩的和谐。办公室的色调从总体上来说应单纯柔和，使人置身其中时感觉平静舒适。一般来说，办公室的内墙宜采用白色、乳白色等，会议室、接待室多用淡黄色；为保持较高的光线反射率，天花板一般都用白色；地板以采用不易被污染的棕色为佳。

6.设备环境

传统的办公设备包括办公桌椅、电话、文件档案柜、书报架、图书资料等，现代化的办公设备则增加了传真机、复印机、录音机、录像机以及以电子计算机为核心的科学管理信息系统。现代化的设备环境要求日益强化和完善以下功能：（1）数字计算功能；（2）文字处理功能；（3）信息查询功能；（4）通信功能；（5）管理和辅助决策功能。

7.安全环境

安全环境是整个办公室安全措施的总和，其内容大致包括以下三个方面：（1）人身安全保障措施；（2）财产安全保障措施；（3）消防安全保障措施。

（二）软环境

1.人际环境

建立良好的人际环境需要具备以下3个条件：

（1）一致的目标。目标是全体工作人员共同奋斗的方向，只有目标一致，才能使大家同心同德，同舟共济。

（2）统一的行动。在办公室内，每个成员的工作都是为了实现办公室的工作目标，因此，必须使工作人员在既定目标的指引下，充分发挥个人的特长，紧密配合，顾全大局，统一行动。

（3）强大的凝聚力。办公室内每个工作人员的心理需要，如学习需要、信念需要、支持需要、归属需要等，只有在具有凝聚力的群体中才能得到满足。

2.气氛环境

和睦的气氛，通常是指一种非排斥的情感环境。构成和睦气氛的最根本因素是有一个良好的心境。因为具有愉快心境的人，无论遇到什么事情都能泰然处之。同时，良好的心境对于人的身体健康也有很明显的影响。

3.工作作风

工作作风是指办公室全体人员经过长期共同努力，逐步形成的一种较稳定的精神状态和具有一定特色的行为规范。

工作作风通过情绪气氛的潜移默化、耳濡目染对工作人员产生影响。良好的工作作风可以使人精神振奋、心情舒畅，能充分调动和发挥大家的主动性、积极性和创造性，对实现工作目标、完成工作任务具有强大的推动作用。

二、个人工作环境整理

个人工作环境是指秘书人员自己的办公室以及直接用于个人办公的设备和用品。

（一）个人工作环境的要求

1.清洁

保持台面、地面、电脑、办公设备、家具、窗帘以及门窗墙壁等处的清洁。

2.整齐美观

经常保持办公桌面的整齐、美观，不乱放零散物品，不放置个人的生活用品；保持电脑、电话等办公自动化设备的线路整齐，经常检查线路是否有破损情况，检查电源插头是否有松动等不安全的情况；报纸、杂志、资料、文件等要及时进行清理，摆放到文件柜等固定地点存放。

3.卫生

电话按键和听筒、电脑键盘要经常用酒精棉消毒。来访者用过的茶具应及时清洁干净，并重新摆好，用过的一次性口杯应及时清理。

4.安全

每天下班前，要认真检查一下电脑、电灯、空调等是否关闭，抽屉、柜门等是否上好锁。

（二）个人工作环境的整理

1.办公桌的必备物品及其整理

（1）电话。电话应该放在触手可及的地方，这样电话铃一响，你就可以迅速地拿起话筒。如果需要站起来才能接听电话，或者电话装在不顺手的地方，比如你习惯用左手，但电话却安装在右边，使用都是极其不方便的。

（2）电脑。不要让待复信件、报告或者备忘录将你的键盘覆盖，也不要在你的电脑屏幕周围贴满乱七八糟的小纸贴，这样不但会影响你的个人形象，还会影响公司的整体形象。

（3）参考书。由于经常需要查找相关资料，秘书的参考书一般会比其他职员多。较多的参考书会占用你办公桌上的较大空间，所以你应该把常用的参考书放在桌面或容易存取的抽屉中，而将较少使用的书籍放到公司的书柜里面。

（4）文具。将钢笔、铅笔、胶水、直尺等常用的文具一起放入伸手可及的文具用品盒内。

（5）文件。将你的文档归类，并存放在不同颜色的文件夹中，然后在每个文件夹上标明标签。

（6）办公桌抽屉。抽屉中存放小件物品，容易弄乱，因此，应先将其整理集中在一个盒子里，再存放到抽屉中。对于一些易粘的物品，如胶水、胶带或其他胶质材料等，要连同它们的盒子一起有序地存放在抽屉中，否则很容易将抽屉中的其他物品粘在一起。如果办公桌备有一个带锁的抽屉，可以用其来存放有保密需要的东西；其余不带锁的，则可以用来存放信笺、复写纸，并适当堆叠这些纸张，以便取用。

2.整理办公桌的技巧

要想快速治理办公桌的混乱局面，营造出高效率的办公环境，可以采取以下5种方法：

（1）将不常用的东西转移到其他的地方。在伸手可及的范围内，只保留最为常用的东西，将那些不是每天都要使用的东西，如无用的信笺、从来不开的台灯等移出视线之外。

（2）清理过期的文件。经常对过期文件加以清理，这样既可以节省查找文件的时间，又可以腾出不少的空间。

（3）充分利用办公空间。如果办公场所狭小，就要想办法充分利用每一寸空间。可以将架子安到墙上，桌子下面可以用来放文件或电脑主机。如果桌上要摆传真机、复印机和打印机等多种办公设备，可以考虑购买一台多功能的一体机。

（4）清理旧的阅读材料。你可能保存着不少无用的、过期的出版物，那么请在清理办公室杂物时将它们扔掉。如果你担心会丢掉重要的文章，那么在扔掉它们之前先浏览一下目录，将真正需要的文章剪下来。

（5）制作抽屉标签。在抽屉门的左上角粘贴标签，说明抽屉内所装物品的名称，可以使工作人员快速查找到抽屉内的物品，是一种可视化的先进管理手段。

三、上司工作环境整理

上司工作环境是指上司的办公室以及上司使用的办公设备和用品。整理上司工作环境需要注意以下几点：

（一）随时整理

要经常整理上司办公室和办公桌，将文件和物品摆放整齐，文件柜、书架、艺术品陈列架和各种陈设要保持清洁。

（二）定期通风

每天要定时开窗通风，保持空气的自然清新，并定时测温、测湿，保持符合上司习惯的温度和湿度。

（三）定期清理文件柜

经上司授权后，定期对上司的文件柜进行清理，将文件资料归类保管存放，将一些无用的文件及时清退或销毁。

（四）保持清洁、美观和生机

对上司办公室的花卉、盆景，要及时浇水、施肥、剪枝，保持其美观和生机；对办公室内的金鱼，要及时喂食、清排鱼缸内的浊物，保持水质的清洁。

（五）及时清理接待用具

上司接待客人后，要及时对烟缸、茶具等进行清洗和整理。

（六）经常检查

经常对安全、卫生等状况进行检查，发现问题及时通知有关人员进行修理，时刻保持良好的状态。

四、公共区域工作环境整理

（一）会客室和会议室的整理

要保持会客室和会议室的清洁，在来访客人离开及会议结束后要及时通知保洁员或亲自进行打扫和清理。

（二）公用办公设备环境的整理

正确使用并注意维护复印机、传真机等办公自动化设备，保持周边的整洁，发现问题自己动手或及时找人解决。

（三）公用办公家具的整理

对文件柜、档案柜、书架、物品柜等公用资源要经常注意清理，对报刊、文件及公用的办公用品，用后要及时放归原处，保持整洁有序。

（四）公共区域的环境安全检查

注意发现在办公设备、室内光线、温度、通风、噪声、通道等方面存在的有碍健康和安全的隐患，并及时提出建议或通知有关人员进行整改。

【思考与练习】

一、不定项选择题

1.办公的硬环境要素主要包括（　　）。

A.绿化环境、光线环境　　　　　　B.空气环境、社会环境

C.声音环境、空气环境　　　　　　D.空气环境、自然环境

2.在办公场所，应适当摆放一些鲜花或绿色植物，摆放位置应（　　）。

A.以不妨碍视线交流及人员活动为宜　　B.位于行走必经之地，如过道上

C.位于桌面上　　　　　　　　　　D.位于阴暗之处

3.空气环境的质量，取决于空气的温度、（　　）等四个指标。

A.湿度　　　　　B.清洁度　　　　　C.流动速度　　　　　D.浓度

4.办公室中适合的温度应该在（　　）为宜。

A.16℃～20℃　　B.18℃～22℃　　C.20℃～25℃　　D.22℃～28℃

5.空气的清洁度一般从两个方面来衡量：一个是新鲜度，即每千克空气中含有氧气的数量，一般要求（　　）；另一个是洁净度，通常用每立方米的空气中含有直径大于5微米的尘粒的数量来表示，一般要求≤3 500个。

A.≤21mgO₂/kg　　B.≥21mgO₂/kg　　C.≥50mgO₂/kg　　D.≤10mgO₂/kg

6.办公室内适宜的空气流动速度为，在室温为22℃时，空气的流动速度为（　　），这种空气流动速度，会给人一种微风拂面的感觉。

A.0.25m/s　　　　B.0.5m/s　　　　C.1.25m/s　　　　D.1.5m/s

7.根据《民用建筑照明设计标准》的规定：办公室、报告厅、会议室、接待室、陈列室等场所0.75米水平面的适宜照度为（　　）勒克斯。亮度过高或过低，都容易造成视觉疲劳，并进而导致其他的身体不适。

A.1 000～1 500　　B.100～200　　C.200～500　　D.2 000～3 000

8.科学测试证明，适当而稳定的光线，可以增加生产力和工作安全性，使工作效率提高（　　）。

A.3%～5%　　　　B.10%～15%　　C.20%～30%　　D.50%以上

9.中国科学院声学研究所《环境噪声标准》规定：办公室的噪声，白天应在（　　）分贝以下，晚间则应在（　　）分贝以下。

A.45，35　　　　B.35，25　　　　C.25，15　　　　D.15，10

10.建立良好的人际环境需要具备以下（　　）条件。

A.雄厚的财力　　B.一致的目标　　C.统一的行动　　D.强大的凝聚力

11.要想快速治理办公桌的混乱局面，营造出高效率的办公环境，可以采取以下（　　）方法。

A.将不常用的东西转移到其他的地方　　B.清理过期的文件

C.充分利用办公空间　　　　　　　　D.清理旧的阅读材料

12.秘书人员需要整理的公共区域工作环境包括（　　）。

A.会客室　　　　B.会议室　　　　C.公用办公设备　　D.公用办公家具

二、案例分析题

（一）

美国一间家具工厂，利用先进的灯光技术制造了虚拟加州海滩氛围的工作环境，工作人员可以穿着海滩短裤、T恤上班，享受100%的新鲜空气和自然光。更加有趣的是，根据美国《商业周刊》报导，这家公司的生产率因此提高了15%，其中，有8位因被挖墙脚而跳槽的员工，在离职两星期后自动回来报到。

试分析一下这家工厂生产率增加和离职员工自动回来的原因。产生这种现象的根本原因是什么？

（二）

秘书初萌每天一上班和下班前都将自己的工作区域清洁整理得干干净净、有条不紊，同时她也主动清洁整理自己常用的复印机、打印机、饮水机、档案柜、公用书架等。每当她看到复印纸抽拿零乱、公用字典扔在窗台、废纸桶满了没人倒，都及时做些清洁整理工作，以维护办公环境的整洁。

秘书小王每天都认真清洁整理自己的办公桌，常用的笔、纸、回型针、订书器、文件夹以及专用电话等都摆放有序。下班前，她也将办公桌收拾得干净整齐，从不把文件、物品乱堆乱放在桌面上。但小王很少参与清理和维护公用区域，也常将公用资源如电话号码本、打孔机、档案夹等锁进自己的办公桌，常常使别人找不到，影响了工作。

秘书小李上班匆匆忙忙，接待室的窗台布满灰尘，办公桌上堆的满满当当，电脑键盘污迹斑斑，上司要的文件总是东查西翻，每日常用的"访客接待本"也总是找不到。自己的办公桌都没有管理清楚，更无暇顾及他处。

试分析一下，三个秘书在工作环境整理上各有哪些正确和错误的地方。

（三）

秘书王琳今天来得比往日都早，她要给出差归来后第一天上班的许总创造一个舒适、温馨的工作环境。她进入许总的办公室后，首先拉开窗帘，打开空调，调节好办公室的温度、湿度；之后将窗台、办公桌、电脑……凡目光可及的地方都细细地擦过；饮水机里的水不多了，她就和送水公司联系送水；文具盒里的办公用品不多了，她及时进行了补充……这些工作完成的时候，正好是上班时间——8：30。

试分析一下案例中王琳的所作所为是否必要。会产生什么样的效果？

● 任务18　办公室布局和办公室布置

【任务目标】

掌握办公室布局和办公室布置的基本知识和操作方法，能够根据企业需要选择适宜的办公室布局，并进行办公室布置。

【参考学时】

2学时

【知识支撑】

一、合理进行办公室布局的作用

办公空间是一个组织开展经营活动所必需的，也是一种必须支付的资源，费用通常是按平方米来计算的。如何在适当面积的空间中获取组织的最大效益是一个组织在选择和设计办公结构和布局时必须考虑的。

（一）合理布局有利于形成有效率的工作流程

合理的办公室布局，可以使一项协同性工作任务的完成在一个最小的空间范围内实现，简化工作流程，提高工作效率。

（二）合理布局有利于员工的工作分配

合理的办公室布局，可以使需要相互配合的岗位之间在空间上得以相邻，从而实现工作中的配合默契与协作攻关。

（三）合理布局有利于工作顺利完成

合理的办公室布局，可以使具有内在联系的工作岗位之间实现最大程度的互相协作，有利于复杂工作任务的顺利完成。

二、办公室布局的种类及其特点

（一）开放式办公室

1.开放式办公室的概念

开放式办公室是一个大的办公空间，内设多个工作位置，每一个工作位置通常包括办公桌、纸张和文具的存放空间、文件的存放空间、椅子、电话、计算机等。工作位置可以用屏风分开，以吸收噪声和区分不同的工作组。

2.开放式办公室的优点

（1）灵活多变。每一个工作位置都可以随着工作需要而移动位置或者改变配置。

（2）节省费用。相对于封闭式办公室来说，开放式办公室所需要的面积和门、墙等都较少，从而可以节省许多相关的费用，也能容纳更多的员工。

（3）易于沟通，便于交流，也便于监督。由于所有的员工以及主管都集中在一个大的办公空间内，所以员工之间、员工和主管之间交流沟通起来都非常方便。同时，也便于主管对员工工作状态的监督，以及员工之间的相互监督。

（4）便于集中化服务和共享办公设备。开放式办公室，可以使打印机、传真机等大型贵重办公设备得以最大程度实现共享，也便于提供集中化的饮水、阅览等支撑性服务。

3.开放式办公室的缺点

（1）保密性差。由于大家都处在一个透明的空间内，相互之间毫无秘密可言，因此，不适合需要保密的机要、财务等部门。

（2）干扰因素多。由于相互之间没有任何的物理屏障，所以，电话铃声、人员走动声等声音，往往使员工很难集中注意力。

（3）没有私人空间。在开放式办公室中，每一个员工的一举一动都置于其他人的监督之下，很难找到属于自己的私人空间。

（二）封闭式办公室

1.封闭式办公室的概念

封闭式办公室是按照办公职能设置分隔而成的若干个相对独立的办公室，每个办公室之间互不干扰，相安无事。

2.封闭式办公室的优点

（1）安全保密性好。由于办公室面积较小，人员较少，有独立的门窗，可以随时锁闭，所以办公室的安全保密性比较好。

（2）干扰因素少。由于每个办公室之间相互独立、互不干扰，所以员工工作起来容易集中注意力。

（3）保护隐私。由于室内人员相对较少且相对固定，所以有利于保护员工的个人隐私。

3.封闭式办公室的缺点

（1）费用高。占用空间多，装修材料多。

（2）难于监督。相互独立，难以了解别人的工作状态。

（3）不便交流。相互隔离，不利于协作精神的培养。

三、设计办公室布局的工作程序

（一）分析需求

分析不同部门业务特点对办公条件的要求，包括所需空间的大小、人员流动的频率、环境噪声的要求、需要设备及家具量的多少等。

（二）设计办公室布局平面图

指定专人或委托他人设计办公室布局平面图，并征询各使用部门的意见，根据意见修改设计，完善办公室的功能。

（三）选择办公家具和设备

办公室中使用的所有家具应符合健康要求和安全标准。大多数办公室通常提供给每一个工作人员下列家具和设施：

1.办公桌

这是日常工作的空间，应根据工作需求和企业的经济条件确定办公桌的大小和档次。

2.办公椅

用于支撑工作时的身体，样式根据工作类型而变化。

3.存储柜

通常用于存储文件、办公用品、设备。

4.办公设备

完成工作任务的必要手段。

（四）设计装饰和美化效果

办公室的装饰应该满足以下要求：

1.营造良好印象

能够给来访者和客户一个良好的企业印象，如企业形象标识、产品模型、经营理念和发展目标挂图等。

2.给人安全感

能够给工作人员以安全感，如有质地良好的防盗门和护窗网、牢固的座椅和橱柜。

3.给人愉悦感

能够让工作人员感到愉快，如特定的颜色、绿色的植物、精美的图片等。

（五）设计采光、控温和通风设施

1.采光设施

采光效果良好的窗户、用来调节光照强度的百叶窗和人工照明设施等。

2.控温设施

封闭良好的门窗以及性能优良的空调设备。

3.通风设施

可随意打开的门窗和机械通风设备。

四、设计办公室布局的注意事项

设计办公室布局的时候，需要考虑以下因素：

（一）职工人数

职工人数少，可采用封闭式办公室布局；职工人数多，可采用开放式办公室布局。

（二）业务性质和内容

商贸类企业的接待区一般安排在离大门较近的区域，总经理办公室一般安排在离大门较远的区域。

生产类工业企业的办公区一般安排在离大门较近的区域，车间则一般安排在离大门较远的区域。

零售类商业企业的办公区一般安排在离大门较远的区域，而把商品陈列区安排在离大门较近的区域。

（三）部门间的工作联系

工作联系较多的部门要安排在邻近的位置，以确保科学有效地实施工作流程，减少或避免不必要的重复与浪费。

（四）工作需要

办公室的布局方式应符合工作的需要。如需要强化交流，就选择开放式办公室；如需要强化保密，就选择封闭式办公室。

五、办公室布置的原则和要求

（一）办公室布置的三大原则

1.利于沟通

办公室作为一个工作系统，必须保证工作人员之间充分的沟通，才能实现信息及时有效地流转，系统内各因子、各环节才能协调地运行。

2.便于监督

办公室的布置必须有利于监督，特别是有利于员工的自我监督与内部监督。自我监督就是进行自我约束和控制，自觉遵守公司的规章制度等；内部监督就是工作人员之间相互约束和控制。

3.协调舒适

协调，主要是指办公室的布置和办公人员之间配合得当；舒适，主要是指人们在布置合理的办公场所中工作时，身体各部位没有不适感。协调是舒适的前提，只有协调，才会有舒适。

（二）办公室布置的具体要求

1.桌椅橱柜整齐划一

应选用样式、规格、风格一致的桌椅橱柜，以增进美观，营造协调的环境，并增强职员的相互平等感。

2.设备安装便捷高效

常用的办公设备应安装在使用者近处。特别是电话，最好是 $5m^2$ 空间范围一部，并安装在使用者左手边方便拿到的位置。

电脑、打印机等办公设备宜集中安装在同一个区域，以方便电源接线和管理。

3.方便工作有利健康

办公桌应按照直线对称的原则和工作流程的顺序排列，以防止任务处理中的逆流与交叉现象。

同室工作人员应朝向同一个方向办公，以免相互干扰和闲谈。主管的办公桌应位于员工座位的后方，以便监督掌控工作场面。

自然光应来源于桌子的左上方或斜后上方，同时，避免让员工面对窗户、靠近热源或堵住通风口。

4.预留弹性便于扩容

应预留充足的办公空间和电源、电话、网络负荷，以应对公司规模扩大时增加办公位置和设备。

六、办公室布置的工作程序

（一）考察分析工作要求

对各部门的业务工作内容与性质加以考察与分析，明确各部门及各员工间的关系，以此为依据确定每位员工的工作位置。

（二）合理分配工作空间

列表将各部门的工作人员及其工作分别记载下来，按工作人员数量及其办公所需的空间来设定其工作空间的大小。

通常办公空间的大小因各人工作性质而异，但一般而言，每人的办公空间，大者可达 $3m^2 \sim 10m^2$，普通者 $1.5m^2 \sim 8m^2$ 即可，人均办公面积应不低于 $3.5m^2$。

（三）精心选配办公家具

根据工作需要，选配相应的家具、桌椅等，并列表分别详细记载。

（四）绘制座位分布图表

绘制办公室座位布置图，然后依图布置。

（五）合理安放办公设备

布置办公室之前，秘书人员应对设备的安放提出合理建议。

（六）装饰美化办公空间

在公司前台的后面，应装饰一个带有公司标志的形象墙。它是公司理念、宗旨的象征

138 秘书事务管理

及表现，也是客人了解公司产品或服务的开始。

在办公空间的地面上，应根据公司的性质选择铺设适当质地、花色、图案的地毯。这样，不仅能够减小走路的声音，吸收各种噪声，还能增加办公区域的美感。

在办公空间的墙壁上，应装饰一些反映公司发展历史、远景规划、主导产品或重大成就的宣传画。这样，既能增加美感，又能强化员工的归属感和主人翁意识。

同时，应根据办公空间的大小、朝向、光照等情况，选择摆放一些合适的绿色植物。

【思考与练习】

一、不定项选择题

1.合理进行办公室布局的作用包括（　　）。

A.有利于形成有效率的工作流程　　　　B.有利于员工的工作分配

C.有利于提高员工的思想觉悟　　　　　D.有利于工作顺利完成

2.开放式办公室的优点包括（　　）。

A.灵活多变　　　B.保密性好　　　C.节省费用　　　D.干扰因素少

3.大多数办公室通常会提供给每一个工作人员（　　）等家具和设施。

A.办公桌　　　　　　　　　　　　　B.办公椅

C.文件柜　　　　　　　　　　　　　D.必要的办公设备

4.设计办公室布局需要考虑的因素包括（　　）。

A.职工人数　　　B.业务性质　　　C.部门间联系　　　D.工作需要

5.布置办公室的基本要求有（　　）。

A.使用同样大小的桌子　　　　　　　B.柜子的高度一致

C.主管座位位于员工座位的前方　　　D.装设充足的电源插座

6.办公室布置的三大原则是（　　）。

A.有利于节省费用　　　　　　　　　B.有利于沟通

C.便于监督　　　　　　　　　　　　D.协调、舒适

7.排列办公桌的时候，要（　　）。

A.按照直线对称的原则排列　　　　　B.按照工作程序的顺序排列

C.同室工作人员应朝同一个方向办公　D.围成一个圆圈

8.为了缩短工作流程，降低办公空间成本，便于沟通联系和控制监督，便于环境控制，应尽量设置（　　）办公室。

A.较大的　　　B.封闭的　　　C.开放的　　　D.较小的

9.专用的电话一般应放在（　　）。

A.左手边方便拿到的位置　　　　　　B.右手边方便拿到的位置

C.正前方　　　　　　　　　　　　　D.抽屉里

10.通常办公室的大小因各人工作性质而异。但一般而言，每人的办公空间，（　　）即可以。

A.大者可达 3m²～10m²，普通者 1.5m²～8m²

B.大者可达 20m²～30m²，普通者 10m²～20m²

C.大者可达 $30m^2 \sim 50m^2$，普通者 $20m^2 \sim 30m^2$

D.小者可为 $0.1m^2$，普通者 $0.2m^2$

二、案例分析题

（一）

某公司准备再开办一个销售分公司，租用了某写字楼一层的大厅，其中，大门左边用作产品展厅，大门右边作为销售分公司办公区，包括正副经理办公区、接待区、销售部、财务部。该销售分公司的负责人将整个一层大厅全部设计为当今很流行的全开放式办公室和半开放式办公室，用直立并能够移动的间隔物来分隔，没有门，所有人的工作都清楚可见。

试分析一下这种办公室布局的利弊得失。

（二）

许总的办公室在最里间，王琳的办公室就在许总办公室的外面，两屋有一扇门相通。

王琳先进入了自己的办公室，首先映入眼帘的是窗台上的各式盆景和竞相开放的各色鲜花。进门，在右边是棵高大的绿色灌木，很清新的感觉。

许总的办公室要比王琳的办公室大一些，基本的摆设没有很大的差异。宽大的办公桌上也有一台电脑，另外只简单地摆着电话和一些文件夹，有两个并列的靠墙立式柜，在另一面靠墙的地方环形摆开的是沙发。

试分析一下该案例中这种办公室布局的类型和办公室布置的特点。

● 任务19 创新办公模式

【任务目标】

掌握创新办公模式的基本技巧，能够为提高工作效率、创造良好工作环境出谋划策。

【参考学时】

3学时

【知识支撑】

一、导致办公模式变化的原因

随着社会的发展及信息技术的进步，那种全体员工定点上、下班的传统工作模式已不再适应某些企业的经营需要，从而导致传统的办公模式发生变化，出现一些新的办公模式。

导致办公模式发生变化的原因一般可以概括为：

（一）场地费用过高

随着房地产价格的突飞猛涨，办公场地的费用越来越高，每一个企业都在想方设法压缩办公室的面积。

（二）交通拥堵

城市中日益严重的交通拥挤问题，使人们在工作模式上重新安排。

（三）科技发展

高科技的发展，尤其是通信技术的改变，使人们不在办公场所也能相互沟通。

（四）灵活的用人需求

企业自身的发展更加需要灵活地聘用人力资源。

（五）竞争的加剧

企业间竞争的加剧，使得企业不断压缩工资费、管理费、差旅费等人工成本。

（六）组织结构变化

随着市场环境和社会管理环境的变化，以及企业自身发展规模的变化，企业的组织结构也在不断地发生变化，从传统的直线制、直线职能制，到现代的事业部制、矩阵制，再到新型的虚拟结构制（任务和职能外包），企业的用人自主权不断下放，用人制度越来越灵活，这也为办公模式的创新创造了条件。

（七）人力资源的潜能

人们希望最大限度地发挥自己的才干，需要不同企业实施多种模式的工作方式。

二、新型办公模式介绍

（一）在家工作模式

1.在家工作模式的概念

所谓在家工作模式，就是公司的一部分不需要与其他员工或客户有太多接触的工作人员，如研发部门的科技人员，在家里完成一部分工作任务，不用每天到公司的办公室去上班。

2.在家工作模式的优点

（1）节省办公室空间和资金。

（2）能把往返于办公室花费的时间用在工作上。

（3）有更大的灵活性管理自己的时间，合理安排工作和生活的关系。

（4）减少交通拥挤，减少交通污染，减少交通费用。

3.在家工作模式的缺点

（1）需投资计算机和电话给工作人员，以保持工作人员与公司之间的联系，使工作人员能够在家中正常开展工作。

（2）有的家庭环境嘈杂，缺乏适宜的办公环境，工作起来难以集中注意力。

（3）增加了组织监督、管理和控制工作人员工作的难度。

（4）同事之间业务交流和情感交流减少，团队意识减弱，会感到寂寞。同时，也减少了与相关专业人员及与社会的联系。

4.在家工作模式的管理方法

（1）组织可以要求在家工作人员在电子工作日志上记录其工作时间和工作情况，以掌握每个人的工作进度，保证工作质量和完成时间。

（2）组织可以通过定期会议要求在家工作人员去办公室参与活动。

（3）在家工作人员的上司应经常与之联系，要求督察员工的工作。

（二）弹性工作制

1.弹性工作制的概念

所谓弹性工作制，是指在完成规定的工作任务或固定的工作时间长度的前提下，员工可以自由选择工作的具体时间安排，以代替统一固定的上下班时间的制度。

2.弹性工作制的产生和发展

弹性工作制是20世纪60年代由德国的经济学家提出的，当时主要是为了解决职工上下班交通拥挤的问题。到90年代，大约40%的欧美大公司采用了弹性工作制，其中包括杜邦公司、惠普公司等著名的大公司。在日本，日立制造所在1988年推行这一制度，除生产线上的工人以外，有四万人自由地选择自己的工作时间。富士重工、三菱电机等大型企业也都以此为目标，进行了类似的改革。我国近年来许多工厂也在试行这种制度。

3.弹性工作制的实现形式

（1）核心时间与弹性时间结合制。一天的工作时间由核心工作时间（通常5~6小时）和环绕两头的弹性工作时间所组成。核心工作时间是每天某几个小时所有员工必须到班的时间，弹性时间是员工可以在这部分时间内自由选定上下班的时间。

（2）成果中心制。公司对职工的劳动只考核其成果，不规定具体时间，只要在所要求的期限内按质按量完成任务就照付薪酬。

（3）紧缩工作时间制。职工可以将一个星期内的工作压缩在两三天内完成，剩余时间由自己处理。职工上班时间减少，可以节省交通费，提高公司的设备利用率。

4.弹性工作制的优点

（1）缺勤减少，能有更灵活的时间做其他事情，如处理私事。

（2）可迅速完成紧急工作，不产生积压。

（3）有更大的灵活性管理自己的时间，安排好工作与生活的关系。

（4）能自由控制上下班时间，避免交通高峰出行。

（5）激发工作动力，更好地安排工作时间，提高工作效率。

5.弹性工作制的缺点

（1）某些时间段难以监督，因为大家的上班时间不同步。

（2）不适于某些特殊岗位，如接待人员必须保证正常上班时间在岗。

（3）必须仔细协商交接班时间，以保证某些连续性工作的衔接。

（4）难以满足所有员工的期望，如大家都想某天休息，就会造成"空岗"现象。

（5）员工可能对监督和检查他们的工作时间感到反感。

6.弹性工作制的管理方法

（1）确定适用部门和工作时段。

（2）明确考核方法。累计工作时数的计算方法或工作成果的考核方法。

（3）保证完成任务。要根据员工意愿统一协调每个员工的上班时间，保证有足够人力完成工作任务。

（4）避免空岗。要避免节假日前夕或周末下午出现无人工作的现象。

（5）过程监督到位。要采用科学的方法准确记录每个员工的工作时间、工作表现和工作进展，保证工作质量。

（三）远程工作模式

1.远程工作模式的概念

远程工作模式是指工作人员通过电话或计算机等现代工具在异地接受指令，完成组织交给的工作。这些人员可能在家工作，也可能在异地的工作间工作，还可能组成异地团队，设立主管与总部保持联系。这种工作模式常用于不必与客户进行实际接触的工作岗位。

2.远程工作模式的优点

（1）减少管理费用。减少总部办公空间、取暖、照明、租借等费用；在低工资区聘用工作人员，人工费能够减少；减少交通时间和费用，减少交通污染。

（2）灵活性强。工作人员在控制工作时间上有更大的灵活性；企业在用人上也有了更大的灵活性，可在工作高峰期聘用更多的当地人员而不需要提供工作空间。

3.远程工作模式的缺点

（1）监控难度加大。由于远程工作人员身处异地，监督控制的难度相对增大。

（2）沟通效率降低。首先是与组织的沟通效率降低，容易导致对指令的理解和执行不到位；其次是与同事间的沟通减少，容易导致团队精神的丧失。

4.远程工作模式的管理方法

（1）保障安全。组织要对远程工作人员同样给予工作环境的保障，实施相应的安全规范等。

（2）加强联系。由于对远程工作人员的监督和控制会更加困难，要求远程工作人员必须经常与总部联络，若有可能，在人员较集中的地方应安排较高级别的主管进行监督和管理。

（四）虚拟办公室

1.虚拟办公室的概念

"虚拟办公室"最早起源于欧美、日本等发达国家，其运作模式是以办公室出租为核心的"办公室外包"服务，其内容包括为租赁者提供办公场所、办公桌椅、文件柜、会客室、代收信件、传真、代接电话等服务。

全球最大的"虚拟办公室"提供商英国雷格斯集团，其网络覆盖60个国家，设有750家商务中心。

2.虚拟办公室的优点

（1）机动灵活。租期可以从几天到一两年，客户可以24小时进出办公室办公，所租办公室大小可以根据需要随时调整。

（2）即租即用。为客户提供多种规格的精装修小型办公室、多功能会议室、齐全的办公家具、先进的通信系统和专业IT人员全程管理维护，签约之后可以立即入驻办公。

（3）资源共享。提供专业服务团队，从前台电话接听到行政秘书；办公设备一应俱全：打印机、复印机、传真机和扫描仪；免费的自助茶水间、日常办公室清洁服务等。

3.虚拟办公室的适用对象

（1）新创业初期的公司。不想在装修及配置办公设备上花费过多时间和资金，希望每月能控制办公成本的支出。

（2）外资及国内企业所成立的办事处。不想受普通写字楼长期租约的束缚。

（3）一般本地小型企业。不想在接待及秘书等人员的招聘和培训上投入过多精力及资金。

（4）需要打造企业形象的公司。希望以最低廉的成本，提升企业形象。

【阅读材料4-2】

长沙虚拟办公商务中心的服务套餐

无须高昂的花费，甚至无须身处湖南，便可以在湖南最核心的商务区内树立企业形象，享受尊贵的商务服务。长沙虚拟办公商务中心推出的服务套餐有利于提高客户企业形象，尤其适合外埠企业远程开展业务工作。

本中心的服务套餐包括：服务套餐A，150元/月；服务套餐B，200元/月；服务套餐C，300元/月。其中，服务套餐A享受以下1~4项服务内容，服务套餐B享受以下1~5项服务内容，服务套餐C享受以下1~6项服务内容：

1.使用本中心的地址作为营业地址；

2.代收政府函件，并及时通知收信人；

3.代收私人或商务信函、小邮包；

4.使用本中心地址作为信纸、名片、通信等用途；

5.增加一个电话号码及传真号码，然后及时通知阁下所有来电及口信或及时转接来电到指定号码；

6.客户来访时，免费使用本中心的会议室（2小时/月），以及配套的空调设备、办公室保洁及茶水。

（五）虚拟组织工作模式

1.虚拟组织的概念

虚拟组织（Virtual Organization，VO），是一种借助信息技术系统将分散的地理、人力与知识资源相联结，使这些资源得以高效利用的管理模式。

虚拟组织可以是一个企业，也可以是一个企业群体。组成虚拟组织的每一个独立企业拥有各自的核心能力和资源，它们为了一个共同的市场机会联合起来，相互协作，以谋求实现共同的市场目标，同时使虚拟组织的整体价值最大化。

2.虚拟组织的特征

虚拟组织具有三个明显特征：（1）人员分散；（2）以现代通信与信息技术（Internet、E-mail、传真电话、电话会议等）替代传统的面对面交流；（3）以效益增值为单一目的。

以一家高科技公司为例：该公司总部设在纽约，R&D（研究与发展）中心设于硅谷，软件研发团队来自印度，产品生产在中国，而销售与技术维护则分布在顾客所在地或邻近的城市。另外，即使在同一个R&D中心，其员工仍可来自世界各地，并且在家中工作。

3.虚拟组织的优点

（1）人力资源管理简单化。雇用与解聘员工完全以项目实施为导向，便于监控。

（2）有效提高时间利用率。虚拟组织的成员可以分布在世界各地，由于时区跨度大，工作时间可以从8小时延至24小时。比如，美国的工程师下午6点结束工作，将所处理数据存储至网络共享区域；而彼时，在日本的工程师刚刚开始一天的工作，他们可以继续处理美国同事存在共享区域中的数据。同理，欧洲的团队也可继续工作。由此，项目完成的时间将大大缩减。

4.虚拟组织的缺点

（1）前期投入大。为了满足虚拟组织的信息交换和共享的要求，须在Internet的基础上建立一个网络基础框架以确保网络安全。这个网络基础框架包括传输协议模块、多协议访问控制模块、网络管理模块、安全模块等，投入巨大。

（2）沟通较困难。由于工作人员工作生活在不同的文化背景中并且不能经常接触，所以很难建立独特的公司文化，也比较难以进行深层次的沟通。

【阅读材料4-3】

Tom Olden 的工作模式

春日温煦的阳光透过玻璃窗洒到桌面上，Tom Olden 身着舒适的休闲装面对电脑沉思，咖啡的浓香在空气中弥漫，微笑在 Olden 的脸上荡漾。

Olden，一家中型 IT 企业的软件工程师，正在工作。不过他的工作地点不是冷冰冰的办公室，而是家中的书房。一台电脑、一台打印机、一台传真机、一部电话，加上高速网络连接，构成了他全部的工作装备。

没有奔波劳顿之苦，没有硬性时间约束，在世界范围内无障碍交流，任务完成圆满，公司运转高效，虚拟组织使这一切成为可能。

（六）兼职工作模式

1.兼职工作模式的概念

兼职工作模式是指一人在多家企业或单位工作，充分发挥其专业技能，接受其兼职的组织与其协商好兼职的期限、任务、费用，并以合同形式确立下来的工作模式。

2.兼职工作模式的优点

（1）能节省人工费用。只需要给兼职者提供专业服务费用，而无须提供相关的办公费用；

（2）灵活性高。能有目的、灵活地聘用组织缺乏的专项工作人员或服务人员；

（3）节省设备费用。通常兼职人员自己备有专用设备；

（4）工作动力大。兼职人员自己能控制工作时间，完成多份工作，效益高，动力大；

（5）成就感强。兼职人员能充分发挥自己的专长，做愿意做的事，有成就感。

3.兼职工作模式的缺点

（1）监控难度大。雇用与解聘员工完全以项目实施为导向难以监控。

（2）工作连续性差。兼职结束，若不再继续签订合同，企业难以保证该项工作的连续性。

（3）收入稳定性差。兼职人员因休假或生病不承担兼职工作的时候，就拿不到工作酬金。而且有时工作量大，有时工作量小，甚至可能出现拖延支付报酬的情况。

4.兼职工作模式的管理方法

（1）签订兼职聘用合同，严密推敲相关条款。

（2）按时支付劳动报酬，确保工作持续进行。

（3）加强工作过程监控和工作成果评价，以弥补兼职工作人员责任心不强的不足。

（七）定期合同制工作模式

1.定期合同制工作模式的概念

定期合同制工作模式，也可以叫作项目团队工作模式，是指为完成某项任务聘用一些专门技术人员，并制定合同明确其权利和义务，直至完成项目的工作模式。

2.定期合同制工作模式的优点

（1）用人机制灵活。可以根据需要灵活地聘用非常优秀的技术人员或有特殊才能的人；

（2）节省费用。只需要支付完成该任务的费用，而不用支付诸如医疗费、保险费等日常管理费用，甚至有的项目在组织办公场所外的地方进行，可以节省办公空间和相关费用；

（3）工作效率高。由于这些人的工作报酬直接和工作成果挂钩，所以工作有动力，工作效率高。

3.定期合同制工作模式的缺点

（1）监控难度大。需要高级别的监督来保证工作达到标准并及时完成。

（2）保密难度大。难以控制这些人对企业的忠诚，难以保证项目中机密事项的安全性。

（3）工作连续性差。项目承包人可能会因为遇到报酬更高的项目而突然离职或更换人员，造成工作无法连续进行。

（4）收入稳定性差。这种模式只是在有工作任务时才有报酬，缺乏收入保障。

4.定期合同制工作模式的管理方法

定期合同制工作模式的管理关键在于如何聘到能够完成特定工作任务的工作人员。一般来说，应关注以下几种渠道：

（1）以自由职业为基础工作的个人。

（2）在自由顾问组织（咨询公司）工作的个人。

（3）由合同公司，即人才派遣中心聘用的个人。

（八）交替工作模式

1.交替工作模式的概念

交替工作模式是指由两人共同承担一项工作任务，并在约定的时段内轮流交替开展工作。

2.交替工作模式的优点

（1）能够留住有特殊技能但又不能全职工作的人员。

（2）能够激励工作人员努力工作。

（3）通力合作有助于解决工作中的难题。

（4）可以互相替补，减少缺勤。

3.交替工作模式的缺点

（1）不利于客户跟踪。客户或者其他人员更愿意与某一名固定的成员进行某项工作交流。

（2）工作的连续性难以保证。如果交接不当，可能会出现工作混乱。

4.交替工作模式的管理方法

采用交替工作模式时，通常的做法是每一个工作人员工作半周，并规定一段重叠的时间用来交换信息，即交接班。例如：

人员A——星期一和星期二全天，星期三9：00—15：00；人员B——星期三12：00—15：00，星期四和星期五全天；星期三12：00—15：00就是交换信息即交接班的时间。

（九）临时办公桌工作模式

1.临时办公桌工作模式的概念

临时办公桌工作模式是指工作人员没有固定的办公桌，所需电子文件和信息存放在计算机网络中，纸质文件存放在存储间的一辆小推车上，当他们来公司工作时，领取手推车，然后使用办公场所中的一个空闲工作位置开展工作的工作模式。

2.临时办公桌工作模式的优点

（1）节省办公费用。

（2）办公空间和设备利用率高。

（3）灵活方便。需要经常外出的员工不用先去办公室报到。

3.临时办公桌工作模式的缺点

（1）员工缺乏归属感。由于没有个人的固定位置，缺乏归属感，易降低积极性。

（2）需细致管理。估算出每个时段内的可能到来的员工数，确定所需工作位置的数量。

（3）工作效率降低。由于员工交流少，不能充分地进行信息交换，从而可能降低工作效率。

（4）员工团队意识差。由于办公桌和周围的人总在变化，从而导致员工的团队意识差。

（5）监督管理难度大。由于工作人员与管理者在一起的时间不确定且比较少，所以监督管理的难度相对较大。

4.临时办公桌工作模式的管理方法

（1）严格控制采用这种工作模式的人数。

（2）摸清这种模式工作人员的工作规律，以确保每个人到来时都能找到工作位置。

三、不同办公模式的选择

（一）选择程序

1.调查问题

深入调查现有办公模式所面临的问题，如人工成本是否过高，是否有增加临时用工的需求，是否有可以不在公司办公场所完成的工作任务，职工是否熟悉网络办公技术。

2.确定模式

根据调查结果确定相应的新型办公模式。

3.建立制度

根据新的模式要求制定管理监督的标准和责、权、利相结合的分配制度。

4.试点推广

先在部分部门试行，取得经验，然后逐步推广。

5.不断完善

不断根据本企业特点完善新模式，评估启用新模式的得失。

（二）注意事项

1.适合工作需求

办公模式的选择一定要适合企业经营和运作的需求，不能随风而动、赶潮流。

2.创新管理措施

在新的办公模式实施前，要建立一套与之相适应的管理措施，而不能用管理传统办公模式的方法来管理新的办公模式。

3.认真研究确定

采用什么形式的办公模式，应由企业的领导根据需要认真研究确定。

【思考与练习】

一、不定项选择题

1.导致办公模式发生变化的原因一般可以概括为（　　）。

A.场地费用过高　　　B.交通拥堵　　　　　C.人的惰性　　　　　D.科技发展

2.在家工作模式的优点包括（　　）。

A.节省办公室空间和资金

B.能把往返于办公室花费的时间用在工作上

C.同事之间业务交流和情感交流增多

D.有更大的灵活性管理自己的时间，合理安排工作和生活的关系

3.弹性时间工作模式的缺点包括（　　）。

A.缺勤减少，能有更灵活的时间做其他事情，如处理私事

B.某些时间段难以监督员工的工作，因为上司该段时间不在现场

C.有些特定岗位不能实施，正常上班时间必须保证人员足够多，如接待区

D.必须仔细协商安排实施者的工作时间，以保证工作时间衔接妥当

4.远程工作模式的优点包括（　　）。

A.减少总部办公空间、取暖、照明、租借等费用

B.在低工资区聘用工作人员，能够减少人工费

C.减少交通时间和费用，减少交通污染

D.必须加强管理和联系，以确保工作人员明确指令，达到要求

5.虚拟组织工作模式的缺点包括（　　）。

A.前期投入大

B.沟通较困难

C.减少工作空间和办公用品的耗费

D.难于管制网络，难以控制信息的安全保密

6.兼职工作模式的优点包括（　　）。

A.能节省人工费用，因为兼职工作模式只需要给兼职者提供专业服务费用，因此，可以节省全职人员和固定人员的昂贵办公费用

B.能有目的、灵活地聘用组织缺乏的专项工作或服务人员

C.节省设备费用，通常兼职人员自己备有专用设备

D.兼职人员自己能协调工作时间和多份工作，有动力，有效益

7.定期合同制工作模式的缺点包括（　　）。

A.需要高级别的监督来保证工作达到标准并及时完成

B.难以控制这些人对企业的忠诚，难以保证机密和安全

C.承包人可能会因为遇到报酬更高的项目而突然离职或更换人员，造成工作不连续

D.这种工作模式只是在有工作任务时才有报酬，缺乏工作保障

8.交替工作模式的优点包括（　　）。

A.公司能留住有特殊技能但又不能全职工作的人员

B.灵活的工作模式能激励工作人员努力工作

C.两个人合作通常会比一个人工作效果好

D.客户无法与某一名固定的成员进行某项工作交流

9.临时办公桌工作模式的缺点包括（　　）。

A.常外出的员工不用先去办公室报到，而直接去办事，节省了时间

B.员工因没有个人固定位置，缺乏归属感，易降低积极性

C.组织需细致管理，以保证工作人员来办公室工作时有办公位置

D.员工交流少，不能得到充足的信息，从而降低工作效率

二、案例分析题

SOHO（Small Office，Home Office，小型家居办公室）是由于网络的广泛应用产生的一种数字化的工作模式。SOHO使得家庭将不再仅仅是人类社会生活的一个独立单位，而是变为信息社会中充满活力的细胞。据报道，IBM公司属下的20%以上的员工已经取消了坐班制。据估算，在美国已有1 000万人实现在家中远程办公，约占美国全部工作人口的10%～13%，并且SOHO在其他国家也呈增加之势。

虽然目前SOHO远远不是主流的工作模式，但SOHO的出现和兴起为社会的总体资源配置、企业的管理运作效率、甚至经济的格局都会带来一系列变化。这种工作模式的变化不是"下岗"，而是通过"上网"在家中工作。

除了SOHO，目前美国IBM公司正在推行"灵活办公室"，员工上班没有固定的座位，每位员工进公司的时候，先在每一层楼的电脑系统查询空着的座位，然后再根据自己的需要去登记座位。IBM公司希望实施一套三维环境网路，可以使管理者和员工直接联络，还可以和分公司甚至客户连成大的工作网，构成虚拟办公室甚至虚拟团队。

以网络为基础设施和以笔记本电脑为办公设备的环境，使传统办公室的时间和空间概念被延伸，人们可以在任何地点、任何时间进行工作。社会的发展让传统的工作条件和环境不断演变、进步，如八小时工作、一周休两天、弹性上下班时间等。而在家上班的SOHO是工作模式多元化的代表，它使人连同工作回归自然、回归家庭。

请你分析一下，IBM公司推行的"SOHO办公模式"和"灵活办公室"办公模式属于我们所介绍的新型办公模式中的哪一种或哪几种？

三、实务操作题

天地公司在本市经营销售电器产品已有一定规模，经总经理例会讨论，决定将已有产品推广销售到市郊和边远地区，同时着手开发设计2种新型小家电产品。为适应企业发展的需要，公司准备新录用一批销售人员和新产品设计人员。总经理希望行政助理高鹏提出一个针对新录用人员工作特点的办公模式。他要求一方面要考虑开源节流，另一方面还要发挥人员的最大能力，注重工作成果和质量两方面的因素。请你帮助高鹏设计一个方案，并详细说明理由。

项目五

办公资源

● 任务 20　办公用品管理

【任务目标】

了解办公用品的种类及相关常识，掌握办公用品的发放程序、库存管理和采购方法，能够独立完成办公用品管理工作。

【参考学时】

2学时

【知识支撑】

一、常用办公用品

（一）纸簿类

A4、B5等类型办公用复印纸，带发文机关标识的信笺纸，普通白纸，复写纸，便条纸，标签纸，牛皮纸，大、中、小及开窗信封，横格笔记本，速记本，专用簿册（如现金收据本）。

【小贴士5-1】

纸张的规格

纸张的规格是指纸张制成后，经过修整切边，裁成一定的尺寸。

国际标准规定，按照纸张幅面的基本面积，把幅面规格分为A系列、B系列和C系列。

A系列：A0的幅面尺寸为841mm×1 189mm，幅面面积为1m^2；

B系列：B0的幅面尺寸为1 000mm×1 414mm，幅面面积为2.5m^2；

C系列：C0的幅面尺寸为917mm×1 279mm，幅面面积为2.25m^2。

把A（B、C）系列的整幅纸张沿长边连续对折n次，得到的幅面大小便是A（B、

C）n。如将A0纸张沿长边对开成两等分，便成为A1规格，将A1纸张沿长边对开，便成为A2规格，依此类推至A8规格。

国内标准规定，按照纸张幅面的基本面积，把幅面规格分为标准全张（1K）和大度全张（大1K）。

标准全张：787×1 092，光边后：780×1 080；

大度全张：898×1 194，光边后：882×1 182。

把标准全张或大度全张的整幅纸张沿长边连续对折n次，得到的幅面大小便是2^nK或大2^nK。

复印纸的常用规格。复印纸的幅面规格只采用A系列和B系列。其中A3、A4、A5、A6和B4、B5、B6这7种幅面规格为复印纸常用的规格。

（二）笔尺类

中性笔、圆珠笔、钢笔、铅笔、荧光笔、记号笔、白板笔、橡皮、各种尺子、修正液等。

【小贴士5-2】

中性笔

中性笔具有书写流利、使用方便、价格便宜等特点，深受广大使用者的喜爱。但是，它为什么被称为中性笔？具有什么样的特点？起源于哪个国家呢？

我们知道钢笔又被成为自来水笔，是因为钢笔水本身就是自来水和水溶性墨粉调制而成，因此钢笔是水性笔。圆珠笔笔芯内的液体是一种油性的，因此圆珠笔就是油性笔。而中性笔内的液体既不同于钢笔水、又不同于圆珠笔芯内的油性液体，而是一种有机溶剂，所以被称为中性笔。

中性笔内装载的有机溶剂，其黏稠度比油性笔墨低、比水性笔墨稠，书写的时候，墨水经过笔尖，便会由半固态溶剂转变成液态墨水。中性笔墨水最大的优点是每一滴墨水均是使用在笔尖上，不会挥发、漏水，因而可提供如丝一般的滑顺书写感，墨水流动顺畅稳定。

中性笔起源于日本，1988年日本PENTEL株式会社研制成功被称为"HYBRID"的产品，中性笔由此宣告诞生。

由于中性笔兼具自来水笔和圆珠笔的优点，书写手感舒适，因此颇受人们的喜爱，近年来发展迅速，大有取代圆珠笔之势。

国内有名的中性笔厂家有：广州的真彩、青岛的白雪、还有义乌的晨阳制笔、中韩合资的晨光……

（三）小型装订用品类

大头针、曲别针、长尾夹、剪刀、打孔机、订书机、订书钉、橡皮筋、胶带、起钉器。

（四）归档用品

各种文件夹、档案袋、收件日期戳。

（五）办公设备专用易耗品

打印机用色带、修正液等，复印机用墨盒等，计算机用光盘等。

二、保管办公用品

（一）安全科学存放

办公用品的保管应满足以下要求：

1.保存空间安全宽敞

根据单位对所需物品储存量的大小，科学确定储藏间的面积或物品柜的大小与数量。储藏间或物品柜要上锁，以保证安全，减少丢失。

2.物品摆放规范清晰

各类物品要清楚地贴上标签，标示类别和存放地，以便能迅速找到物品。新购进物品要置于原有物品的下面或后面，以保证先购入的物品先发放，避免物品因过期而不得不销毁。

体积大、分量重的物品要放在最下面，以减少从架子上取物时发生事故的危险。体积小、分量轻、领用频率高的物品，如订书钉等，应放在较大物品的前面，以便于查找。

3.保存环境符合要求

储藏间要有良好的通风，房间内要保持干燥，以保证所存物品不受潮，不变质。储藏间内还应有良好的照明，以便容易找到所需物品。

（二）库存控制

1.库存控制的作用

（1）减少资金占用。保证大量的资金不被不必要的库存占用。

（2）充分利用空间。保证空间不被用来存储不必要的货物。

（3）监督物品使用。能监督个人和部门对物品的使用。

（4）保持充足库存。保持充足的库存，以保证组织的顺利运作和消除由库存短缺而引起的工作迟延。

（5）及时发现缺损。监督任何偷窃和破坏造成的损失。

（6）支持会计核算。可利用准确的库存进行估价。

2.库存控制参数

科学合理地控制库存，需要掌握以下3个参数：

（1）最大库存量。它是为防止物品超量存储而保存该项物品的最大数量，库存物品的数量在任何时候都不能超过这个最大量。它使资金不被过多地滞压在库存物品上，能节约宝贵的库存空间，并使库存物品及时利用。在确定这个数字时要考虑到费用、存储空间和保存期限。

（2）最小库存量。它是为防止物品消耗断档影响组织正常运营而保存的该项物品的最小数量，当库存余额达到这个水平，必须采取紧急行动检查是否已经订货，并与供应商联系，确定可以接受的交货时间。如果还未订货，则应向供应商紧急订货，以保证在最短的时间内购入所需物品。

（3）再订货量。它也称重新订购线，这是提醒购买者库存需要重新订购的标准，当库存余额达到这个水平，必须订购新的货物来使余额达到最大库存量。这个数字是由物品的平均使用量、物品交货时间的长短决定的，一般用下面的公式计算：

重新订购线 = 日用量×运送时间 + 最小库存量

例如，每天要用去半包A4复印纸，运送时间需要6天，最小库存量是10包，重新订购线就是：

0.5×6 + l0 = 13（包）

3. 库存控制卡

库存记录可以用手工记录在一连串的库存记录卡片上，或者在计算机中使用库存控制软件、电子表格或数据库。无论使用什么系统，都记录同样的信息。

每一种物品都要有一张库存控制卡，用以登记接收和发放物品情况，并使管理人员随时掌握物品的最大库存量、最小库存量和再订货量。库存控制卡上的内容主要有：

（1）项目。库存项目要准确描述，包括大小、颜色和数量，如 A4 白文件纸。

（2）单位。货物订购、存储和发放的单位，如盒、包等。

（3）库存参考号。给每一个库存项目的存放位置编制号码，例如，C4，柜子编号 C，架板编号 4。

（4）最大库存量。一项物品应该存储的最大数量，这个数字要考虑到费用、存储空间和保存期限。

（5）再订货量。当库存余额达到这个水平，必须订购新的货物。

（6）最小库存量。当库存余额达到这个水平，必须采取紧急行动检查订货情况，确保很快交货。

（7）日期。必须记录所有行动的日期。

（8）接收。记录所有接收信息，包括接收数量、发票号和供应商的名字。

（9）发放。记录清楚发放物品的数量、申请表编号和领用物品的个人（部门）。

（10）余额。在每一次处理后计算物品库存余额。在物品接收时在余额上加上接收的数量，物品的发放将从余额中减去发放的数量。余额应该代表库存物品的实际数量，并用于执行库存检查。发现差异要报告给管理人员。

秘书在每次物品发放或接收时都要在库房控制卡上登记，并记录该项库存的余额。

【工具箱 5-1】

库存控制卡

库存参考号： 项目： 单位：				最大库存量： 最小库存量： 再订货量：			
日期	接收			发放			余额
	数量	发票号	供应商	数量	凭证号	领用者	

三、发放办公用品

（一）发放办公用品的工作程序

作为秘书，在办公室中经常要做的一件事务性工作就是分发办公用品以保证各办公室工作的正常进行。但是这一看似简单的工作，并非只是将办公用品分发到工作人员手中而已，其中还包含着很多原则和技巧。秘书发放办公用品的工作程序主要包括三部分：

1.审核"物品领用申请表"

无论何人领取办公用品，都必须填写"物品领用申请表"，务必要填清楚领用物品的名称与数量。申请表必须要有部门领导的签字才能生效，秘书必须对此进行把关。另外，领用人与发放人都应签字以备查。

【工具箱5-2】

物品领用申请表

领用部门：　　　　　　　　　　　　　　　　　　　　　　　　编号：

物品名称	单位	数量	备注

领用人：	主管审核：	发放人：
日期：　年　月　日	日期：　年　月　日	日期：　年　月　日

2.发放物品

依据"物品领用申请表"中注明的名称与数量发放办公用品，发放的物品名称与数量必须与申请表中一致，不得任意增加或减少。

3.更新库存记录

物品发放后，秘书必须及时更新库存记录，记下新的余数，以便能够及时掌握物品的供应状况。另外，要把"物品领用申请表"存档，作为发放办公用品的书面凭证。

（二）发放办公用品的注意事项

1.专人发放

办公用品不能让员工随意取用，如果秘书不亲自发放，也应由指定的人员负责发放。

2.按时发放

发放时间应遵循单位的有关制度规定。

3.凭单发放

发放物品时，必须严格按照领用人填写的"物品领用申请表"上的品种和数量发放，而且这份领用申请表必须要有该部门的领导签字才能发放。

4.规范发放

紧急需要物品时必须有相应的程序处理。

5.及时入账

每次发放办公用品，都要保存好发放凭证，即"物品领用申请表"，并且要定期清点核实办公用品，做到账物相符。

6.灵活发放

物品的发放要对重要部门实行倾斜政策，要优先改善这些部门的工作环境和工作条件，让它们把精力集中在完成好工作任务上。对客观上办公用品消耗大的部门也要给予支持。

四、采购办公用品

（一）选择供应商

选择供应商时要在以下几方面对其进行比较：

1.价格和费用

首先应该考虑价格，比较不同供应商的报价。供应商给出的价格会因某些情况而有水分，秘书应掌握一些降低价格的方法，如批量购买、选择节假日促销时购买或将其指定为本单位唯一办公用品供货商等。另外，还要考虑运输费、包装费等一些价格之外的费用。

2.质量和交货

应仔细检查比较货物的质量，最好选择那些可以更换不合格物品的供应商。还要比较供应商的交货时间，供应商应该能在需要时快速交货并按约定准时交货，以减少库存费用和少占用资金。

3.服务和位置

要比较供应商提供的服务是否方便，如是否可以用电话、传真或上网订购，是否可以定期结算，是否可以退货，是否可以满足单位所需的所有办公用品和易耗品的供应等。供应商所在的地点也要考虑，尽量离本单位近一些，以方便联络和交货。

4.安全和可靠性

要比较供应商在送货的整个过程中能否保证货品的安全，供应商的供货手续及相关发票、单据是否齐全等。还应了解商家规模的大小、经营的信誉度等。

（二）选择订购方式

办公用品的订购方式通常有以下几种：

1.现场订购

直接去商店购买公司所需要的办公用品，这种方式的前提是确认该商店能够提供所需要的物品。

2.电话订购

大多数的日常办公用品都可以通过电话从供应商处订购。

3.传真订购

有些办公用品的订购，需要给供应商发传真，详细列出所订购货物的名称、数量、类型、送货时间等细节。供应商会按照要求送货上门。

4.网上订购

通过访问因特网得到电子商务服务，秘书可以在网上商店订购所需的办公用品和耗材，以节省人力、提高效率。

不论采用哪种订购方式，秘书人员一定要保留一份订货单，收到货物时，要将实物与订单一一核对，以防出错。

（三）办理进货手续

办理进货的手续主要包括：

1.核对货物数量

使用订货单核对对方交付货物时出具的交货单及货物，确保送来的货物与所订购的货物，无论在数量上还是型号上都完全一致。要特别注意货物的数量，如数量不对，应立即联系供应商，按真实数量支付货款。

2.登记相关账目

在"库存控制卡"的"接收"项中，填入所接收的每一类货物的详情，并更新"库存控制卡"中的"库存余额"。

3.安全科学存放

将接收的货物按照办公用品存储规定存放好。

（四）注意事项

1.科学合理订货

当某项物品的库存数量降到再订货量时，就应该订购补充该项物品。物品的订购数量应该以剩余的库存量为基准，订购后的总数不能超过最大库存量，要确保具有保质期的办公用品能够在保质期内全部用完。

2.报请领导审核

购买申请表必要经领导审核签字，说明需要货物的理由和数量型号等细节，经领导批准后亲自采购或交给专业采购人员。

3.货比三家

购买时应货比三家，对各供应商回应的报价单进行比较、筛选，填写正式订购单，并由公司主管签字后发送给选定的供应商，同时要复制一份给会计部门。

4.检查核对

收到供应商的货物后，要对照供应商的交货单和自己的订购单检查货物，查明货物的数量，同时检查货物是否符合相关的质量标准，确保所购物品不会对组织运营产生不利影响。

五、节约办公用品

除了做好保管、发放、采购办公用品等工作外，行政部还要带头并督促各部门节约办公用品，以减少办公费用，提高企业效益。节约的方法主要包括：

1.节约用纸

（1）无纸化办公。就是在不必要的情况下尽量不用纸。比如，在计算机上阅读资料，而不是打印出来阅读；通过电子邮件分享某些文件，而不是打印出来分发；把一些需要在纸质文件上签字完成的工作流程电子化。

（2）优化版面设置。编辑文档资料时，行政人员可以在保证基本需要的前提下，适当地做一些页面设置的优化。比如缩小上下左右的页边距，在能够看清的前提下尽量缩小字号等。

（3）反面的利用。在不影响阅读的前提下，正反两面打印纸张。或者把一些已经单面使用过的纸张做成便笺纸，充分利用其背面。

（4）打印前检查。有些时候，仅仅因为打印的文件错了一两个字，就得重新打印一份，造成纸张的浪费。因此，打印前要仔细检查文稿。

（5）使用薄纸。打印纸有厚薄之分，有研究显示，一张厚纸的耗材量是薄纸的 2~3 倍，价格也比薄纸贵出不少，所以，在选购时，可以根据工作需要适当选用薄纸。

2.节约用笔

各种水笔，应妥善保存笔套，日后换芯继续使用；用完的中性笔笔杆，不要随意丢弃，可循环利用。每天要用到的记号笔，用完后要及时盖好笔帽，以免笔水挥发。

3.正确使用易损物品

爱护U盘、光盘、档案盒等易损物品，做到正确使用，以保证最大限度的使用次数。

【思考与练习】

一、不定项选择题

1.某公司每天要用去2包A4复印纸，供应商从订货到送达需要4天时间，该公司的最小库存量是10包，那么该公司A4复印纸的再订货量（重新订购线）应该是（   ）包。

A.14   B.18   C.22   D.26

2.有保质期的办公用品不应大量采购，如（   ）。

A.打印机墨盒   B.A4纸   C.文件夹   D.档案袋

3.秘书购货时收到供应商的发票后，应注意将发票上的信息与（   ）详细对照。

A.入库单、交货单   B.计划单、订货单

C.交货单、订货单   D.计划单、订货单

4.当库存余额达到（   ）时，必须采取紧急行动检查是否已经订货，确保很快交货。

A.最大库存量 B.最小库存量 C.再订货量 D.库存容量

5.以下关于库存保管的叙述，正确的是（   ）。

A.各类物品要清楚地贴上标签，标明类别和存放地

B.新物品要置于旧物品的上面或前面

C.体积大、分量重的物品放在最下面

D.小的、常用的物品应放在较大物品的前面

6.当某项物品的库存数量降到（   ）时，就应该订购补充的物品。

A.最小库存量 B.最大库存量 C.再订货量 D.日用量

7.物品的订购数量应该以剩余的库存量为基准，订购后的总数不能超过（   ）。

A.最小库存量 B.最大库存量 C.再订货量 D.日用量

8.办公用品购买申请表必须要经领导审核签字，说明（   ）等细节，经领导批准后交给采购人员。

A.购买的理由 B.购买的数量 C.购买的型号 D.购买的价格

9.购买办公用品时应货比三家，对各供应商回应的（   ）进行比较、筛选，填写正式订购单并由公司主管签字后发送给选定的供应商，同时要复制一份给会计部门。

A.商品目录 B.产品性能介绍 C.报价单 D.售后服务标准

10.收到供应商的货物后，秘书人员要对照（   ）检查货物，查明货物的数量，确保质量符合要求。

A.供应商的交货单和自己的订购单 B.供应商的发票和自己的订购单

C.供应商的交货单和原有的货物数量 D.供应商的发票和原有的货物数量

11.节约用纸的方法通常包括（   ）。

A.无纸化办公 B.优化版面设置 C.反面的利用 D.选用较厚的纸张

二、案例分析题

（一）

初萌刚刚成为办公室的秘书，办公室领导让她管理办公用品，她总是感到手忙脚乱：同事急着要复印明天参展的资料，却发现储物间中复印纸已所剩无几；每次购买办公用品时，不知道到底该买多少才能既够用又不造成闲置；还有的同事三天两头来领同一种物品……

试分析一下，初萌应该怎么做才能解决这些问题，做到井井有条地管理办公用品？

（二）

销售部的小李来到秘书初萌的办公室，要求领几本复印纸。初萌给了他一张"物品领用申请表"，要求他填写并请领导签字后再来领。"不就一点儿纸吗！"小李没能领到复印纸，感到很不高兴。

试分析一下，这个时候，初萌应该怎么做呢？

● 任务21　会议室和办公车辆管理

【任务目标】

掌握预订会议室和办公车辆管理的工作技巧，能够熟练地进行会议室和办公车辆管理。

【参考学时】

2学时

【知识支撑】

一、会议室管理

会议室是一个单位进行集体决策、讨论问题、调查研究、总结表彰等工作的重要场所，也是秘书日常事务管理工作的一个重要管理对象。怎样做好会议室的管理工作，让有限的会议室资源在组织运行中发挥出最大的效用，是一个秘书工作者应该慎重思考的问题。

（一）会议室的种类

一般来讲，一个中等以上规模的单位会拥有多个会议室。根据不同的分类标准，我们可以把这些会议室作如下分类。

1.根据会议室的面积大小和座位数的多少，我们可以把这些会议室分为：

（1）小型会议室，指那些使用面积在15～30平方米，座位数在20座以下的会议室。

（2）中型会议室，指那些使用面积在30～80平方米，座位数在20～60座的会议室。

（3）大型会议室，指那些使用面积在100平方米以上，座位数在100座以上的会议室。

2.根据会议室的功能，我们可以把这些会议室分为：

（1）接待室，指那些可以用于召开小型会议，也可以用于日常接待工作的小型会议室。

（2）多功能会议室，指那些拥有音响、视频等多媒体设备，可以用于召开会议，也可以用于召开舞会、宴会的中型会议室。

（3）报告厅，指那些专门用于召开人数众多的大型会议，带有主席台等设施，主要用来向全体职工作报告的大型会议室。

（二）会议室的管理权限和使用范围

1.管理权限

一般来讲，一个组织的会议室的使用由秘书部门统一管理、调配；会议室的安全、卫生、服务由物业公司负责管理；多功能会议室的音响、视频设备由技术部门负责管理。

2.使用范围

在会议室的日常管理和调配中，对于不同类型的会议室，应该有一个相对清晰明确的使用范围，如：

（1）由组织的决策层主持的会议原则上安排在哪些会议室。

（2）由部门领导主持的会议原则上安排在哪些会议室。

（3）接待客人时原则上安排在哪些会议室。

（4）什么类型的会议可以申请使用会议室，什么类型的会议不能申请使用会议室。

（三）会议室的管理原则

1.内宾让外宾

如果用于外事接待工作的部门和用于日常业务接待的部门同时申请使用同一个会议室，则优先安排给外事部门使用。

2.中层让高层

如果决策层领导主持的会议和执行层领导主持的会议同时申请使用同一个会议室，则优先安排给决策层领导使用。

3.临时让预约

在坚持以上两个原则的前提下，如果提前预约使用某一会议室的部门和临时申请使用某一会议室的部门之间发生冲突，则优先安排提前预约的部门使用。

4.时间有余量

在同一个会议室安排两个时间相邻的会议的时候，要在两个会议的衔接时间上留出足够的余量，以防上个会议拖延时间影响下个会议，并给清理会议室和下个会议的准备工作留出足够的时间。

（四）会议室的管理办法

1.预约办法

（1）提前预约。凡召开会议的部门至少要提前一天向秘书部门提交"会议室预约登记表"，并在预约登记表上注明要求，包括是否需要使用投影仪，是否需要准备茶水等，由办公室通知物业公司做好服务准备工作，需使用音响、视频设备的，由办公室提前通知技术部门。

【工具箱5-3】

会议室预约登记表

预约部门		预约时间		预约地点	
会议名称				参加人数	
会务要求					
审批人			审批意见		

经办人签字：　　　　　　　　　　　　　　　　　　　　　　　　　年　月　日

（2）冲突处理。如遇多个部门同时申请使用同一个会议室，秘书部门有权要求申请部门更换使用时间或地点。

（3）变更预约。申请部门在预约时间内使用会议室，如有变更或需延长使用，应及时通知秘书部门，以便进行相应的安排。

2.设备操作

（1）会前操作。技术部门管理人员接到办公室的通知后，需在会前半小时开启音响、视频设备，并进行调试，确保会议的正常召开。

（2）会中操作。会议召开期间，管理人员应根据现场情况随时调整音响、视频等设备，保证会议的正常进行。无关人员不得进入设备操作区。

（3）会后操作。会议结束后，会议组织者应和设备管理人员一起检查设备，关闭音响、视频设备。

3.临时使用

因紧急情况需要临时性使用会议室时，必须经秘书部门主管同意，并填写"会议室使用登记表"。

4.使用纪律

（1）保持安静。会议室内应保持安静，禁止大声喧哗。

（2）爱护设施。使用会议室的单位和部门，要爱护会议室的设施，如造成室内设施、物品损坏丢失的，一律按价赔偿。

（3）保持卫生。会议室禁止吸烟，不准乱扔纸屑、果皮等杂物。

5.使用登记

使用结束，使用部门应按要求填写好"会议室使用登记表"，并请责任人签字确认。

【工具箱5-4】

会议室使用登记表

使用部门		使用时间		使用地点	
会议名称				参加人数	
使用情况					

经办人签字：　　　　　　　　　　　　　　　　　　　　　　　　　年　月　日

二、办公车辆管理

办公车辆是一个公司组织公务活动的主要交通工具，为了更好履行服务作用，保证公务用车，秘书需要对本单位的车辆进行科学而严格的管理。

（一）办公车辆的使用范围

1.领导用车

领导用车包括每一个领导班子成员的上下班、公务联络和出席会议等用车。

2.接待用车

接待用车用于公务接待活动中的接站、送站、参观游览、外出就餐等。

3.重要活动用车

重要活动用车包括周年庆典、开放参观、大型会议等用车。

4.其他公务用车

其他公务用车包括部门公务用车等上述情况以外所有用于保证组织正常运转的公务活动的用车。

（二）办公车辆的管理和使用

办公车辆由办公室进行统一管理。管理办法一般为：

1.用车申请

组织内部各单位因公用车，应填写"用车申请单"，经有关领导审查签字，办公室主任同意后予以安排。

【工具箱5-5】

青海集团用车申请单

用车部门	用车时间	用车理由	目的地	备注

经办人签字：　　　　　　　　　　　　　　　　　　　　　　　　　　　　年　月　日

2.凭单出车

除本组织的高级领导用车外，其他用车均实行出车通知单制。司机拿到出车通知单后方可出车。出车通知单为司机报销费用的基本依据，无出车通知单或超出出车通知单以外的费用办公室不予签字报销。如遇特殊情况，来不及办理出车通知单的，驾驶员必须在出车前征得办公室分管车辆的秘书和出车审批人同意方能出车，完成任务后，主动补办出车通知单。驾驶员擅自出车，一切后果自行承担。

【工具箱5-6】

××集团出车通知单

车辆号牌	驾驶员	出车时间	目的地	备注

派车人签字：　　　　　　　　　　　　　　　　　　　　　　　　　　　　年　月　日

3.统一缴费

交通强制险、车船使用税、车辆商业险等车辆税费的购买由办公室统一办理。

（三）车辆调配原则

1.优先保证公务用车

当个人用车和公务用车发生矛盾的时候，优先保证公务用车。

2.先紧急后一般，先高层后中层

当紧急公务和一般公务发生用车矛盾的时候，优先保证紧急公务用车；当高层领导用车与中层领导用车发生矛盾的时候，优先保证高层领导用车。

3.提高车辆利用率

个人因私事用车、非业务范围以外的部门用车，在不影响公务用车的前提下，经办公室主任同意后，可以租用。租用车辆应填写"租用车辆审批表"，经管理部门和办公室审批，并按规定交费后方可派车。

【工具箱5-7】

××集团租用车辆审批表

承租人	用车时间	目的地	收费标准	备注

审车人签字：   年　月　日

（四）车辆维修保养

1.日常检修和保养

办公室主管车辆秘书要定期对车辆进行普查。驾驶员对车辆要做到勤检查、勤维护、勤保养，做好日常例行保养，确保车容整洁、车况良好。

2.年审

按规定做好车辆年度审验检修工作。

3.报修审批

建立车辆维修保养鉴定审批制度。需要维修保养的车辆，应先由车辆维修保养鉴定组（由办公室分管车辆的副主任、主管车辆秘书、本车驾驶员组成）鉴定，提出维修保养意见，维修保养费在千元以下由办公室分管车辆的副主任批准，维修保养费在千元以上由办公室主任批准，大修由单位主管领导批准后，方能进行维修。驾驶员自行决定的维修保养项目所支出的费用，办公室不予签字报销。办公室分管车辆的副主任负责对车辆维修保养单位的审核。

4.定点维修

经过审批需要进行维修保养的车辆，必须到指定厂家进行保养或维修。在非指定厂家维修保养车辆产生的费用，一律不予报销。

（五）油料管理

1.以车定耗

根据不同车型的标准耗油量和每辆车预计的出车里程确定每辆车每个月需要的油料

数量。

2.凭卡定点加油

驾驶员须凭加油卡到指定地点加油，特殊情况除外，如远程车辆途中加油。

3.联系里程控制油耗

长途出车根据行车公里数严格控制用油量，公里数与加油量不符者不予报销油费。

（六）驾驶员管理

1.遵纪守法

严格遵守和执行交通条例和各项法规，严禁疲劳驾驶、酒后驾驶。驾驶公车期间发生的所有违章罚款均由个人自理。

2.凭单出车

驾驶员由办公室统一管理，凭出车通知单出车，无出车通知单不得出车。

3.安全准时

驾驶员要做到出车准时，保证安全。

4.安分守己

驾驶员随领导外出活动，要听从领导安排，随车等候，不得参与与自己无关的公务活动。

5.保守秘密

驾驶员不得泄露在车上听到的领导间谈话的内容。

6.定点停放

驾驶员出车完毕，要将车辆停放在指定地点统一管理，不得擅自将车辆开回个人住所或停放在规定地点以外的地方。

7.爱护车辆

驾驶员要定期对车辆进行检修，保证车辆安全行驶。平时要保持车辆内外的清洁卫生，为乘车者创造一个良好的乘车环境。

8.严禁以车谋私

驾驶员驾驶公车期间不得私自答应无关人员乘车，不得利用工作之便私拉乘客获取收入；严禁公车私用；严禁将车借给其他单位和个人。

9.科学奖惩

驾驶员的出车补贴，要通过每月汇总出车记录单，按照实际出车里程计算。一般补贴标准为每公里0.10元。

同时，为了鼓励驾驶员节能减排，可以为驾驶员设立"节油奖"，以车辆生产厂家或国家有关部门公布的特定车型的综合工况油耗为标准，每节约一升燃油，给予市场燃油价格50%的奖励。

（七）公车改革

2014年7月，中办国办印发《关于全面推进公务用车制度改革的指导意见》和《中央和国家机关公务用车制度改革方案》，备受社会各界关注的公务用车制度改革正式启动。

对于国有企事业单位来说，要严格执行国家的公车改革政策，积极主动地拟订本单位的公车改革方案，杜绝运行成本高、公车私用、超标配车等公务用车弊端。

【小贴士5-3】

精英座驾三剑客

在中国豪华商务车市场上，以下三款车被誉为最符合商务场合用车法则的车型：

1.新款奥迪 Audi A8L，长宽高5 268/1 949/1 471，排气量2.5L～3.0L，价格：87.90万～92.6万元，被誉为最安静的商务座舱。

2.新款奔驰 Mercedes-Benz S600L，长宽高5 230/1 871/1 485，排气量5.5L，价格259.8万元，被誉为商务级大腕儿。

3.新款宝马 BMW 760Li，长宽高5 221/1 902/1 498，排气量6.0L，价格256.35万～270.35万元，被誉为享受驾驶乐趣的不二之选。

【思考与练习】

一、不定项选择题

1.根据会议室的面积大小和座位数的多少，我们可以把会议室分为（　　）。

A.小型会议室　　　B.多功能会议室　　　C.中型会议室　　　D.大型会议室

2.一般来讲，一个组织的会议室的使用由（　　）统一管理、调配。

A.物业公司　　　B.秘书部门　　　C.技术部门　　　D.资产管理部门

3.秘书在协调会议室使用过程中，如果内部会议室使用紧张，应（　　）。

A.保证先订一方的使用　　　　　　B.使参会人数多的一方满意

C.按轻重缓急安排　　　　　　　　D.使主管满意

4.一般来说，凡召开会议的部门至少要提前（　　）向秘书部门提交会议室预约登记表。

A.1小时　　　B.2小时　　　C.1天　　　D.2天

5.会议室使用纪律主要包括（　　）。

A.保持安静　　　B.保护会议设备　　　C.禁止吸烟　　　D.不乱扔果皮

6.办公车辆主要用于（　　）。

A.领导用车　　　B.接待用车　　　C.重要活动用车　　　D.驾驶员用车

7.办公车辆的调配原则包括（　　）。

A.优先保证公务用车　　　　　　　B.先紧急后一般

C.先高层后中层　　　　　　　　　D.提高车辆利用率

8.驾驶员随领导外出活动的时候，要（　　）。

A.听从领导安排　　　　　　　　　B.随车等候

C.参与与自己无关的公务活动　　　D.紧随领导

9.严禁驾驶员以车谋私，主要是指（　　）。

A.不得私自答应无关人员乘车　　　B.不得利用工作之便私拉乘客获取收入

C.严禁将车借给其他单位和个人　　D.严禁将公车用于本人及其家庭事务

10.驾驶员的出车补贴，要通过每月汇总出车记录单，按照实际出车里程计算。一般补贴标准为每公里（　　）。

A.0.10元　　　B.0.50元　　　C.1元　　　D.1.5元

二、案例分析题

初萌是天地公司新来的秘书。上班刚刚1个月，许多工作在同事的指导下才摸出点儿门儿。某天一大早，总经理秘书施林打来电话，询问下午2：00的部门经理会议地点是否有变化，初萌忙告知已定好了在5楼会议室召开，不会有问题的。初萌放下电话后，为防万一，又与前台联系确认会议室使用情况，当得知会议室使用确无变化后，她才放了心。

下午1：30，电话再次响起，初萌迅速拿起电话，电话是行政部经理方平打来的："初秘书，今天下午部门经理会议的地点有变动吗？"初萌疑惑地说："没有啊！"方平经理问："没有？我怎么听说公关部下午1：00要在5楼会议室开会。"初萌一听，于是解释说："噢，这事我知道，他们说一会儿就完。"方平经理说："是这样啊，不会影响我们的会吧？"初萌肯定地说："不会的，您放心吧！"

下午1：50，公关部的人员纷纷走出会议室，初萌抱着一摞文件推门走进5楼会议室，只见会议室里桌椅凌乱，桌上有许多堆满烟头的烟灰缸和一次性口杯。眼看参加部门经理会的经理们就要来了，初萌有点着急了，她手忙脚乱地收拾，把口杯、烟灰缸往门外清理。又发现没有足够的一次性口杯，空调的按钮也坏了。这时施林走进会议室，一顿批评看来是不可少了。

试分析一下，本案例中，初萌在会议室的安排上有哪些地方做得不对？正确的做法应该怎样？

● 任务22 办公设备采购与办公资源调配

【任务目标】

了解办公设备采购程序、采购预算制定方法和办公资源调配方法，能够主持购买或租用办公设备，能够有效调配办公资源。

【参考学时】

2学时

【知识支撑】

一、办公设备的采购程序

（一）获得设备使用权的方式

1.购买

购买是指从组织外部购买该设备，从而获得设备的使用权。购买的优点在于设备归购买者所有，使用方便。缺点在于一次性付款费用较高，而且过了保修期后，需要额外支出设备的维护与修理费用。另外，设备还可能很快过时。

2.租用

通过租用的形式也可以取得设备的使用权，根据合同，每月或每年向所有者支付一定的租金即可。租用的优点在于最初的费用较低，费用可以由不断获得的利润进行补偿；一般租用协议都包括了维护和修理的费用；另外，在新的设备上市时，可以随时进行更换和升级。缺点在于如果租期较长（例如几年），支出的费用将会较多，甚至超过购买的费用；另外，如果在租赁合同到期之前终止合同，违约金将会很高。

（二）政府采购常识

政府采购被界定为各级国家机关、实行预算管理的事业单位和社会团体以购买、租赁、委托或雇用等方式获取货物、工程和服务的行为。

我国政府采购的主要方式有5种，即公开招标、邀请招标、竞争性谈判、询价、单一来源采购方式。

公开招标采购是指采购机关或其委托的政府采购业务代理机构（统称招标人），以招标公告的方式邀请不特定的供应商（统称投标人）投标的采购方式。一般情况下，达到财政部及省级人民政府规定的限额标准以上的单项或批量采购项目，应实行公开招标采购方式或邀请招标采购方式。

国家财政部及省（自治区、直辖市）级政府财政部门为政府采购管理机关，负责合同的监督管理。

（三）采购程序

1.提出购买申请

由需要购买设备的人或部门填写"办公设备申购表"，并由部门领导签字，说明需要该设备的理由及具体的型号、数量等内容。

【工具箱5-8】

办公设备申购表

日期：   编号：

申购人				申购部门		
设备清单	序号	设备名称	规格型号	数量	单价	备注
申购理由						
部门意见				主管签字（或盖章）： 年 月 日		
财务部门意见				主管签字（或盖章）： 年 月 日		
领导意见				签字（或盖章）： 年 月 日		

2.审批、落实经费

申请表填好后，交由财务部门进行综合平衡，确认采购经费来源。财务主管签字后交采购人员。

3.招标、选择供应商

采购人员向供应商发出购买需求，各供应商提供报价单。采购人员进行比较、筛选，最终选定供应商。若是大额采购，一般实行招标采购，按以下程序进行：

（1）在报刊或网络上发布招标公告，接受投标报名。

（2）起草招标文件，交领导审定。同时，由招标领导小组根据投标报名情况确定入围投标供应商名单。

（3）向入围供应商发招标文件，并在规定时间、地点接受投标文件。

（4）组织开标、评标，由使用部门、财务等部门派人负责评标，确定中标单位。

4.签订供货合同

选择好供应商后，与其签订供货合同。合同中应详细规定所订购货物的型号、规格、数量等细节，约定交货方式与付款方式等，由双方签字盖章。同时，采购方向供应商出具正式的订货单。

【工具箱5-9】

订货单

订单号：

供货单位： 联系人： 电话： 地址：					购货单位： 联系人： 电话： 地址：			
序号	设备名称	规格型号	单位	数量	单价	总价	付款周期	备注
合计	人民币小写：				人民币大写：			
收货资料	收货人：		电话：			提货方式：□自提 □送货上门		
	交货时间：							
	收货单位：							
	交货地址：							
备注								
经办人： 审批签字： 审批日期：		购货单位公章： 年　月　日			供货方确认： 回复时间：			

5.货物入库

合同签订后，采购人员负责催促交货，确保货物能够按申购部门要求的时间及时入库。收到供应商的货物后，要对照交货单和自己的订货单检查货物。使用部门要及时组织验收，确认采购的物品是否符合要求。采购人员要根据收到的货物填写入库单，库房人员要签字表示货物进库。

【工具箱5-10】

交货单

送货单位名称：_____

客户名称：_____

发货日期：_____　收货日期：_____

序号	品名/规格	采购/订单号	交货数量	实收数量	备注

送货人：　　　　　　　　　　　　　　签收人：

随货发票：□有　□无　　　　　　　　发票号码：

6.支付货款

会计部门收到发票后，对照交货单、入库单和订货单，三单货名、数字应当相符，经财务主管签字批准，支付货款。

（四）注意事项

（1）在自己的职权范围内，依照规定的程序进行购置，要多征求使用者的意见；

（2）按照采购程序与供方确定购货内容、总费用、交货和售后服务等事宜，形成整套购买文件；

（3）按照进货、验货程序检查所购设备和办公用品的型号、质量、数量、价格及相应单据；

（4）若发现提供的货物或票据不符合要求，要立即与供应商联系；

（5）最后按单位规定与财务部门办理或存放购买货物的相关文件及单据。

二、采购预算方案的制订

（一）采购预算方案的制订原则

1.真实性原则

采购费用的预测必须以实际的市场调查为依据，对每一项目的数字指标运用科学合理的方法测算，力求各项数据真实准确。

2.重点性原则

预算编制要做到合理安排各项资金，在兼顾一般的同时，优先保证重点支出。预算安排要先保证基本支出，后安排项目支出；先重点、急需项目，后一般项目。

3.目标相关性原则

采购的用品应与办公活动的任务目标相关。

4.经济合理性原则

预算应经济合理，在不影响任务目标的前提下提高资金的使用效率。

（二）采购预算方案的编制程序

1.确定预算的核算基数

确定预算的核算基数实际上是要确定采购费用的总额。根据办公活动的实际需要、具体项目的目标、公司的财力等统筹安排，可以参考上一年度以及类似项目的实际支出，确定一个核算基数与比例。有些办公设备高、中、低档差价是非常大的，确定了总额之后，基本上就能定位所购设备的档次。

2.进行市场调研

可以通过上网等各种方式了解所要采购产品的型号、价格、功能等详细信息，根据实际需要进行确定。对于以前从未购置过的某种办公设备、大型专用办公设备或批量购买，要对多家供应商进行比较，调查的信息要考虑周全，例如，可比较设备的性能、功效、价格、付费方式、供货时间、交货方法、售后服务以及供应商的信誉等。

3.确定采购产品的种类及型号、价格

根据总额与调研结果，确定购买何种产品以及产品的型号及价格。在选定购买产品时要注意明确以下问题：

（1）此次采购是要解决什么问题？

（2）这些采购的产品是不是必需的？

（3）可选择的产品有哪些？有没有比目前的方案更经济、更高效的方案？

（4）各项产品的重要次序是什么？

（5）从实现办公目标的角度看到底需要多少资金？

4.编写预算方案

预算方案要进行科学的可行性论证，提出项目的效益目标、技术标准、动用的公共资源、支出标准和测算依据等。

5.征求意见，完善方案

制订好的预算方案要交使用部门征求意见，进行协商。对预算方案进行修改完善后，交上司审批，然后再执行。

（三）编制预算方案的注意事项

（1）编制预算方案一定要进行调查研究，根据本单位以及市场实际情况认真进行测算；

（2）不要一味追求购买高档的办公设备，要根据单位的实际工作需要选配合适的产品；

（3）要购置的办公设备必须是当前或预期所必需的，并且要考虑与原有设备的匹配关系；

（4）事先安排好要购置的设备所放置的位置，要安全可靠且有利于工作流程的进行；

（5）慎重选择供应商，对不同的供应商要在各个方面进行认真的比较；

（6）预算方案的编制要注意征求各方面的意见，方案应切实可行。

（四）常用预算编制方法

1.传统预算法

传统预算法是指承袭上年度的经费，再加上一定比例的变动。这种预算法核算比较简单，核算成本也较低，国内的很多企业都采用这一方法。但是这一方法的逻辑前提是上年度的每个支出项目均为必要，而且是必不可少的，因而在下一年度里都有延续的必要，但这种逻辑实际上是存在问题的。

这种预算方法容易导致一些不良倾向：每次开始做预算时，往往会以上年实际支出为基础，再增加一笔金额，然后作为新的预算提交领导审批；主持审批的领导，明知预算里有水分，但因无法透彻了解情况，只好不问青红皂白，大砍一刀；这种"砍一刀"的做法，使有经验的人员有意把预算造得大大超过实际需要，以便"砍一刀"后还能满足需要，而那些老老实实者则叫苦不迭，下一次恐怕就要狮子大开口了；最终的结果常常是预算确定下来，但几乎人人都不满意，钱花了不少，却效果平平。

2.零基预算法

零基预算是以零为基数编制的预算。这种方法在编制预算时以零为起点，根据组织目标，重新审查每项活动对实现组织目标的意义和效果，并在费用-效益分析的基础上，重新排出各项管理活动的优先次序。资金和其他资源的分配是以重新排出的优先次序为基础的，而不是采取过去那种外推的办法。

不难看出，零基预算的优势在于：

（1）有利于管理层对整个活动进行全面审核，避免内部各种随意性费用的支出；

（2）有利于提高主管人员计划、预算、控制与决策的水平；

（3）有利于将组织的长远目标和具体目标以及要实现的效益三者有机结合起来。

但是零基预算法的缺点也影响了其广泛推广，这种预算方法需要花费大量的人力、物力和时间，而且在安排项目的优先次序上难免存在着相当程度的主观性。

三、调配办公资源

（一）办公资源管理概述

办公资源包括的范围比较广，包括各类办公设备、办公家具、车辆、会议室、日常用品、图书等。办公资源管理就是实行办公资源统一规范管理，减少资源浪费，合理地调配与利用办公资源，提高办公资源的使用效率。

办公资源的管理一般由单位的行政部门负责。在实际工作中，办公资源的管理方式依单位规模大小的不同而不同。一般而言，规模较小的单位人员少，涉及的办公资源较少，一个称职的秘书人员就可以对单位的办公资源如数家珍，科学调配；而规模较大的单位员工众多，办公资源也较多，秘书不可能对所有的办公资源烂熟于心，这就需要借助一些其他的管理手段进行管理。建立办公资源档案和运行记录是办公资源管理的有效手段。

办公资源档案和运行记录是进行办公资源管理的核心，依据档案记录，秘书就能有效地调配办公资源。目前，不同的软件公司开发了各种各样的办公资源管理软件，实现了办公资源管理的计算机化，进一步提高了办公资源的调配与利用的效率。

（二）办公资源管理的基本程序

不论是使用人工还是计算机，办公资源管理的基本程序都是基本一致的。

1.了解情况

了解本单位所有办公资源的基本情况，包括名称、放置的地点、功能情况等。

2.分类管理

对单位所有办公资源进行分类，对不同资源进行分类管理。分类可根据办公资源的实际情况进行，如设备类、日常用品类、行政用房类、车辆等，每一类都要单独建册。

3.建立档案

对办公资源建档，记录应用情况。就办公设备来讲，建档内容如下：

（1）设备的购买信息，包括该设备的订购、采买、发票信息，常见资料为订货单、交货单等资料的复印件。

（2）设备的保修信息，包括该设备的保修文件复印件。

（3）设备的维护合同，包括该设备的定期、非定期维护保养合同复印件。

（4）设备的操作指南，包括该设备制造商编制的操作指南和相关手册。

（5）设备的基本信息，包括该设备购买日期、设备编号、供应商、安全检查和维修日期等，应做成相应的卡片索引存储在卡片索引盒中，并在计算机数据库中记录该设备的基本信息，这些数据信息应安全地存储在计算机、磁盘或网络服务器上。

（6）所有设备情况列表。所有设备要按照购买日期、设备编号等做出目录列表，安全地放在文件柜中保存，该目录列表应定期更新，如每年整理一次。

（7）设备的日志记录和故障登记，包括办公设备发生故障的日期、故障情况、报告人、维修情况等应清楚地记录在故障登记本上，该本应放在设备旁；各类设备也应有日志记录，将定期进行的检查情况记录在上面，该日志也应放在设备旁。

4.定期进行数据分析

根据记录的情况，定期对办公资源的利用率进行分析，分析时要注意以下问题：①办公资源是否因为管理不明而导致不必要的流失？②办公资源使用效率如何？是否达到了最大的效益？③办公资源运行维护状态如何？是否有足够的备件？④办公资源是否需要保养维护？它们下一次维护应是什么时候？⑤办公资源购置计划如何？是否超出预算？⑥办公资源相关合同执行状况如何？资产保修状况如何？

在分析中要注意发现问题，及时进行资源的调配。

（三）办公资源管理的注意事项

1.无缝建档

必须要对单位所有的办公资源进行建档，明确每一项资源所在的位置，在需要的时候能够迅速找到它们。

2.及时更新

要注意及时更新记录，办公资源的变动情况要记录在案，从而能够真实地反映目前的实际使用状况。

3.及时清退

要注意按规定清退办公用品，员工离开本单位，应退回领用的办公用品。

4.掌握信息

公司员工的流动影响着办公资源的调配与利用，应随时掌握员工的变化信息。

（四）办公资源管理软件简介

办公资源的管理是办公自动化管理的一个重要内容，在许多公司开发的办公自动化管理系统中都具有办公资源管理的功能。利用软件可以详细登记办公资产编号、名称、配置、单价、数量、金额、购买单位、存放位置和资产图片信息等，可以登记办公资产的使用人，可以查询办公资产的借、领、还历史记录。大多数软件还提供详细的人事档案管理功能，按部门登记员工资料，这样能够做到办公资产和人员之间调配的自动化更新。

以日常办公用品的管理为例，软件一般包括登记、领用、盘存3大功能。办公资源登记模块主要用于登记各种办公资源的入库情况。记录每次购进了哪些物品、各分哪几个品种、品种名称、品种数量、价钱、购买日期及地点、有效期限、经办部门、经办人等相关信息；办公资源领用模块主要用于登记各种办公资源的领用情况。它需要记录被领走的每样办公资源的种类、名称、数量、领用日期、有效期限、领用部门、领用人等相关信息，便于以后对办公资源进行季度、年度的领用盘存；办公资源盘存模块主要是对办公资源作领用盘存，采购部门根据领用盘存数据，决定何时该购买何种办公资源及其购买数量等。

总之，办公资源管理软件能够有效地控制内部办公资源的管理和调用，大幅度地提高办公效率和水平，有效地减少资产的浪费和流失，是单位正常运作和管理中不可缺少的工具。

【思考与练习】

一、不定项选择题

1.获得办公设备使用权的主要方式有（　　）。

A.租借、购买　　　　B.赠送、租借　　　　C.购买、赠送　　　　D.租用、购买

2.制订采购预算方案首先要（　　）。

A.确定采购产品的种类及型号价格　　　　B.编写需求方案

C.确定预算的核算基数　　　　D.征求技术人员的意见

3.承袭上一年度的经费，再加上一定比例的变动的预算方法称为（　　）。

A.传统预算法　　　B.零基预算法　　　C.增效预算法　　　D.比例预算法

4.办公资源的管理方式依单位规模大小而有所不同，一般而言，规模较小的单位主要由（　　）来负责。

A.经理　　　　B.秘书　　　　C.财务主管　　　　D.人事主管

5.在对办公设备建档时，设备的购买日期、设备编号、供应商等信息应该归入设备的（　　）中。

A.购买信息　　　B.维护合同　　　C.日志记录　　　D.基本信息

6.零基预算法的优势主要有（　　）。

A.能够避免内部各种随意性费用的支出

B.有利于将组织的长远目标和具体目标以及要实现的效益有机结合起来

C.可以节约大量的人力、物力和时间

D.有利于提高主管人员的控制与决策水平

7.通过购买方式获得设备的使用权，其特点是（　　）。

A.一次性付款费用较高　　　　B.设备归购买者所有，使用方便

C.可以随时更换和升级设备　　　　D.设备很可能很快过时

8.在编写预算方案时，应包括（　　）等内容。

A.效益目标　　　　B.支出标准　　　　C.测算依据　　　　D.技术标准

9.各类办公资源调配管理软件对日常办公用品的管理一般包括（　　）等模块。

A.登记　　　　　　B.领用　　　　　　C.盘存　　　　　　D.人员管理

10.下列项目中，属于办公设备建档内容的有（　　）。

A.设备的购买信息　　　　　　　　　B.设备的保修信息

C.设备的操作指南　　　　　　　　　D.设备的故障登记

二、案例分析题

（一）

公司要在一个新的地点设立销售二部，经理要求秘书高叶制订一个办公设备和家具的采购预算方案。

试分析一下，高叶需要先做好哪些工作才能制订出让领导满意的采购预算方案？

（二）

公司客服部新招了一名客服人员，需要一套办公桌椅。客服部交来一份要求购买一套办公桌椅的申请。

试分析一下，这个时候高叶应该怎么做？

三、实务操作题

背景说明：你是宏远公司行政秘书高叶，下面是行政经理苏明需要你完成的任务。

便　　条
高叶： 　公司目前需要编制下一年采购预算，请你介绍一下编制采购预算的一般程序。 <div align="right">行政经理　刘明 2016年2月6日</div>

项目六

设备使用

● 任务23　打印机和碎纸机的使用

【任务目标】

了解打印机的种类和使用常识，能够安装和熟练使用各种打印机；了解碎纸机的工作原理和使用技巧，能够正常使用和维护碎纸机。

【参考学时】

2学时

【知识支撑】

一、打印机的种类

（一）针式打印机

针式打印机通过打印头中的钢针打击色带，在打印纸上以点阵形式构成字符。针式打印机的优点是耐用，耗材（包括打印色带和打印纸）便宜，可以打印多种类型的纸张，如穿孔纸、多层纸、蜡纸等。它的缺点是打印速度慢、精度不高，并且噪声大。一般适合于打印报表、记录清单等。

（二）喷墨打印机

喷墨打印机是在针式打印机之后发展起来的，采用非击打的工作方式，将墨水直接喷到纸上实现印刷。它的优点是机器价格低，打印效果优于针式打印机，噪声小。喷墨打印机还可以打印彩色图像。缺点是打印速度较慢，耗材较贵。喷墨打印机适合打印单页纸，其打印质量很大程度上取决于纸张的质量。由于其可输出彩色图案，常用于广告和美术设计。

（三）激光打印机

激光打印机是激光技术与电子照相技术相结合的产物，主要是利用电子成像技术进行打印。当调制激光束在硒鼓上沿轴向进行扫描时，根据点阵组字的原理，使鼓面感光，构成负电荷阴影，当鼓面经过带正电的墨粉时，感光部分就吸附上墨粉，然后将墨粉转印到纸上，纸上的墨粉经加热熔化形成永久性的字符和图形。激光打印机的优点是噪声低、分辨率高、打印速度快，在各种打印机中打印效果是最好的。激光打印机也有彩色黑白之分。其缺点是机器价格高。激光打印机分页输出，所以常用于文档的打印，也可以产生高质量的图像及复杂的图形输出。目前广泛应用于办公系统和桌面印刷系统。

二、安装打印机

打印机的安装主要有两个步骤，一是进行硬件连接，二是进行软件安装。

（一）硬件连接

打印机有信号电缆线与电源线两条连接线。信号电缆用于与计算机的连接。目前打印机信号电缆的接口方式基本上都是 USB 接口，可以很方便地与计算机连接。连接之前要确认打印机和计算机的电源都已经关闭，否则容易造成设备的损坏。接好信号电缆后，再把电源线连接到打印机上。

（二）软件安装

硬件连接好后，还必须在计算机上安装打印机驱动程序才能正常使用打印机。具体安装步骤如下：

第一步，单击 Windows XP 的"开始"菜单，选择"设置"，在弹出的二级菜单中选择"打印机和传真"选项，出现"打印机和传真"窗口。

第二步，单击窗口左侧"打印机任务"栏下的"添加打印机"，出现"添加打印机向导"对话框。

第三步，单击对话框中的"下一步"按钮，在出现的画面中单击选择"连接到此计算机的本地打印机"单选项，取消选择"自动检测并安装即插即用打印机"复选框，然后单击"下一步"按钮，显示选择打印机端口对话框。

第四步，在"打印机端口"对话框中，选择"使用以下端口"单选项，然后选择"LPT1（推荐的打印机端口）"。单击"下一步"按钮，显示"安装打印机软件"对话框。

第五步，在"厂商"列表中选择欲安装打印机的制造厂商，然后在"打印机"列表中选择打印机的型号。如果不知道自己打印机的型号，可以单击"从磁盘安装"按钮，显示"从磁盘安装"对话框，然后将安装盘插入光盘驱动器，使用"浏览"找到驱动程序即可。

第六步，根据打印机型号选择好软件后，单击"下一步"按钮，出现"命名打印机名称"对话框，输入一个打印机名，单击"下一步"按钮，屏幕显示"是否打印测试页"对话框。

第七步，选择好后，单击"下一步"，出现"打印设置完成"对话框，标明了打印机设置状况，单击"完成"按钮即完成了驱动程序的安装。

除上述手动安装打印机驱动程序的方法外，用户还可以使用系统自动检测安装本地打印机。

三、设置打印机属性

安装打印机时，系统会按照默认状态进行设置，用户也可以改变打印机的属性，具体操作方法是：

第一步，单击"开始"菜单中的"设置"→"打印机和传真"命令，打开"打印机和传真"窗口。

第二步，右击"打印机"图标，显示快捷菜单。在快捷菜单中选择"属性"命令，屏幕显示"打印机属性设置"对话框。

第三步，在该对话框中可以进行以下设置：

1.常规选项卡

设置打印机的备注和打印测试标准页等。

2.共享选项卡

设置当前打印机是否共享。

3.端口选项卡

添加和删除打印机的端口、安装新的打印机驱动程序等。

4.高级选项卡

设置可使用此打印机的时间、优先级，更改驱动程序、打印质量、页数，打印处理以及打印管理等。

5.设备设置选项卡

可以设置纸张输入盒的纸张类型、手动送纸纸张类型、替换的字体和打印机内存等。

第四步，设置完毕后，单击"应用"按钮，然后单击"确定"按钮。

四、在应用程序中执行"打印"命令

安装好打印机后，在各应用程序中就可执行"打印"命令打印文件。不同应用程序的"打印"选项有所不同，但都可以选择打印机、打印内容、打印份数以及进行页面设置等。

五、使用打印机的注意事项

为了使打印机保持良好的工作状态，定期检查和清洁打印机是很重要的，虽然打印机不需要周期性维护，但为了打印机的使用寿命和保持在最佳工作状态，有几点是必须要注意的：

（一）安放空间充足

打印机的安放要合适，周围空间充足。打印机要远离灰尘多、有液体的地方，灰尘和液体对打印机的寿命有很大影响。另外，打印机放置地应避免阳光直射，要避免把打印机放置在有磁铁或能产生磁场的装置附近。

（二）保持环境清洁

经常保持打印机的清洁和环境清洁，不要在打印机上堆放重物，比如一摞书，这样会妨碍打印机的散热以及可能对打印的机械部分造成压力。

（三）长期闲置断电

较长时间不用打印机时，应把电源线拔下来。

（四）避免无纸打印

使用针式打印机时，为了防止对打印头的损害，没有纸或色带时，不要打开打印机。

（五）注意保养硒鼓

激光打印机的硒鼓在整个激光打印过程中起着重要作用，价钱也较高，因而要注意保养。硒鼓中的墨粉将用完时必须马上加粉或更换硒鼓，否则打印出来的文件将不清晰。

六、打印机使用技巧

（一）指定默认打印机

单击"开始"菜单中的"设置"→"打印机和传真"命令，打开"打印机和传真"窗口。在该窗口中有多台打印机图标，右键单击要作为默认打印机的打印机图标，然后在出现的快捷菜单中单击"设为默认打印机"命令，一个复选标记出现在默认打印机文件夹的旁边。

（二）打印任务管理

在使用打印机打印文件时，打印机有一个显示其打印状态的窗口。在这一窗口列出了等待打印的任务，其中有一个正处于打印状态。通过打印状态窗口可以对打印任务进行管理，如观察打印队列情况、暂停打印任务以及删除打印任务等。单击"开始"菜单中的"打印机和传真"命令，打开"打印机和传真"窗口。在该窗口中双击"打印机"图标，则显示打印状态的窗口。

（三）删除打印机

打开"打印机和传真"窗口，选择要删除的打印机图标，单击鼠标右键，在弹出的快捷菜单中选择"删除"，则删除该打印机。

（四）常见故障排除

1.不打印故障

在软件中选择"打印"命令，有时打印机不响应，产生此问题的原因有多种：

（1）电源线问题：电源线未接到打印机上或没有电源，应检查电源线连接和电源。

（2）数据线问题：打印机和计算机之间的数据线连接不正确，断开并重新连接打印机和计算机之间的数据线。

（3）送纸方式问题：打印机可能处于手动送纸方式，按一下前面板按钮即可。

（4）操作命令问题：打印机可能被暂停，从状态窗口或打印管理器恢复打印。将"打印机"菜单下的"暂停打印"选项前的对勾取消。

（5）软件配置问题：显示文档的应用软件未配置正确的打印机端口。检查软件中的打印机选择菜单，确保它在访问正确的打印机端口。若计算机有多个并行端口，要确保并行电缆连在正确的端口上。

2.卡纸故障

打印机最容易出现的故障就是卡纸。卡纸时应打开机门，双手捏住露出纸张的两端，均匀发力，抽取出卡住的纸张。检查取出的纸张是否完整，若是不完整，则应取出夹在机器内的碎纸，然后关闭机门。

3.污点和阴影

如果打印件上出现污点和阴影，首先应检查文档的电子版本上是否存在这些东西，如果没有，则说明打印机的硒鼓上有墨粉，需要将硒鼓取出用脱脂棉擦拭干净。如果无效果，则应立即报修。

4.其他故障

如果出现以下情况，必须立即关闭打印机的电源，求助专业的维修人员：打印机内部发出异响；打印机外壳过热；打印机外壳严重损伤；打印机内部进水。

七、碎纸机的使用

在办公室中经常需要销毁一些纸质的文件和资料。碎纸机是一种适合各种类型办公室用来销毁纸质机密文件的专用设备。

（一）碎纸机的工作原理

碎纸机一般由切纸部件和箱体两大部分组成。切纸部件包括锋利的刀具和电动机，电动机带动刀具快速转动，可将文件在片刻时间内粉碎成条状或米粒状甚至更小。箱体主要包括容纳纸屑的容器和机壳，一些碎纸机箱体下部还装有脚轮，以方便使用。

（二）碎纸机的性能指标

1.碎纸方式

碎纸方式指被处理过后的纸张的形状。目前主要的碎纸方式有粒状、条状和碎屑状3种。

2.碎纸效果

碎纸效果指处理后纸屑的大小，一般用毫米为单位衡量，粒状最佳，碎屑状次之，条状相对效果差些，可以根据需要选择自己合适的产品。

3.碎纸能力

碎纸能力指碎纸机一次能处理的纸张的最大数目及纸张厚度。一般来讲，碎纸效果越好，则其碎纸能力则相对差些。

4.进纸宽度

进纸宽度指碎纸机所能容许的纸张的宽度。

（三）碎纸机的选购原则

一般来说，用于销毁机密文件的碎纸机应首先考虑碎纸的大小是否符合保密的要求，然后再考虑其他指标，而销毁工作量大的单位，则还应同时考虑选择碎纸速度快、自动化程度高的碎纸机。还有一些碎纸机能够处理更多的东西，信用卡、录像带或者软盘都能够被这些机器所粉碎。

（四）碎纸机的操作步骤

碎纸机的操作比较简单，对环境要求也低，通常采用220V电源，只需插上电源，按下电源开关，机器即处于带工作状态，从进纸口插入纸张，即可自动触发碎纸刀具。

（五）使用碎纸机的注意事项

1.断电清洁

清洁机器外壳时，请切断电源，用软布蘸上中性清洗剂轻擦，切勿让溶液进入机器内部。不可使用漂白粉、汽油或稀释液刷洗。

2.只碎普通纸张

碎纸机一般只能粉碎干燥的标准纸张，如果用于粉碎潮湿的纸张、覆膜纸、胶纸、碳纸等特殊纸张，或者带有订书钉等金属物品的纸张，甚至是纺织品等，则很容易损坏碎纸机。

3.适时润滑保养

要适时地在切割装置上涂抹润滑油以减少磨损，同时还要注意清除积压在刀刃里的灰尘，并注意在纸屑将要充满箱体的时候及时清除，以保证机器的正常运行。

4.避免极限使用

使用前应查看说明书，了解一次最多能处理的纸量。正常使用时，碎纸数量应低于最大碎纸量。

同时，要避免长时间连续使用碎纸机，一般来说，每次连续碎纸时间应控制在10~15分钟以内。

（六）碎纸机常见故障的处理

1.卡纸

这种故障往往是因为一次放入纸张过多，拿出塞住的纸，清理干净碎纸口即可。如果碎纸张数较少时，机器仍然卡纸，则应检查碎纸箱是否已过满。

2.噪声过大

这种故障往往是因为碎纸机放置不平造成的，应检查碎纸机是否放平。

【思考与练习】

一、不定项选择题

1.当前常见的打印机种类有（　　）。

A.针式打印机　　　B.手动打印机　　　C.喷墨打印机　　　D.激光打印机

2.下列叙述中属于喷墨打印机特点的是（　　）。

A.可以打印多种类型的纸张，如多层纸、蜡纸等

B.可以输出彩色图案，广泛用于桌面印刷系统

C.适合打印单页纸，其打印质量很大程度上取决于纸张的质量

D.噪声低，分辨率高，可以进行高质量的图像及复杂的图形输出

3.安装打印机的时候，打印机上有两条连接线，分别是（　　）。

A.信号电缆线　　　B.彩色信号线　　　C.黑白信号线　　　D.电源线

4.在应用软件中选择"打印"命令，有时打印机不响应，产生此问题的原因有（　　）。

A.电源线未接到打印机上或没有电源

B.打印机和计算机之间的数据线连接不正确

C.打印机可能处于手动送纸方式

D.打印机可能被暂停

5.就目前来看，碎纸机的主要碎纸方式有（　　）3种。

A.粒状　　　　　　B.块状　　　　　　C.条状　　　　　　D.碎屑状

6.使用碎纸机前应查看说明书，了解一次最多能处理的纸量。使用时，正常的碎纸量以（　　）最大碎纸量为宜。

A.两倍于　　　　　B.等于　　　　　　C.高于　　　　　　D.低于

7.清洁碎纸机的机器外壳时，请切断电源，用软布蘸上（　　）轻擦。

A.中性清洗剂　　　B.漂白粉　　　　　C.汽油　　　　　　D.稀释液

8.碎纸机要避免在极限容量下使用和长时间连续使用。一般来说，连续碎纸时间应控制在（　　）以内。

A.5~10分钟　　　　B.10~15分钟　　　　C.15~20分钟　　　　D.20~30分钟

9.碎纸机发生卡纸的原因往往是因为（　　）。

A.碎纸机放置不平　　　　　　　　B.碎纸数量过多

C.碎纸时间过长　　　　　　　　　　D.碎纸箱已满

10.碎纸机噪声过大，往往是因为（　　）造成的。

A.碎纸机放置不平　　　　　　　　B.碎纸数量过多

C.碎纸时间过长　　　　　　　　　　D.电压不稳定

二、案例分析题

秘书初萌的电脑由于不小心感染了病毒被迫重装了系统。经理指示她马上打印一份劳动合同出来。初萌连接好打印机后开机，进行打印操作，但系统提示未安装打印机，初萌仔细检查了数据线与电源线，都连接好了，但就是打印不出来，难道是打印机坏了？初萌急出了一身汗。

试分析一下，初萌的打印机为什么无法执行打印操作。

三、实务操作题

1.请每位同学进行打印机硬件连接和软件安装的操作，并打印一个测试页。

2.请每位同学进行一次碎纸操作。

● 任务24　复印机的使用

【任务目标】

了解复印机的使用和维护常识，能够熟练使用复印机复印各种规格的文件。

【参考学时】

2学时

【知识支撑】

一、复印机的种类

（一）工作原理分类

1.模拟复印机

模拟复印机通过光反射原理成像，复印速度慢，复印质量差，一次只能复印1张。

2.数码复印机

数码复印机利用激光扫描和数字化图像处理技术成像，可一次复印多张文件。不仅能够提供复印功能，还可以作为电脑的输入输出设备，以及成为网络的终端。

目前，市面上的复印机大多数为数码复印机。

（二）复印速度分类

1.低速复印机

每分钟可复印A4幅面的文件30份以下，市场价格在0.5万～3万元之间。

2.中速复印机

每分钟可复印30～60份，市场价格在4万～10万元之间。

3.高速复印机

每分钟可复印60份以上。如东芝E-STUDIO 810的复印速度更是达到了81张/分钟。这类复印机的市场价格通常都在10万元以上。

（三）复印幅面分类

1.普及型复印机

一般我们在普通的办公场所看到的复印机均为普及型，复印的幅面大小为A3～A5。

2.工程复印机

工程复印机复印的幅面大小为A2～A0，甚至更大，不过其价格也非常昂贵。

（四）复印颜色分类

1.单色复印机

只能复印黑白图像和文本。

2.多色复印机

可以复印两种以上颜色的图像和文本。

3.彩色复印机

可以复印所有颜色的图像和文本。

二、复印机的选购

在购买复印机时，必须根据本单位的工作性质、实际需要选择最适合本单位的机型。

（一）便携式复印机

便携式复印机的特点是机身小巧，可手提携带，复印幅面为A4纸，复印速度一般为5张/分钟左右，一般没有缩放功能。这种机型比较适合家庭或经理办公室自用，但复印成本较高，消耗材料贵。

（二）中低档办公型复印机

中低档办公型复印机的特点是功能较齐全，复印速度一般在25张/分钟左右，供纸方式一般为双纸盒加手送。这类复印机是办公室的主要机型，可以满足日常的文印需求，还可以偶尔承担小规模的批量复印。

（三）高速高档办公型复印机

高速高档型机的特点是复印速度快、自动化程度高、功能全，一般具有双面复印功能，适用于大型办公室、小型文印中心等。

（四）高速柜式生产型复印机

高速柜式生产型复印机的特点是复印速度快、稳定性高、功能齐全、承印量大，功能已经接近了轻型印刷机，适用于大型集团办公室的文印中心，需经常大量复印资料的培训中心、维修中心、资料室等月印量在几万张以上的场合。

三、复印机的工作环境

（一）电源要求

复印机应使用电压为220V的稳定交流电源，在安装时不要与其他电器设备同时使用一条电源线路，并使用接有地线的三相电源插座。

（二）防阳光、防高温

要避免让复印机受到太阳直射，以防光学材料和电子元件老化而失去效果；要避开暖气片、空调出风口等热源，以防复印机的工作性能受到影响。

（三）防尘、防震

复印机周围必须保持整洁、无粉尘，地面要保持干燥。如果粉尘太多，会使复印机的光学系统在使用过程中受污染，使复印件不清晰。不要将复印机放置在不稳定或倾斜的地方。要尽量减少搬动复印机的次数，如果要移动，则一定要水平移动，不可倾斜。

（四）要适度通风

因为复印机会产生微量的臭氧。

（五）空间充足

为保证最佳操作，至少应在机器周围留出20cm的空间。

四、复印机的操作步骤

（一）开机预热

打开电源开关，复印机进入预热状态，此时操作面板上的预热指示灯亮，出现预热等待信号。目前，市场上主流产品的预热时间一般都在30秒左右。预热结束，复印机就自动进入待机状态，可以随时进行复印。

（二）装入复印纸

复印机的送纸方式有两种，一种是送纸盒自动送纸，另一种是手动送纸。一般情况下使用自动送纸，纸张较厚时，则使用手动方式送纸。

复印开始前，应确保复印机的纸盒内已经根据复印需要装入了指定规格的复印纸，或已经用手动方式把纸张送入进纸口，否则，复印机将无法进入待机状态。

（三）检查原稿

拿到需要复印的原稿后，应大致翻阅一下，并注意以下几个方面：原稿的纸张尺寸、质地、颜色，原稿上的字迹色调，原稿装订方式、原稿张数以及有无图片等。这些因素都与复印过程有关，必须做到心中有数。

对原稿上不清晰的字迹、线条应在复印前描写清楚，以免复印后返工。可以拆开的原稿应拆开，以免复印时不平整出现阴影。

（四）检查机器显示

机器预热完毕后，应检查一下操作面板上的各项显示是否正常。

检查项目主要包括：可以复印信号显示、纸盒位置显示、复印数量显示、复印浓度调节显示、纸张尺寸显示，一切显示正常才可进行复印。

（五）放置原稿

1.原稿放置在原稿台玻璃板上

不同型号的复印机有不同放置原稿的方法。一般有两种：一种是将原稿放置在稿台的中间，另一种是靠边放置在定位线上。复印前应对复印机的放稿方式进行了解。原稿正面朝下向着玻璃板放置，轻轻盖紧原稿盖板，以防漏光而出现黑边。

2.使用原稿自动输送装置

原稿自动输送装置是用来自动输送原稿的器材，它可以连续地、逐一地将原稿输送盒内的原稿送入复印机，提高复印效率。

使用原稿自动输送装置，首先要将原稿对齐放置于原稿输送盒，如果原稿被夹着或钉着，则应先取下订书钉，将原稿正面向上，完全推入输送盒，并根据原稿的尺寸调整侧边导板，选择自动输送模式。

（六）选择复印纸尺寸

一般复印机具有自动选择纸张模式，在这种模式下，若将原稿放置在原稿输送装置或玻璃板上，复印机会自动检测到原稿的尺寸，并选用与原稿相同的纸张。这种模式只适用于按实际尺寸复印。

当复印尺寸不规则时，例如复印报纸、杂志时，则复印机不能自动检测到纸张的尺寸，这时，我们可以指定所要的尺寸。方法是：根据所需复印件的尺寸要求，将纸装入相应的纸盒里，按纸盒选择键，选中所需复印纸尺寸的那个纸盒即可。

（七）设定复印倍率

通常复印机都带有复印缩放功能，复印机的复印倍率有以下方式：

1.固定的缩放倍率

缩放只有固定的几档，很容易地将一种固定尺寸纸上的稿件经过放大或缩小后印到另一种固定尺寸的纸上去。例如A4→A3，即将A4规格的原稿复印到A3纸上。

2.手动无级变倍缩放

使用这种方式，可对原稿进行50%～200%、级差为1%的无级变倍缩放。

3.自动无级变倍缩放

使用这种模式，机器会根据原稿和供纸盒内的纸尺寸自动设置合适的复印倍率。

（八）调节复印浓度

根据原稿纸张、字迹的色调深浅，适当调节复印浓度。原稿纸张颜色较深的，如报纸，应将复印浓度调浅些，字迹浅线条细、不十分清晰的，如复印品原稿是铅笔原稿等，则应将浓度调深些。复印图片时一般应将浓度调淡。

（九）设定复印份数

使用数字键设定复印份数。若设定有误可按"C"键清除，然后重新设定。

（十）开始复印

按下"复印"键，复印机开始复印操作，自动复印出设定数量的复印件。复印时，复印数量显示屏的数值将根据事先设定进行递增或递减计数，直至复印结束，显示复位。

五、使用复印机的注意事项

（一）纸张检查

添加复印纸时，先检查一下纸张是否干爽、洁净，然后理顺复印纸，再放到与纸张规格一致的纸盒里。纸盒里的纸不能超过复印机所允许放置的厚度。

为了保持纸张的干燥，可以在复印机纸盒内放置一盒干燥剂，或每天用完复印纸后将复印纸包好，放于干燥的柜子内。

（二）添加碳粉

当碳粉指示灯显示红灯信号时，应及时给复印机添加碳粉。如果加粉不及时，可能会造成复印机故障。

加碳粉时应摇松碳粉并按照说明书进行操作，切不可使用代用粉，否则会造成飞粉、底灰大、缩短载体使用寿命等故障，而且由于代用粉产生的废粉率高，实际的复印量还不到真粉的2/3。

（三）盖好盖板

把原稿放置在原稿台玻璃板上复印时，一定要盖好原稿台的盖板，以防止复印副本上出现黑边，减少强光对眼睛的刺激。

（四）用后洗手

每次使用复印机后，一定要及时洗手，以清除手上残余粉尘对人体的伤害。

（五）分离扫描

如果复印书籍等装订物，应选用具有"分离扫描"性能的复印机。这样，可以消除由于装订不平整而产生的阴影。

（六）保持清洁

应保持复印机玻璃台清洁、无划痕，不能有涂改液、指印之类的斑迹，否则会影响复印效果。如有斑迹，应使用软质玻璃清洁物清理干净。

（七）专业维修

如果出现机器里发出异响、机器外壳变得过热、机器部分被损伤、机器被雨淋或机器内部进水等情况，应立即关掉电源，并请维修人员进行维修。

（八）"节电"唤醒

目前大部分复印机都具有节电功能。在一次复印操作后，如机器暂时不用，机器将在一定的时间里自动进入节电状态。这时，机器操作面板上除了电源指示灯或节电指示灯点亮以外，其余显示将全部熄灭。在需要重新使用时，只需按一下"节电"键，机器将立即在很短的时间内进入待机状态。

（九）插入复印

插入复印键也叫暂停键，是用来中断正在复印的多份文件，临时加进一个更为急用的文件的。复印过程中按下此键，机器立即停止复印，复印数量显示变为"1"，重新设定一个复印数值即可复印急用的文件，复印完后机器又回到原来中断时的显示状态，可继续进行原来的多份复印。

六、复印机的维护保养

（一）保养内容

复印机经过一段时间的使用后，其显影部件产生的粉尘、机件的污染和磨损等都会影响到复印机的稳定运转，并使复印品的质量下降。因此，必须定期对复印机进行维护保养，维护保养的内容主要是对感光鼓、显影装置、光学系统、供输纸机构等进行检查、清洁、润滑、调整或更换，以排除故障隐患，确保复印机运转的可靠性。

（二）保养方法

1.原稿台的保养

复印机的原稿台要定期使用柔软的湿布进行擦拭，然后再用干布擦干。

2.感光鼓的保养

感光鼓在使用一定时间后应进行清洁保养，方法是：

（1）用脱脂棉花或高级照相镜头纸将表面擦拭干净，但不能用力，以防将感光鼓表层划坏。

（2）用脱脂棉花或高级照相镜头纸蘸感光鼓专用清洁剂轻轻顺一个方向螺旋划圈式擦拭感光鼓表面，擦亮后立即用脱脂棉花把清洁剂擦干净。

3.电极的保养

清洁充电、消电和转印电极时，要用脱脂棉擦拭电极金属屏蔽及电极丝。擦拭电极丝时，不要用力，以免弄断。特别脏的地方，可用浸有少许酒精的棉球擦拭。等完全干燥后，再将电极插入机内，注意不要歪斜，以免划伤感光鼓。

七、常见问题及处理

（一）卡纸

复印机面板上的卡纸信号出现后，需要打开机门或左右侧板，取出卡住的纸张，然后应检查纸张是否完整，不完整时应找到夹在机器内的碎纸。复印机偶尔卡纸是不能避免的，但是如果经常卡纸，说明机器有故障，需要进行维修。

（二）纸张用完

纸张用完时，面板上纸盒空的信号灯会亮，需将纸盒取出装入复印纸。但要记住，放入的纸要干燥、清洁，将纸理顺后整齐地放入纸盘，不要超过复印机允许的厚度，一般为纸盒高度的2/3较合适。

（三）墨粉不足

墨粉不足时，面板上墨粉不足的信号灯就会闪烁，表明机内墨粉已快用完，如果不及时补充，复印机的复印质量将下降，甚至无法工作。

（四）废粉过多

复印机在成像过程中，会产生很多废墨粉，收集在一个盒中，废粉装满后会在面板上显示信号，此时必须及时倒掉，否则将会影响复印质量。

（五）复印件有污点或阴影

如果复印件上出现污点或阴影，首先要检查是不是原件上有污点，然后再检查玻璃稿台或者镜头上是否有污损。若是原件上的，及时清理；若是玻璃稿台，就要进行清洁，为避免产生划痕、指印等，可以用软布或者软纸来清洁；若有阴影，则可能是镜头进入了灰尘，需要请专业人员进行清洁。

【思考与练习】

一、不定项选择题

1.使用复印机时，当碳粉指示灯显示（　　）时，应及时给复印机加碳粉。

A.绿灯信号　　　　　B.指示灯闪烁　　　　　C.红灯信号　　　　　D.指示灯熄灭

2.公司销售部办公室需要购买一台复印机，除承担日常的文印需求外，偶尔还需承担小规模的批量复印，比较合适的机型是（　　）。

A.便携式个人用复印机　　　　　　　　B.中低档办公型复印机

C.高速高档型复印机　　　　　　　　　D.高速柜式生产型复印机

3.复印机的送纸方式有两种：送纸盒自动送纸和手动送纸。一般情况下使用自动送纸，如果（　　），则使用手动方式送纸。

A.纸张较薄　　　　　B.纸张较厚　　　　　C.纸张较大　　　　　D.纸张较小

4.使用复印机的手动无级变倍缩放功能，可对原稿进行50%～200%、级差为（　　）的无级变倍缩放。

A.1%　　　　　　　B.3%　　　　　　　C.5%　　　　　　　D.7%

5.如果复印书籍等装订物，应选用具有（　　）性能的复印机。这样，可以消除由于装订不平整而产生的阴影。

A."超厚扫描"　　　B."分离扫描"　　　C."合并扫描"　　　D."连续扫描"

6.如果出现（　　）等情况，应立即关掉电源，并请维修人员进行维修。

A.卡纸　　　　　　　　　　　　　　B.机器里发出异响

C.机器外壳变得过热　　　　　　　　D.机器内部进水

7.对复印机进行定期保养维护，也就是定期对复印机的（　　）等进行检查、清洁、润滑、调整或更换，排除故障隐患，确保复印机运转的可靠性。

A.感光鼓　　　　　B.显影装置　　　　C.光学系统　　　　D.供输纸机构

8.清洁复印机的感光鼓时，要用柔软的湿布（　　）擦去表面上的墨粉，可以用酒精或专用剂擦拭，晾干后再使用。

A.从中心向四周　　B.从四周向中心　　C.朝一个方向　　　D.一圈一圈地

9.复印机使用中的常见故障包括（　　）。

A.卡纸　　　　　　B.纸张用完　　　　C.墨粉不足　　　　D.废粉过多

10.复印过程中按下（　　），机器立即停止复印，复印数量显示变为"1"，重新设定一个复印数值即可复印急用的文件，复印完后机器又回到原来中断时的显示状态，可继续进行原来的多份复印。

A.复印键　　　　　B.启动键　　　　　C.暂停键　　　　　D.节电键

二、实务操作题

为便于会议讨论，需要将A4规格的下一年度工作计划放大20%，复印5份。请你简述使用复印机完成这项工作任务的具体步骤，并进行实际操作。

● 任务25　数码相机的使用

【任务目标】

了解数码相机的使用和维护常识，能够熟练使用数码相机拍摄所需的照片资料。

【参考学时】

2学时

【知识支撑】

数码相机也叫数字式相机，是光、机、电一体化的产品。数码相机可以看作是普通照相机和扫描仪的结合体。按下快门，马上就可以从液晶显示屏上看到照片效果。还可以把照片输入到计算机中使用图像处理软件进行润色，然后打印出来。

一、数码相机的工作原理

数码相机也叫数字式相机，是一种以数字信号的形式记录客观世界光学影像的光、机、电一体化产品。

数码相机的核心部件是CCD图像传感器，它由一种高感光度的半导体材料制成，在光线作用下，可将光线转化为模拟信号，其作用相当于传统相机的胶卷。

照相的时候，被拍摄物体的光学影像首先通过CCD转化为模拟信号，再通过模数转换芯片转换成数字信号，数字信号经过压缩保存在相机内部的存储器上，并且可以通过数据线传输到计算机上，借助相关软件对图像进行修改或加工。

二、数码相机与传统相机的区别

数码相机具有输出功能、即拍即显功能和声音记录功能等。与传统相机相比，数码相机有以下特点：

（一）感光材料不同

数码相机使用镜头、光圈、快门来聚焦图像，这一点和传统的相机相同。但是，传统的照相机图像聚焦在光敏卤化银胶片上，而数码相机则聚焦在CCD芯片上，将光信号转换成为电信号。

（二）存储介质不同

数码相机摄取的图像以数字方式存储在磁介质上，而传统相机的影像则是以化学方法记录在卤化银胶片上。

（三）图像质量不同

用传统相机的卤化银胶片可以捕捉连续色调和色彩，而数码相机的CCD在较暗或较亮的光线下会丢失部分细节，这种现象称为"限幅"，并且有时很难纠正。同时，一个典型的35mm传统相机分辨率一般可轻易达到2000万像素，而数码相机无法达到传统相机如此高的分辨率。

（四）后处理方式不同

数码相机拍摄的影像可直接输入计算机，处理后打印出来。传统相机的影像必须在暗房里冲洗，要想进行处理，必须通过扫描仪输入计算机，而扫描得到的图像质量必然受到扫描仪精度的影响。

三、数码相机的性能指标

（一）分辨率

分辨率是数码相机最重要的性能指标之一。分辨率越高，图像的质量就越高。一般拍摄人物景观照片200万像素就够了，拍摄产品300万像素则比较适宜，专业摄影推荐500万像素以上的产品。

【小贴士6-1】

数码相机分辨率与照片冲印规格

数码照片冲印时，采用300dpi（每英寸包含的像素数）的分辨率效果最佳。据此计算，常见数码相机类型与照片冲印规格的对应关系如下：

像素数	分辨率	最大最佳冲印规格（吋）
1 400 万	4 536×3 024	15 吋（15 吋×10 吋）
1 100 万	4 080×2 720	10 吋（10 吋×8 吋）
800 万	3 264×2 488	
600 万	3 000×2 000	8 吋（8 吋×6 吋）
500 万	2 560×1 920	
430 万	2 400×1 800	
300 万	2 048×1 536	6 吋（6 吋×4 吋）
200 万	1 600×1 200	5 吋（5 吋×3.5 吋）

（二）变焦方式

数码相机的变焦方式有两种：一种是光学变焦，即通过光学透镜的移动来完成变焦，原理类似望远镜；另一种是数码变焦，即利用软件算法在原有图片细节的基础上放大图片，原理类似画家根据看到的轮廓结合想象描绘相关的细节。因此，只有具有光学变焦能力的数码相机才具有远距离拍摄的实际意义。

（三）感光灵敏度

数码相机中的感光元件是 CCD 图像传感器，CCD 感光灵敏度的高低对数码相机获取的图像质量有着重要的影响。

为了便于使用者理解，一般的数码相机厂家都会把 CCD 的感光灵敏度等效转换为传统胶卷的感光度值，叫作相当感光度或等效 ISO 额定值。

ISO 值低的相机，适合在光线较亮的场合拍摄；ISO 值高的相机，可以在光线较弱的场合拍摄。在相同的拍摄条件下，使用 ISO 值高的相机拍摄光圈要小一点，或快门速度快一点；使用 ISO 值低的相机则相反。

（四）存储格式

一般数码相机为了节省存储空间都使用了 JPEG 格式，这种格式为有损失压缩格式，有的细节因压缩过度就不明显了，所以某些相机提供了 TIFF 无损失压缩格式，不过这种格式会占用较多的空间，如一张 300 万像素（2 048×1 536）大小的照片要占用约 9M 的空间。

（五）存储卡类型

存储卡是用于手机、数码相机、便携式电脑、MP3 和其他数码产品上的独立存储介质。目前市场上常见的数码相机储存卡有两种类型：

1.CF 卡

CF 卡由美国 San Disk 公司于 1994 年研制成功，有可永久保存数据、不需要电源、存取速度快等优点。

目前市面上 CF 卡的常见容量从 1GB、2GB、8GB、16GB、32GB 不等，最大容量可达到 100GB。

CF 卡主要在佳能、柯达、尼康等数码相机上使用。

2.SD卡

SD卡由松下公司、东芝公司和美国SAN DISK公司共同开发研制，具有大容量、高性能、安全等多种特点。主要用于松下数码摄像机、照相机，佳能和夏普摄像机、柯达、美能达、卡西欧数码相机等数码产品。

SD卡容量目前有3个级别，分别为：（1）SD级，有8MB、16MB、32MB、64MB、128MB、256MB、512MB、1GB、2GB等9种；（2）SDHC级，有2GB、4GB、8GB、16GB、32GB等5种；（3）SDXC级，有32GB、48GB、64GB、128GB、256GB、512GB、1TB、2TB等8种。

（六）取景方式

数码相机的取景一般有两种方式，一是通过液晶显示屏（LCD），另一种是通过目镜取景器。其中，目镜取景器又可以分为三种：

1.光学取景器

光学取景器模仿镜头的视角和焦距取景，工作状态与镜头无关。家用傻瓜型相机和家用级数码相机大都使用这种取景方式。由于相机镜头和取景器是从不同位置观看拍摄对象的，因而看到的景物也是存在一些差异的。一般来说，光学取景器只能显示85%的镜头所拍摄的图像或更少。

2.TTL取景器

这种取景器通过将穿过镜头的光线反射或散射，从而达到取景的目的，通常配备在较昂贵的数码相机上，它可显示镜头所拍摄到的图像。在传统胶卷相机中，绝大多数采用这种取景方式。

对于使用TTL光学取景器的数码相机来说，通过液晶屏和取景器看到的图像是一致的。

3.电子取景器

电子取景器，也可称为单眼LCD取景器。这种取景器可以显示待拍景物的全貌，可以在日光下看到待拍景物，并且可以显示光圈、快门速度等拍摄信息和相机菜单。

（七）LCD显示屏

几乎每个数码相机都有LCD，LCD的主要功能是拍摄时的取景、照片预览和菜单调整等，LCD尺寸越大、分辨率越高、发热量越小越好。

（八）闪光灯类型

每个数码相机都有内置闪光灯，闪光灯的作用就是在光线不足的时候进行拍摄补光，来达到足够的曝光量。数码相机可以外接大功率的闪光灯，这样可以将更远的景物照亮，在选购数码相机的时候也可将此考虑进去。

（九）电池类型

大多数数码相机耗电都比较厉害，其使用的电池一般有两种，一种是普通的AA（5号）电池，一种是专用锂电池。普通电池购买成本低，但工作时间短；锂电池购买成本高，但工作时间长。

（十）输出方式

现今主流的数码相机均使用USB接口输出照片，有些专业相机则使用速度更快的IEEE1394接口输出照片，还有一些相机带有AV视频输出端子，可以直接连接到电视上欣赏图片。

（十一）白平衡调整模式

白平衡就是对不同光线下拍摄的色彩进行调整控制以还原真实色彩的过程。其调整模式一般有三种：即自动白平衡、分档设定白平衡和精确设定（手动设定）白平衡。

一般普及型数码相机大都采用自动白平衡模式；准专业数码相机则拥有自动和分档设定白平衡两种模式；专业数码相机则全部拥有三种白平衡调整模式。

（十二）色彩位数

色彩位数又称为色彩深度，是用来表示颜色的二进制数的位数，代表了数码相机的色彩分辨能力。它的值越高，则可以表示的颜色数量越多，照片的图像越细腻，图像质量越高。

一般普及型数码相机色彩位数为16bit或24bit，专业数码相机色彩位数则在24bit以上，有的高达36bit。

（十三）连拍速度

由于数码相机拍摄要经过光电转换，模数转换及存储记录等过程，因此，所有数码相机的连拍速度都不很快。

目前，数码相机中最快的连拍速度为7帧/秒，而且连拍3秒钟后必须再过几秒才能继续拍摄。

当然，连拍速度对于摄影记者和体育摄影爱好者是必须注意的指标，而普通摄影场合可以不必考虑。

四、数码相机的使用方法

（一）拍摄照片

在拍摄照片时，数码相机与传统相机的操作基本是一致的。首先，根据拍照的目的和拍摄的条件选择合适的设备，如镜头、滤光镜、三脚架等，并备好充足的电池。其次，调整相机的设置。大部分相机都具有比较高的自动化程度，但有些参数在拍摄前仍需要进行调整，如对焦模式、是否用闪光灯和存储模式等。设置完成后，取好景，按下快门即可。

（二）输出照片

1.硬件连接

将随机配备的数据线一端连接在数码相机的数据输出口，另一端连接在计算机的USB接口中，然后打开数码相机的电源开关。

2.安装驱动程序

如果是第一次与计算机连接，计算机系统会提醒安装数码相机的驱动程序。

装入数码相机随机提供的驱动程序光盘，按照屏幕提示进行安装即可。

3.输出照片

驱动程序安装完成后，打开"我的电脑"或"资源管理器"，可以看到一个新的移动存储器标志，这就是数码相机存储卡。

打开这个存储卡，把里面的照片复制或者剪切到电脑硬盘中，就可以利用相关软件进行照片处理了。

（三）编辑照片

导入到计算机中的照片可以通过图片编辑软件进行加工和保存。利用软件，可以改变图片的色泽、亮度、清晰度等，使照片达到最好效果。

目前最常用的图像处理软件是 Adobe 公司出品的 Photoshop，最新版本为 CS4（11.0）。

五、使用数码相机的注意事项

（一）数码相机不适宜拍摄自然风光

原因主要是数码相机的像素有限。以树为例，假如数码相机只有几百万像素，而树的叶子可能有几万片，平均下来，一片叶子只能有几十个像素，整张照片看上去就会显得乱糟糟的。只有在拍摄外形轮廓分明的物体时，数码照片的效果才比较好。

（二）拍摄时要尽量靠近被摄体

为得到更好的拍摄效果，使用数码相机时要尽量靠近被摄体，但如果物距太近，光学取景器与所拍摄的图像会有误差，导致拍出来的图像变形。另外，如果近距离拍摄人像，会使被摄者有一些不自然的表情。因此拍摄时要掌握好距离。

（三）取景要准确

拍摄时，被摄体最好处在顺光的位置。不过数码相机的 LCD 屏幕在强光下很难看清楚，因此最好购买一个带有取景器的数码相机。另外，不依赖于 LCD 屏幕的另一个好处是减少电池的消耗。

（四）在逆光拍摄时要使用闪光灯进行补光

逆光拍摄时可打开闪光灯，对被摄体进行"闪光补充"，闪光灯可照亮物体的表面，并削弱天空的亮度。另外，不要将相机直接对准太阳，这样在取景时可能会灼伤你的眼睛。

六、数码相机的保养

数码相机在使用中要注意保养，如果保养合理，一台数码相机至少可以拍摄十万张照片。数码相机的保养要注意以下问题：

（一）及时清洗

正常工作环境下，相机和镜头并不需要过于频繁地清洗，因为在清洗过程中可能会损坏相机和镜头。只有在相机或镜头上的污物影响相机的使用时，才有必要进行清洗。根据清洗部位的不同，清洗的方法和要求也不一样。

1.机身清洗

机身外部可用柔软的绒布清洗，机身内部可用软刷或吹气球清洗。如果需要，也可用酒精擦洗相机的金属部分。

2.镜头清洗

镜头上的微量尘埃并不会影响图像的质量，因此镜头只有在影响拍摄效果时才进行清洗。清洗时，先用软刷或吹气球清除尘埃，然后滴一小滴专用清洗液在镜头纸上，用镜头纸反复擦拭镜头面，然后用干净的棉纱布擦净镜头。

（二）防热防寒

极端的温度会给数码相机和电池带来很大的损害。因此，任何时候都不要把相机直接曝晒在太阳下或把相机放在被太阳晒得炙热的汽车里，要确保相机远离灼热的地方。

相机在低温下可能会停止工作，因此在寒冷环境中应将相机藏于口袋中，让相机保持适宜的温度。

（三）防止倒汗和压缩

在将相机从寒冷区带入温暖区时，往往会有倒汗现象发生。解决的方法是用报纸或塑料袋将相机包好，直至相机温度升至与室温接近时才使用相机。

在将相机从高温区带入寒冷区时，往往会出现相机压缩现象，虽然肉眼看不出来，但也会造成相关部件的损伤。

在不影响拍摄的情况下，给相机加一个滤色镜，有利于防止倒汗和压缩现象的发生。

（四）精心防护

在旅行时，要随时用镜头盖保护镜头，放在一起的小器件和配件要用软物隔开，避免碰撞。

相机要保存在远离灰尘和潮湿的地方，并在保存前取出电池。

【思考与练习】

一、不定项选择题

1.数码相机图像的存储格式一般为（　　　）格式。

A.GIF　　　　　　　　B.JPEG　　　　　　　　C.BMP　　　　　　　　D.AVI

2.以下关于数码相机保养的叙述，错误的是（　　　）。

A.在正常的工作环境下，相机和镜头并不需要过于频繁的清洗

B.如果有必要，可以用酒精来擦洗相机的金属部分

C.要注意保持镜头的清洁，镜头上的微量尘埃会影响图像的质量

D.相机在低温下可能会停止工作

3.下列关于数码相机的叙述，正确的是（　　　）。

A.数码相机的图像质量逊于传统相机，达不到传统相机的分辨率

B.数码相机的分辨率越高，图像的质量就越高

C.ISO值低的相机，适合在光线较弱的场合拍摄

D.数码相机的色彩位数越高，图像就越细腻

4.擦洗数码相机的镜头时，应该使用（　　　）。

A.棉纸　　　　　　　　B.棉布　　　　　　　　C.砂纸　　　　　　　　D.棉纱布

5.数码相机不适宜拍摄（　　　）。

A.人物　　　　　　　　B.产品　　　　　　　　C.自然风光　　　　　　D.建筑物

6.拍摄照片时，被摄体最好处在（　　　）的位置。

A.顶光　　　　　　　　B.侧光　　　　　　　　C.顺光　　　　　　　　D.逆光

7.清洗相机的镜头时，要先用（　　　）清除尘埃。

A.软刷　　　　　　　　B.吹气球　　　　　　　C.棉纸　　　　　　　　D.棉纱

8.极端的温度会给数码相机和电池带来很大的损害。任何时候都不要将相机（　　　）。

A.直接曝晒在太阳下　　　　　　　　B.放在被太阳晒得炙热的汽车里

C.放在炙热的暖气片上　　　　　　　D.放在抽屉里

9.在不影响拍摄的情况下，给数码相机加上一个（　　　），有利于防止"倒汗"现象和相机压缩情况的出现。

A.广角镜头　　　　　　B.滤色镜　　　　　　　C.镜头盖　　　　　　　D.长焦镜头

10.SD卡容量目前有3个级别，分别为（　　　）。

A.SD 级　　　　　B.SDLC 级　　　　　C.SDHC 级　　　　　D.SDXC 级

二、案例分析题

上午的会议结束了，秘书钟苗拿着数码相机回到了办公室。她找出一根信号线，将一端插入数码相机的输出口，另一端插在电脑的 USB 接口上，然后打开数码相机，再打开电脑，将图片导入计算机。她筛选了一下图片，将会议合影和一些拍得比较好的会议场景图片以附件的形式通过电子邮件发给了与会者。

试分析一下，与使用传统相机相比，钟苗使用数码相机开展相关工作有哪些优势？

三、实务操作题

请每位同学分别拍摄 3～5 张人物或风景照片，并传输到电脑中，然后筛选出自己最满意的一张展示给大家。

● 任务 26　扫描仪的使用

【任务目标】

了解扫描仪的工作原理和维护常识，能够熟练使用扫描仪。

【参考学时】

2 学时

【知识支撑】

扫描仪作为重要的输入设备，已逐步成为办公和家庭必备的计算机外设之一。它可以把一整幅图形、图片和文字材料快速地输入计算机。

一、扫描仪的工作原理

扫描仪的工作原理依不同种类的机型而略有差异，但其基本原理却没有太大区别。扫描仪的基本工作原理是：它把输入的图像划分成若干个点，变成一个点阵图形，通过对点阵图的扫描，依次获得这些点的灰度值或色彩编码值。这样，通过光电部件，就将一幅纸介质的图转换为一个数字信息的阵列，并存入计算机的文件中，然后就可以用相关的软件进行显示和处理。通过光学字符识别软件，可将扫描进来的文字图像处理、识别成为可以再编辑的字符文本。

二、扫描仪的种类和作用

根据扫描仪工作原理的不同，扫描仪可以分为以下几种：

（一）平台式扫描仪（平板式扫描仪）

这是我们最常见到的也是最常用的一种扫描仪，它的扫描区域是一块透明的玻璃，扫描幅面从 A4 至 A3 不等，将扫描件放在扫描区域之内，扫描件不动，光源通过扫描仪的传动机构作水平移动。

普通的平台式扫描仪除了可以扫描照片、文本、杂志、报纸等以外，还可以扫描实物和底片。

（二）滚筒式扫描仪

滚筒式扫描仪是一种高精度扫描仪，它采用PMT（光电倍增管）传感技术，能够捕捉到任何类型原稿的细微色调，具有很高的光学分辨率（2 500~8 000dpi），是高精度彩色印刷品的最佳选择。其优点是处理幅面大、精度高，扫描效果最好。其缺点是占地面积大且价格昂贵，所以只有专业彩色印刷公司才使用，很难大范围推广。

（三）手持式扫描仪

手持式扫描仪是最低档的一种扫描仪。它的分辨率低，扫描幅面小，一般只用于在超市里扫描条形码。

（四）胶片扫描仪

胶片扫描仪是一种高分辨率的专业扫描仪，主要扫描幻灯片和摄影底片。由于采用了高灵敏度的CCD，所以能够捕捉到一般透射稿的全部色调。

三、扫描仪的主要性能指标

（一）扫描精度

扫描仪的扫描精度，就是常说的分辨率，是衡量扫描仪质量的重要参数，体现的是扫描仪扫描时所能达到的精细程度。分辨率反映了扫描仪扫描图像的清晰程度，分辨率越高，对图像的细节表现能力越好。分辨率用dpi（即在扫描图像上每英寸所含有的像素数目）来表示。

扫描仪的分辨率不像打印机那样垂直分辨率和水平分辨率是一致的，它的水平分辨率是垂直分辨率的一半。

根据扫描仪获取像素点方式的不同，扫描仪的分辨率又可以分为两种：一种是光学分辨率，又称硬件分辨率、物理分辨率或真实分辨率，是扫描仪硬件水平所能达到的实际分辨率，是决定扫描仪扫描质量的主要指标，通常扫描仪的光学分辨率为从300×600dpi到2 400×4 800dpi之间；另一种是插值分辨率，是为了提高扫描的质量，采用一定算法并利用相应软件技术在硬件扫描产生的像素点之间插入另外的像素点后产生的分辨率，也是扫描图像时可以调节的分辨率的最大值，通常是光学分辨率的4~16倍，以4倍、8倍、16倍最常见。例如光学分辨率为300×600dpi的扫描仪插值分辨率可达4 800×9 600dpi。选购扫描仪时应重点考虑光学分辨率，而不是插值分辨率。

扫描仪的分辨率决定了扫描仪的档次和价格。一般办公使用光学分辨率为600×1 200dpi的扫描仪就可以胜任文字和图像的扫描工作。

（二）色彩位数

扫描仪的色彩位数反映扫描仪所能识别的颜色范围，通常用表示每个像素点上颜色的数据位数（bit）来表示。位数越高，则扫描仪所能反映的色彩就越丰富，扫描的图像效果就更真实而生动。

目前市场上常见扫描仪产品的色彩位数大都已经达到了30bit，高档的甚至达到48bit。对普通用户而言，24bit已经足够。

（三）灰度级

扫描仪的灰度级水平，反映了它扫描时提供由暗到亮的层次范围的能力，更具体地说，是扫描仪从纯黑到纯白之间平滑过渡的能力。灰度级位数越大，相对来说扫描所得的图像层次就越丰富，效果越好。常见扫描仪的灰度级一般为256级（8位）、1 024级（10位）或4 096级（12位）。

（四）扫描幅面

扫描幅面是指扫描仪所能扫描的范围，即纸张大小。目前常见的有A4、A4加长、A3三种幅面。一般情况下，要扫描的原稿幅面大都是A4或16开的，所以A4幅面的扫描仪产品一般就能够满足普通用户的工作需要了。

四、安装扫描仪

扫描仪的安装一般分为3个部分，即硬件连接、安装扫描仪驱动程序、安装扫描软件。安装的主要步骤是：

第一步，关闭计算机以及与其相连接的所有设备（如显示器、打印机和调制解调器等）。

第二步，将扫描仪信号线的一端连接到计算机主机背面接口上，另一端连接到扫描仪的数据输出接口上。

第三步，将扫描仪电源插头插到合适的电源输出插座上，接通扫描仪电源。

第四步，打开计算机电源，等待计算机启动完毕。Windows XP操作系统将自动检测出扫描仪，弹出一个"找到新的硬件向导"窗口，提示安装驱动程序。

第五步，如果有扫描仪的驱动盘，就把驱动盘放入电脑的光驱里面，单击"下一步"，此时操作系统会自动找到光盘里面的驱动程序并且安装好。如果没有扫描仪的驱动盘，则可以登录这个扫描仪生产厂家的网站，从网络上下载这个扫描仪的驱动程序，并解压到硬盘上。选择好已下载的驱动程序所在的路径后，单击"下一步"按钮，系统会自动在刚才指定的路径下查找驱动程序，找到后就开始自动安装软件。

第六步，驱动程序安装完毕后，再安装扫描软件。购买扫描仪时一般都附赠有扫描应用软件，这些软件的安装非常简单，跟着向导按回车就可以了。

五、扫描图像

驱动程序装好后，可以使用多种应用软件来获得扫描仪扫描的图像。最简单方便的就是用Windows系统自带的"画图"软件来进行。当然，也可以用专业的图形图像软件（如Photoshop）来获得扫描的图像。下面就用"画图"软件为例来讲解如何获得扫描的图像。

第一步，在Windows XP操作系统下，单击"开始"—"所有程序"—"附件"—"画图"，弹出"画图"软件的窗口。

第二步，单击"文件"菜单栏上的"从扫描仪或照相机"命令，弹出扫描仪的窗口。

第三步，窗口里面有4个选项（彩色照片、灰度照片、黑白照片或文字、自定义设置），分别对应我们要扫描的原稿类型。如果要扫描一张彩色照片，就选择"彩色照片"项，把照片放到扫描仪中，盖上盖子，并单击"预览"按钮。此时扫描仪就开始预览，预扫描的图片出现在右侧的预览框中。其中的自定义设置选项用来帮助我们根据工作需求和打印机等输出设备的精度指标来自主设置扫描分辨率，一般来说，普通的黑白文本文档设置150dpi即可，彩色图片或者照片可选择300~600dpi。

第四步，移动、缩放预览框中的矩形取景框至合适大小、位置，选择要扫描的区域。选择好后，单击"扫描"按钮，此时扫描仪就开始扫描，屏幕显示扫描进度。

第五步，扫描完成后，图片就出现在"画图"软件窗口中的图片编辑区域，就可以对图片进行修改、保存等操作。

六、文字识别

扫描仪还有一个非常有用的功能，即文字识别功能（Optical Character Recognition，缩写为 OCR，即光学字符识别），把印刷品上的文章通过扫描，转换成可以编辑的文本，这样大大方便了文字录入工作者。要实现文字识别，除了安装好扫描仪的驱动程序和图片处理的应用软件外，还要安装 OCR 文字识别软件才可以。目前市场上的中英文文字识别软件很多，比如清华紫光的 OCR、丹青、尚书、汉王等文字识别软件，以及"Office2003 工具"中的"Microsoft Office Document Imaging"。OCR 软件的种类虽然很多，但其使用方法大同小异，首先要对文稿进行扫描，然后进行识别。一般说来，有以下几个步骤：

（一）扫描文稿

为了利用 OCR 软件进行文字识别，可直接在 OCR 软件中扫描文稿。运行 OCR 软件后，会出现 OCR 软件界面。将要扫描的文稿放在扫描仪的玻璃面上，使要扫描的一面朝向扫描仪的玻璃面并让文稿的上端朝下，与标尺边缘对齐，再将扫描仪盖上，即可准备扫描。点击视窗中的"扫描"键，即可进入扫描驱动软件进行扫描，其操作方法与扫描图片类似。扫描后的文档图像出现在 OCR 软件视窗中。

（二）适当缩放画面

文稿扫描后，刚开始出现在视窗中的要识别的文字画面很小，首先选择"放大"工具，对画面进行适当放大，以使画面看得更清楚。必要时还可以选择"缩小"工具，将画面适当缩小。

（三）调正画面

各类 OCR 软件都提供了旋转功能，使画面能够进行任意角度的旋转。如果文字画面倾斜，可选择"倾斜校正"工具或"旋转"工具，将画面调正。

（四）选择识别区域

识别时选择"设定识别区域"工具，在文字画面上框出要识别的区域，这时也可根据画面情况框出多个区域。如果全文识别则不需设定识别区域。

（五）识别文字

单击"识别"命令，则 OCR 会先进行文字切分，然后进行识别，识别的文字将逐步显示出来。一般识别完成后，会再转入"文稿校对"窗口。

（六）文稿校对

各类 OCR 软件都提供了文稿校对修改功能，被识别出可能有错误的文字，用比较鲜明的颜色显示出来，并且可以进行修改。有些软件的文字校对工具可以提供字形相似的若干字以供挑选。

（七）保存文件

用户可以将识别后的文件存储成文本（TXT）文件或 Word 的 RTF 文件。

七、使用扫描仪的注意事项

（一）不要忘记锁定扫描仪

由于扫描仪采用了包含光学透镜等在内的精密光学系统，使得其结构较为脆弱。为了避免损坏光学组件，扫描仪通常都设有专门的锁定／解锁机构，移动扫描仪前，应先锁住光学组件。但要特别注意的是，再次使用扫描仪之前，一定要首先解除锁定。否则，很可能因为一时的疏忽而造成扫描仪传动机构的损坏。

（二）注意扫描仪的清洁

扫描仪内如果有灰尘或污痕，就会影响扫描时的反射光线的强弱，从而直接影响扫描的效果。清洁时注意不要用有机溶剂来清洁扫描仪，以防损坏扫描仪的外壳以及光学元件。

（三）不要带电接插扫描仪

在安装扫描仪，特别是采用EPP并口的扫描仪时，为了防止烧毁主板，接插时必须先关闭计算机。

（四）注意更新扫描仪驱动程序

许多用户平时只注重升级显卡等设备的驱动程序，却往往忽略了升级扫描仪的驱动程序，而驱动程序又直接影响扫描仪的性能，并涉及各种软、硬件系统的兼容性，为了让扫描仪更好地工作，应该经常到其生产厂商的网址下载更新的驱动程序。

（五）不要使用太高的分辨率

使用扫描仪工作时，不少用户把扫描仪的分辨率设置得很高，希望能够提高识别率。但事实上，在扫描一般文稿时选择300dpi左右的分辨率就可以了，过高的分辨率反而可能降低识别率。这是因为过高的分辨率会更仔细地扫描印刷文字的细节，更容易识别出印刷文稿的瑕疵、缺陷，导致识别率下降。

（六）不要让扫描仪工作在震动的环境中

如果摆放不平稳，扫描仪在工作的过程中就需要消耗额外的功率来寻找理想的扫描切入点，即使这样也很难保证达到理想的扫描仪垂直分辨率。

（七）不要频繁开关扫描仪

有的扫描仪要求比较高，在每次使用之前，要先确保扫描仪在计算机打开之前接通电源。这样的话，频繁开关扫描仪的直接后果就是要频繁启动计算机，而且频繁的开关对扫描仪本身也是极为不利的。

八、扫描仪常见故障及其解决方案

（一）扫描时发出的噪声很大

这是扫描仪工作时机械部分的移动产生的，与扫描速度密切相关。根据各品牌机器的具体软件指标，把扫描速度设置成中速或低速就可以解决问题。

（二）找不到扫描仪

确认是否是先开启扫描仪的电源，然后才启动计算机的。如果不是，可以按"设备管理器"的"刷新"按钮，查看扫描仪是否有自检，绿色指示灯是否稳定地亮着。假若答案肯定，则可排除扫描仪本身故障的可能性。如果扫描仪的指示灯不停地闪烁，表明扫描仪状态不正常。先检查扫描仪与电脑的接口电缆是否有问题，以及是否安装了扫描仪驱动程序。此外，还应检查扫描仪是否与其他设备冲突（IRQ或I/O地址），若有冲突可以更改SCSI卡上的跳线。

（三）扫描仪指示灯为桔黄色

若打开扫描仪后，其指示灯一直呈桔黄色，则应关闭扫描仪电源，并检查扫描仪电源是否插紧在插座上，以及是否接地，大约60秒后再打开扫描仪电源开关。

（四）扫描仪的"Ready"灯不亮

打开扫描仪电源后，若发现"Ready"灯不亮，应先检查扫描仪内部灯管。若发现内部灯管是亮的，可能与室温有关。解决的办法是让扫描仪通电半小时后，关闭扫描仪，1分钟后再打开它，问题即可迎刃而解。若此时扫描仪仍然不能工作，则先关闭扫描仪，断开扫描仪与电脑之间的连线，将SCSI ID的值设置成7，大约1分钟后再把扫描仪打开。在冬季气温较低时，最好在使用前先预热几分钟，这样就可避免开机后"Ready"灯不亮的现象。

（五）扫描仪扫出来的画面颜色模糊

如果扫描仪扫描出来的画面颜色模糊，可以从以下方面找找原因：

1.扫描仪的平板玻璃

如果扫描仪的平板玻璃脏了，应将此玻璃用干净的布或纸擦干净。注意不要用酒精之类的液体来擦，那样会使扫描出的图像呈现彩虹色。

2.扫描仪的分辨率设置

如果扫描仪的分辨率设置过低，会导致图像颜色模糊，因为它相当于把原稿的多个像素点合并成了一个像素点；如果扫描仪的分辨率设置过高，超过了它的光学分辨率的最大值，比如把光学分辨率为300×600dpi的扫描仪设置为1 200×2 400dpi以上的分辨率，影像也会比较模糊，因为这样等于把一个真实像素点放大了4倍。

3.显示器设置

检查显示器的色彩位数设置是否为16位或以上。

【思考与练习】

一、不定项选择题

1.下列各种扫描仪中，扫描效果最好，但价格较高的是（   ）扫描仪。

A.手持式　　　　　　B.平台式　　　　　　C.滚筒式　　　　　　D.胶片

2.扫描仪的安装一般分为3个部分，即（   ）。

A.硬件连接　　　　　　　　　　　B.安装扫描仪驱动程序

C.安装扫描软件　　　　　　　　　D.安装打印机驱动程序

3.扫描仪的驱动程序装好后，需要用相关的应用软件来获得扫描仪扫描的图像。最简单方便的就是用Windows系统自带的（   ）软件来进行。

A."画图"　　　　　　B."记事本"　　　　　　C."系统工具"　　　　D."扫地雷"

4.要实现文字识别，除了安装好扫描仪的驱动程序和图片处理的应用软件外，还要安装OCR文字识别软件才可以。目前市场上的中英文文字识别软件很多，比如（   ）、尚书等文字识别软件，以及"Office 2003工具"中的"Microsoft Office Document Imaging"。

A.清华紫光的OCR　　　　　　　　B丹青

C.汉王　　　　　　　　　　　　　D.绘声绘影

5.在用扫描仪扫描文字时，分辨率在（   ）dpi时扫描效果最好。

A.200　　　　　　　　B.300　　　　　　　　C.400　　　　　　　　D.600

6.如果扫描仪在工作时发出的噪声很大，通常的解决方法是（　　）。

A.将扫描仪摆放平稳　　　　　　　　B.降低扫描速度

C.提高扫描分辨率　　　　　　　　　D.更新驱动程序

7.下列关于扫描仪的叙述，正确的是（　　）。

A.扫描仪的色彩位数反映了扫描仪所能识别的颜色范围

B.要实现文字识别，必须要安装文字识别软件

C.用户应注意升级扫描仪的驱动程序

D.在每次使用扫描仪之前，最好在计算机打开之前接通扫描仪的电源

8.若打开扫描仪后，其指示灯一直呈桔黄色，则应关闭扫描仪电源，并检查（　　），大约60秒后再打开扫描仪电源开关。

A.扫描仪电源是否插紧在插座上　　　B.扫描仪电源是否接地

C.指示灯灯泡是否损坏　　　　　　　D.扫描仪的电源线是否断开

9.打开扫描仪电源后，若发现"Ready"灯不亮，应先检查扫描仪内部灯管。如果内部灯管没有问题，则应先关闭扫描仪，断开扫描仪与电脑之间的连线，将SCSI ID的值设置成（　　），大约1分钟后再把扫描仪打开就可以了。

A.5　　　　　　　　B.6　　　　　　　　C.7　　　　　　　　D.8

10.扫描仪扫描出来的画面颜色模糊，通常是由于（　　）。

A.扫描仪的平板玻璃脏了　　　　　　B.扫描仪的分辨率设定过低

C.电脑显示器的色彩位数设定过低　　D.扫描仪的电源电压不稳定

二、案例分析题

这天钟苗刚上班，经理就拿来一大堆报刊杂志，上面有关于本公司以及产品的介绍，要求钟苗整理一下，录入计算机中。这要是一个字一个字地敲，不知得录几天呢！看着这一大堆资料，钟苗突然想起储藏室有一台扫描仪。于是她找出扫描仪，在电脑中安装好驱动程度和扫描软件，将所有资料扫描进计算机，然后进行了整理，很快就完成了工作。

试分析一下，钟苗利用扫描仪的什么功能帮助自己高效率地完成了资料整理工作？此外，利用扫描仪还能帮助秘书人员高效率地完成哪些工作？

● 任务27　投影仪的使用

【任务目标】

了解投影仪的性能指标、使用方法、注意事项和维护常识，能够熟练使用投影仪。

【参考学时】

2学时

【知识支撑】

在数码技术迅猛发展的今天，投影仪已经成为了多媒体教室、多功能会议厅，以及大中型会所等演示场所的标准配置。目前，投影仪的技术越来越完善，功能越来越强大，体积越来越小巧，已成为许多公司日常办公讲座、演示活动不可缺少的时尚配置。

一、投影仪的性能指标

（一）分辨率

投影仪的分辨率通常指该投影仪内部核心成像器件的物理分辨率。当前投影仪的物理分辨率（又称真实分辨率）一般为 XGA（1 024×768 像素）、SXGA（1 280×1 024 像素）、UXGA（1 600×1 200 像素），其兼容分辨率一般比其物理分辨率高一个台阶。

分辨率越高，表示投影仪显示精细图像的能力越强。一般选择物理分辨率为 XGA 标准以上的投影仪，可以达到较好的效果。

（二）亮度

投影仪的亮度就是指投影灯泡输出到屏幕上的光线强度，也是投影图像的明亮程度，用流明来表示。一般情况下，投影仪的亮度越高，投射到屏幕上的相同尺寸的图像越明亮，图像也就越清晰。

现在主流投影仪亮度能达到 1 600 流明，甚至更高，可以满足大多数使用环境的要求。

（三）对比度

对比度是亮区对暗区的比例，对比度反映了一个画面明暗变化的范围大小。如果一个画面只能显示白色和黑色，而不能显示出阴影区域或黑暗区域的细微层次变化，就失去了画面的精细效果，因此好的对比度使得画面显得有很高的分辨率。对比度越大，效果越精微，好的投影仪可以达到 300：1 的对比度。

（四）均匀度

任何投影仪射出的画面都会有中心区域与四角的亮度不同的现象。均匀度就是反映边缘亮度与中心亮度的比值，均匀度越高，画面的一致性就越好。在此，投影仪的光学镜头起着关键的作用。

（五）灯泡的类型和寿命

灯泡作为投影仪主要的消耗材料，也是选购投影仪时必须考虑的重要因素。特别需要注意的是，不同品牌投影仪使用的灯泡一般是不能互换使用的。由于灯泡作为投影仪主要的消耗材料，其寿命直接关系到投影仪的使用成本。因此，一定要了解清楚灯泡寿命和更换成本。

（六）接口配置

投影仪的接口包括数据接口、控制接口、视频信号接口、音频信号接口和计算机接口等。在选择投影仪时，一定要考虑与投影仪连接的音视频设备和计算机设备与投影仪接口之间的兼容性和可连接性，同时也要考虑现在流行的或未来几年即将流行的接口方式。

二、投影仪的使用方法

投影仪用途非常广泛，可与电脑、电视、影碟机相连，以满足不同的需要。除了台式电脑，投影仪更多的是连接笔记本电脑，特别是出现了便携式投影仪之后，笔记本电脑＋

投影仪的组合已经成为移动办公人士的另一选择。下文以与电脑的连接为例说明使用投影仪的操作步骤。

（一）安放投影仪

常见的投影仪按照其使用方式，一般可以分为吊装式投影仪和便携式投影仪。吊装式投影仪一般由专业人员进行安装，秘书日常使用的主要是便携式投影仪。便携式投影仪重量较轻，便于移动。在安放时应注意桌面与地面的连线，以免不小心中断电源造成非正常关机；在投射画面倾斜或出现变形的情况时，可调整机器的支架并固定位置使画面正常；机器工作时，不要有文件或其他物体遮挡住通风口，以免影响机器的散热。

（二）连接投影仪与电脑

与投影仪接触最密切的是电脑，包括台式电脑和笔记本电脑。在投影仪附带的连接线中，VGA信号线和信号控制线都是用来直接和电脑连接的。VGA信号线连接电脑的视频输出接口和投影仪的VGA输入接口，信号控制线则连接投影仪的主控制端口与计算机的COM口。在日常的应用中，为了方便计算机与投影仪的屏幕切换，通常使用视频分配器进行中转连接，这样从分配器上就能引出两路VGA信号，其中一路信号传输到投影仪中显示，另一路信号传输到显示器中显示。演示者只需通过计算机的显示器操作，而不需要站在投影幕布前面看着投影内容进行讲解。

笔记本一般都提供了VGA输出接口，再加上自身的LCD显示器，因此没必要使用视频分配器连接。连接时只用与投影仪配套的RGB视频电缆，将其一头接在笔记本电脑用来外接显示器的VGA显示端口上，另一头接在投影仪的RGB输入端口上即可。

（三）接通电源，设置好输出方式

接通电源，投影仪处在待机状态，橙色的指示灯亮。按遥控器或投影仪操作面板上的电源按钮，此时投影仪进入预热状态，电源指示灯的绿灯闪烁。预热完成，绿灯停止闪烁，保持灯亮。这时，可通过遥控器激活投影仪的菜单设置，选择输入源为RGB。

完成投影连接并开启投影仪后，还需要切换好输出方式。因为电脑的输出方式有3种，可以同时按住Windows徽标键与"F5"键（与笔记本电脑相连接时，可以按下"Fn"键与"F8"键），来选用合适的屏幕输出方式。

（四）调整图像

接着就是将图像投射到墙壁或者幕布上，移动投影仪使图像投射到正确位置，同时调整投影仪镜头旋钮进行对焦就行了。同时，投影的图像要尽量充满整个幕布。如果出现图像呈梯形或者平行四边形，那么还可以借助投影仪内置的梯形纠错功能进行调整。除此之外，用户还可以使用投影仪操作面板或遥控器调整投影仪的图像位置、大小、亮度、对比度和色彩等。

（五）设置分辨率

为了能够获得更佳的投影效果，用户还需对投影仪进行一番调整设置。首先是分辨率的调整，目前电脑最常用的分辨率是1 280×1 024，如果选择的投影仪支持1 280×1 024分辨率，基本就不需要调整了。但如果使用的投影仪支持最高分辨率为1 024×768，但是计算机设置的分辨率为1 280×1 024，甚至更高，在这种情况下将会出现电脑屏幕显示与投影屏幕显示不一致的情况，在电脑屏幕上能够正常显示的图像在投影屏幕上有可能会有一些边缘部分显示不出来。因此，要根据投影仪所支持的分辨率来设定视频源的分辨率，使之相互吻合来获得最佳效果。

（六）关闭投影仪

投影仪在长时间使用的情况下直接关机会严重影响投影仪灯泡的使用寿命。因此，投影仪使用完毕后，不能马上切断电源。正确的关机顺序是：先按下"Lamp"按钮，当屏幕出现是否真的要关机的提示时，再按一下"Lamp"按钮，随后投影仪控制面板上的绿色指示灯不亮，橙色指示灯闪烁。2~3分钟后，等到投影仪内部散热风扇完全停止转动，黄色信号灯停止闪烁时，再将投影仪关闭，切断电源。

三、使用投影仪的注意事项

由于投影仪的价格一般都非常昂贵，而且集机械、液晶、电子电路技术于一体，属于高精密仪器，因此在使用时必须注意以下事项：

（一）保持投影仪镜头的清洁

投影仪镜头干净与否，将直接影响投影屏幕上内容的清晰程度。发现屏幕上出现各种圆圈或斑点时，多半是投影镜头上的灰尘造成的。同时，投影仪镜头非常娇贵，在不用的时候需要盖好镜头盖避免粘落灰尘，清洁时应该使用专业镜头纸或其他专业清洁剂来清除投影仪镜头上的灰尘。

（二）投影过程中不能用镜头盖遮挡画面

在演示过程中，有时可能需要暂时遮挡住某些画面，这时正确的做法应该是使用投影仪的"黑屏"功能进行屏蔽，最好不要用镜头盖进行遮挡，因为这样可能造成投影仪内部温度升高，最终导致元器件损坏。

【小贴士6-2】

"黑屏"功能是一些投影仪厂家为了延长灯泡寿命、节省能源而专门设置的，在演示的过程中，按下遥控器或者投影仪操作面板上的"AV MUTE"键，可随时将投影仪切换到"黑屏"状态。

（三）不要关机后立即断电

大多数投影仪都使用金属卤素灯，处于点亮状态时，灯泡两端的电压一般在60V~80V左右，灯泡内的气体压强至少在10kg/cm²以上，而温度则高达上千度，灯丝处于半熔状态。因此，按下关机按钮后，散热风扇仍然会高速旋转，这是出于保护投影仪的需要而特别设计的。按下关机按钮后，不要立即关闭电源，更不能去搬动投影仪，否则很容易导致投影仪的周边元器件过热而损坏，更有可能对灯泡寿命产生不良影响。注意要等待2~3分钟，以便让投影仪有一个缓冲的过程，从而让它在散热后自动停机。

（四）不要带电插拔电缆

有些用户为了省事，经常带电插拔电缆信号线，其实这是很危险的。因为当投影仪与信号源连接不同电源时，两根零线之间可能存在较高的电位差，带电插拔时可能导致插头与插座之间发生打火现象，其后果可想而知。

（五）不要频繁开、关机

在每次开、关机操作之间，最好保证有3分钟左右的间隔时间，目的是为了让投影仪充分散热。开、关机操作太频繁，容易造成投影仪灯泡炸裂或投影仪内部电器元件被损坏。

四、投影仪常见简单故障

(一) 投影仪RGB端口无输入信号

投影仪在切换到RGB输入时，有时会提示RGB端口无信号输入。这种情况下，首先应检查VGA连接线是否连接正常。若正常，说明电脑VGA输出口无信号输出，问题出在电脑上。一般而言，VGA端口损坏的几率比较小，这种情况主要是输出模式有误，尤其是笔记本电脑经常会出现这种问题。笔记本电脑一般存在3种输出模式，分别为：液晶屏幕输出，VGA端口无输出模式；VGA端口输出，屏幕无输出模式；VGA端口与屏幕都有输出模式。其中，第一种为默认模式。

所以，必须把笔记本电脑切换到第三种输出模式，这样才能在电脑屏幕和投影仪上同时输出相关内容。一般笔记本电脑的切换方式为Fn+F8，用户可以查阅笔记本电脑自带的手册进行查询。

(二) 投影仪有信息输入，但无图像

遇到这种情况，先检查笔记本电脑的输出模式，如果输出模式正确，那么问题出在电脑的分辨率和刷新频率上，多是由于电脑的分辨率和刷新率与投影仪不匹配造成的。如果电脑所能达到的分辨率和刷新频率均较高，超过了投影仪的最大分辨率和刷新频率，就会出现以上现象。解决方法很简单，通过电脑的显示适配器调低这两项参数值，一般分辨率不超过1 280×1 024，刷新频率在60Hz～75Hz之间，可参考投影仪说明书。另外，有可能碰到无法调整显示适配器的情况，请重新安装原厂的显卡驱动后再行调整。

(三) 投影图像偏色

这主要是连接线的问题，检查连接线与电脑、投影仪的接口处是否拧紧。如果拧紧后问题仍未解决，则可更换连接线。

【思考与练习】

一、不定项选择题

1.分辨率越高，表示投影仪显示精细图像的能力越强。一般选择物理分辨率为（　　）标准以上的投影仪可以达到较好的效果。

A.SVGA　　　　　　B.XGA　　　　　　C.SXGA　　　　　　D.VGA

2.投影仪的亮度指标用（　　）来表示。

A.分辨率　　　　　　B.流明　　　　　　C.带宽　　　　　　D.均匀度

3.在演示过程中，有时可能需要暂时遮挡住某些画面，这时正确的做法应该是使用投影仪的（　　）功能进行屏蔽，最好不要用镜头盖进行遮挡，因为这样可能造成投影仪内部温度升高，最终导致元器件损坏。

A."黑屏"　　　　　　B."白屏"　　　　　　C."静音"　　　　　　D."暂停"

4.在日常的应用中，为了方便计算机与投影仪的屏幕切换，通常使用（　　）进行中转连接，这样从（　　）上就能引出两路VGA信号，其中一路信号传输到投影仪中显示，另一路信号传输到显示器中显示，演示者只需通过计算机的显示器操作，而不需要站在投影幕布前面看着投影内容进行讲解了。

A.音频分配器　　　　B.视频分配器　　　　C.信号控制器　　　　D.调制解调器

5.投影仪不能频繁地开关机。在每次开、关机操作之间，最好保证有（　　）左右的间隔时间，目的是为了让投影仪充分散热。

A.1分钟　　　　　　　B.3分钟　　　　　　　C.10分钟　　　　　　　D.15分钟

6.笔记本电脑一般存在3种输出模式，分别为：液晶屏幕输出，VGA端口无输出模式；VGA端口输出，屏幕无输出模式；VGA端口与屏幕都有输出模式。其中，（　　）为默认模式。

A.第一种　　　　　　B.第二种　　　　　　C.第三种　　　　　　D.第一种或第二种

7.投影仪有信息输入，但没有图像，产生这种故障的原因可能有（　　）。

A.电脑的输出模式不匹配　　　　　　　B.电脑的分辨率不匹配

C.电脑的刷新率不匹配　　　　　　　　D.VGA连接线有问题

8.如果投影仪的投影图像偏色，则表明（　　）出现了问题。

A.投影仪的灯泡　　B.电源线　　　　　　C.VGA连接线　　　　　D.音频线

二、案例分析题

（一）

会议结束了，秘书钟苗忙着清理会议室。她关掉了计算机、投影仪，却没有切断投影仪的电源，就忙着去清理文件、整理桌椅、名签等，等其他事情都处理完后，她才过来切断了投影仪的电源，将投影仪搬走。

试分析一下，钟苗的做法是否正确？为什么？

（二）

一天，公司领导安排钟苗在会议室布置一台投影仪，用来为客户介绍公司的相关情况。钟苗提前一个小时就来到了会议室，开始安放并调试投影仪。在调试过程中，钟苗发现，在笔记本电脑上能够正常显示的图像，到了投影屏幕上却无法全部显示，四周的边缘部分莫名其妙地被截掉了。这是怎么回事儿呢？钟苗感到十分困惑。

试分析一下，出现这种情况的原因是什么？应该怎么解决？

三、模拟训练题

请同学们轮流完成投影仪的安放、与电脑的链接、开机、图像调整、关机等过程。

项目七

安全管理

● 任务 28　值班工作

【任务目标】

了解值班工作的方法和要求，能够独立胜任和安排值班工作。

【参考学时】

2 学时

【知识支撑】

值班工作是保证组织及时获得准确信息，进行正确决策，以及出于安全防范的需要而开展的经常性工作，是秘书部门的常规工作之一。秘书值班工作除本人轮值期间按要求做好具体值班工作外，还包括做好值班管理工作。

一、值班的概念

值班，是指一个组织在正常工作时间以外安排有关人员轮流交替坚守岗位，负责处理组织一些临时性的综合事务或专项性的特定事务。

二、值班工作的任务

（一）及时准确传达信息

它包括接听并记录电话，接受并登记紧急文件，收受并转送电报，答复上级单位对有关情况的询问等。值班室应保证各种通信器材畅通无阻，并备有各部门领导人和交通、公安、消防、急救等常用电话号码表，密切保持与机关、单位负责人的联系；应掌握领导人的活动和去向，保证在遇到特殊情况的时候能够及时地通知他们，但是未经领导人的同意，不能将领导的活动和去向告知无关人员。

（二）做好接待工作

对于外地来访者，要协助安排好食宿，并通知有关单位做好接待工作；对于本地公务来访或询问事情，要视情况予以答复；对于找领导人解决问题的，要根据问题的性质，做出适当处理。在接待来访人员之后，应填写好接待记录。

（三）承办临时事项

1.承办上级通知事宜

接到上级重要指示、通知后及时向相关领导报告，并根据领导批示和处理情况，按要求向上级报告。

2.承办下级请示报告的事宜

对下级来的一般性电话请示、报告，可根据有关精神给予明确的答复。比较重要的要向领导报告，并根据领导的指示进行相关处理或者转有关部门处理。

3.承办领导交办的事宜

它包括传达领导对某一问题的指示、意见，下达临时性的会议通知，向上级机关或者外单位询问有关事项等。

（四）处理突发事件

如果遇到发生事故、火灾、盗窃或暴雨、地震等突发事件，值班人员应该做到遇事不慌、处变不惊，能够沉着、冷静、机智、果断地加以处理，譬如立即向领导报告，就近组织人力救灾抢险，或向邻近机关、单位、部队求援，或保护事故现场，或紧急转移机要文件和贵重物资等。

（五）安全保卫

这和机关、单位保安人员的任务不同。保安人员的任务事关整个机关、单位里里外外的防火、防盗，而值班室主要是负责夜间和节假日机关内部机密文件资料和器材的保护。当然，这两方面的人员和任务是密不可分的。节假日和非工作时间要做好或者协助做好安全保卫、保密、紧急文书处理、印信等管理工作。

三、值班工作的基本要求

（一）值班服务守岗守时

值班人员在规定的值班时间内，必须做到人不离岗。因为值班期间要处理来自四面八方的函电信息，必须随时准备应付复杂情况和处理突发性事件。因此，值班室人员必须坚守岗位，有事要提前请假，如无临时接班人，不得离开岗位。

（二）上传下达及时准确

对于值班过程中需要传达的各种信息，要及时准确地予以传达。

（三）来访接待文明热情

对来联系公务的人员，值班人员要热情接待，了解来意，不得敷衍、推诿。对群众来访要主动做好接待、解释、说服工作，并及时报告单位领导。

（四）文件资料注意保密

对于领导呈阅件、值班记录、重要传递件以及其他文件资料等，值班人员都要随时放入专用抽屉或保险柜内，不得让无关人员翻阅。

（五）应急处理审慎果断

接到重大突发性事件的情况报告后，值班人员要沉着冷静，按程序及时报告，并审慎果断地协助领导进行处理。值班人员要时刻与重大突发性事件现场及处理负责人保持紧密联系，密切注视事态发展和处理工作进展情况，及时、准确地将有关情况报告有关领导和上级有关机关办公室。

（六）详细填写值班日志

值班日志是值班期间有关情况的简要记录，对于值班期间处理的每一件事，包括电话处理、来人接待、突发事件处理等都要予以记录。

详细填写并妥善保存值班日志，具有十分重要的意义：首先，值班日志有利于下一班值班人员了解情况，有利于保持上、下班工作的连续性；其次，值班日志有利于上司了解、检查、考核值班工作；最后，值班日志有利于编写情况反映、工作简报、大事记等。

【工具箱7-1】

值班日志示例

青海集团机械设备公司值班日志

值班时间	年 月 日（星期 ）		值班人	
值班记录：				
备注：				

四、值班工作制度

值班制度是要求值班人员共同遵守的规程或行为准则，是保证做好值班工作必不可少的措施。值班制度应该根据本机关、本单位的工作性质和具体情况制定，主要包括：

（一）信息处理制度

它包括对各种渠道传递过来的信息的基本处理程序，比如下级单位用电话报送一条信息，值班工作人员应当如何记录、登记，哪一类信息应报哪一级领导。

（二）岗位责任制度

它规定值班工作人员在值班期间所拥有的权利、义务和应承担的责任。

（三）安全保密制度

它包括各种涉密信息材料的保管方式，不同密级的信息材料的传递方式等。

（四）交接班制度

由于值班工作是轮流进行，有些事在一个班次内办理不完，则要交给另一个班次办理。因此，值班人员必须认真做好值班记录，并严格执行交接班制度。

1.交接时间和内容

接班人员应提前20分钟左右到达，双方进行认真的交接。交接的内容包括值班日志、相关设备、器材、资料以及钥匙等。

2.交接方式

（1）集体交接班，即所有值班人员集中在一起进行交接班。交班人员汇报值班时间内发生了哪些事情、领导有什么批示、办理到何种程度、需要接班人员做些什么工作等。这种交班方式一般在高级党政机关或者召开大型会议时使用。

（2）单独交接班。值守同一岗位的相邻的两个值班人员根据本部门或本岗位的具体情况进行单独交接班。

3.交接纪律

接班人员如果迟到,上一班人员应继续坚守岗位,并电话询问接班人,不得擅自离岗。如果联系不到接班人,应电话向主管请示如何处理。

(五)请假制度

由于值班工作多在夜间和节假日,人员安排往往紧缩到最低限度,值班人员必须严格执行请假制度。当班人员如有病或有事,应提前向主管请假,以便安排替代。

【阅读材料7-1】

值班管理制度示例

运通公司值班管理制度

第一条 本公司于节假日及工作时间外应办一切事务,除由主管人员在各自职守内负责外,应另派值班人员值班处理下列事项:

1.临时发生事件及各项必要措施。

2.指挥监督报案人员及值勤人员。

3.预防灾害、盗窃及其他危机事项。

4.随时注意清洁卫生、安全措施与公务保密。

5.公司交办的各项事宜。

第二条 本公司员工值班,其时间规定如下:

1.自星期一至星期六每日下午下班时起至次日上午上班时间止。

2.例假日:日班上午八时起至下午五时止(可随办公时间的变更而变更),夜班下午五时半起至次日上午八时止。

第三条 员工值班安排表由各部门编排,于上月底公布并通知,值班人员按时值班,并应配置值日牌,写明值班人员的姓名悬挂于明显地方。

第四条 值班人员应按照规定时间在指定场所连续执行任务,不得中途停歇或随意外出,并须在本公司或工厂内所指定的地方食宿。

第五条 值班人员遇有事情发生可先行处理,事后方可报告;如遇其职权不能处理的,应立即请示主管领导。

第六条 值班人员收到电文应分别依下列方式处理:

1.属于职权范围的可及时处理。

2.非职权所及,视其性质应立即联系有关部门负责人处理。

3.密件或限时信件应立即原封保管,于上班时呈送有关领导。

第七条 值班人员应将值班时所处理的事项填写报告表,于交班后送主管领导转呈检查,报告表另定。

第八条 值班人员如遇紧急事件处理得当,使公司减少损失,公司视其情节给予嘉奖。

第九条 值班人员在值班时间内擅离职守,应给予记大过处分;因情节严重造成损失,从重论处。

第十条 值班人员因病和其他原因不能值班的,应先行请假或请其他员工代理并呈准,出差时亦同,代理者应负一切责任。

第十一条 本公司员工值班可领取值班津贴,其表另定。

【思考】这个值班管理制度中包含了哪些方面的内容？分别位于第几条？

五、编制值班表

值班表是将某一时间段中已经确定的值班人员姓名清晰地记载和标明的表格，是提醒人们按照值班表的要求值班，以保证组织整体工作连续和完成的表格。

（一）值班表的主要项目

值班表通常包括以下项目：①具体值班时间和值班期限；②值班人的姓名；③值班的地点；④值班电话；⑤负责人或带班人的姓名、电话；⑥备注。

（二）值班表的种类

根据值班任务的不同和面向范围的不同，我们通常可以把值班表分为以下3类：

1.节假日部门值班表

这类值班表通常用于公司的某一个部门，如财务部、营销部、生产部等，值班时段通常相当于非节假日的上班时段。

【工具箱7-2】

部门值班表示例

青海集团机械设备公司财务部2015年国庆节值班表

值班时间	值班人	值班地点	值班电话	带班领导	联系方式	备注
10/01	赵一	财务部	××××2538	田娅	××××3721	1.值班时间为每天的8点到17点；
10/02	钱二	财务部	××××2538	魏律	××××3722	2.值班人员要坚守岗位，认真负责，不准擅自脱岗
…	…	…	…	…	…	
…	…	…	…	…	…	
…	…	…	…	…	…	

2.节假日总值班表

这类值班表通常用于公司的秘书部门，用来统筹安排各部门的值班事宜，值班时段与节假日部门值班表相同。

【工具箱7-3】

总值班表示例

青海集团机械设备公司2015年国庆节总值班表

值班时间	部门名称	值班地点	值班电话	值班人	带班领导	联系方式	备注
10/01	办公室	办公室	××××2538	赵一	田娅	××××3721	1.值班时间为每天的8点到17点；
	生产部	生产部	××××2539	钱二			
	营销部	营销部	××××2540	孙三			2.值班人员要坚守岗位，认真负责，不准擅自脱岗
	…	…	…	…			
…	…	…	…	…	…	…	

3.夜间值班表

这类值班表通常仅用于各个组织的秘书部门，是一个组织为了保证自身的不间断运转和应对夜间的突发事件而设立的值班制度，值班人员通常为该组织秘书部门的秘书人员，实行轮流值班制，值班时间为前一天的下班时间至第二天的上班时间。

【工具箱7-4】

夜间值班表示例

青海集团机械设备公司办公室2015年3月份夜间值班表

值班时间	值班人	备注
3/1—3/2	赵一	1.值班时间为前一天的17点到第二天的8点；
3/2—3/3	钱二	2.值班地点为公司夜间值班室，值班电话为××××8896；
3/3—3/4	孙三	3.值班人员要坚守岗位，认真负责，不准擅自脱岗；
3/4—3/5	李四	4.遇有突发事件，随时报告办公室主任和相关公司领导；
...	...	...

【思考与练习】

一、不定项选择题

1.上级单位询问本公司经理行踪及本公司工作情况，值班人员如果对情况清楚，应（　　）。

A.直接报告　　　　　B.灵活应对　　　　　C.避而不答　　　　　D.拒绝回答

2.值班日志有利于（　　）。

A.下一班值班人员了解情况　　　　　　B.保持上、下班工作的连续性

C.上司了解、检查、考核值班工作　　　D.编写情况反映、工作简报、大事记等

3.交接班的时候，接班人员应提前（　　）到达，双方进行认真的交接。交接的内容包括值班日志、相关设备、器材、资料以及钥匙等。

A.1个小时左右　　　B.5分钟左右　　　C.20分钟左右　　　D.2个小时左右

4.值班表通常包括（　　）等项目。

A.值班时间　　　　　B.值班人姓名　　　C.值班电话　　　　　D.值班报酬

5.值班工作的任务主要包括（　　）。

A.及时准确传达信息　　　　　　B.做好接待工作

C.承办临时事项　　　　　　　　D.处理突发事件

6.值班制度是要求值班人员共同遵守的规程或行为准则，是保证做好值班工作的必不可少的措施。值班制度应该根据本机关、本单位的工作性质和具体情况制定，主要包括（　　）。

A.信息处理制度　　　B.岗位责任制度　　　C.安全保密制度　　　D.交接班制度

7.集体交接班即值班机构的工作人员在一起交接班。交接班人员汇报值班时间内发生了哪些事情、领导有什么批示、办理到何种程度、需要接班人员做些什么工作等。这种交班

方式一般在（　　）使用。

A.中小型企业　　　　B.私营企业　　　　　C.高级党政机关　　　D.召开大型会议时

8.交接班的时候，接班人员如果迟到，上一班人员应（　　）。

A.继续坚守岗位，不得擅自离岗

B.给接班人员打电话询问情况

C.在值班日志上说明接班者迟到，并锁门离开

D.向主管电话请示怎么办

9.根据值班任务的不同和面向范围的不同，我们通常可以把值班表分为（　　）3类。

A.节假日部门值班表　　　　　　　　B.节假日总值班表

C.夜间值班表　　　　　　　　　　　D.工作时间值班表

10.夜间值班表通常仅用于各个组织的（　　），是一个组织为了保证自身的不间断运转和应对夜间的突发事件而设立的值班制度，值班时间为前一天的下班时间至第二天的上班时间。

A.决策部门　　　　　B.业务部门　　　　　C.财务部门　　　　　D.秘书部门

二、案例分析题

这天，鸿运公司行政部门秘书小刘值班。凌晨2点刚过，小刘突然闻到一股烧焦的味道，他立即顺着味道传来的方向查去，看到一个仓库的门缝冒出浓烟，"不好，失火了!"他飞快地跑回值班室，拨打119报警，接着拨打行政部门经理的电话，报告了情况，然后找出值班室的灭火器，拔出插销，严阵以待，防止火势向值班室方向蔓延。5分钟后，消防车赶到，迅速将火扑灭。事后经过调查，起火原因是老鼠咬断电线造成短路，引燃了仓库里的衣服。就此事，公司总经理在大会上表扬了小刘。

试分析一下，秘书小刘为什么会得到总经理的表扬？从这个案例中可以看出，要想做好值班工作，至少需要具备哪些方面的知识和技能？

● 任务29　处理突发事件

【任务目标】

了解突发事件的种类、特点以及处理技巧，能够妥善处理各种突发事件。

【参考学时】

2学时

【知识支撑】

一、突发事件的概念和种类

突发事件通常指突然发生的、具有很大危险性、需要立即采取应对措施、尽力控制的事件。这种事件的最大特点就是不可预见性，我们无法知道它什么时候发生，在哪里发

生，发生到什么样的程度。而每一个社会组织都有责任保证在其办公地点的工作人员以及来访者的安全，使所有突发事件的危险最小化。

一般来说，可能出现的突发事件通常包括四种，即火灾、伤害、疾病、炸弹威胁或恐慌。

二、突发事件的预防措施

（一）制订预案

以书面形式确定紧急情况处理程序，准确而详尽地描述出发生火灾、人员受伤、突发疾病或发生炸弹威胁等恐怖活动时的具体处理程序。

（二）加强培训

用上述紧急情况处理程序培训所有工作人员，如健康、安全培训，急救培训，保安人员的特殊培训。

（三）大力宣传

利用各种形式宣传突发事件处理程序，让所有人员了解有情况发生该如何疏散，让所有人员知道有关急救人员的姓名和联系方式。

（四）模拟演练

加强紧急情况模拟演练，如定期进行消防演习或疏散演习来测试制定的应急预案是否合适，并逐步提高员工在各种紧急情况下的应急反应能力。

（五）明确责任

明确各级管理人员在紧急情况下应承担的任务和职责，一旦有情况，由他们担当处理。

（六）保障有力

要配备相关的设备和资源以保证能够随时处理各种紧急情况，如报警装置、灭火器、急救包等，并通过定期检查和更新，保证这些设备时刻处于有效状态。

【情景案例 7-1】

汶川地震中的桑枣奇迹

2008 年 5 月 12 日，汶川大地震，天崩地裂，山河移位，安县桑枣中学 2 200 多名师生却无一伤亡，该校校长叶志平因此被网友誉为"最牛校长"。

地震波骤然袭来的短短 1 分 36 秒后，桑枣中学 31 个班级的 2 200 多名师生分别从 8 栋教学楼集中到操场上，以班为单位紧挨着站好，教师围在四周，师生无一伤亡。

从 2005 年起，桑枣中学每学期都进行一次紧急情况演习，从模拟停电、垮塌到暴雨、地震，2008 年 3 月 13 日刚刚进行过火灾演习。2005 年第一次演习的时候，全校师生花了 9 分钟才集中到操场上，而 2008 年 3 月 13 日则用了三四分钟。地震这次实战，师生表现最好，只用了 1 分 36 秒。

地震发生的那一刻，师生们突然感到大楼摇了一下。那时候，31 个班的授课老师已经进了教室，因为学校规定老师提前 5 分钟进教室。老师们赶忙按照演习过的流程，先命令"所有人蹲在桌子下"！学生们立刻钻到桌子下。

震波刚过。副校长立即冲向教学楼，大喊："紧急疏散！"如演习时一般，楼梯口老师到位，班主任组织学生撤离，孩子们潮水般跑了出来。从第一次震动到后来剧烈震动，足足有 40 秒时间。这宝贵的 40 秒，已让一半学生疏散到操场上。随后，剩下的学生也顺利疏散。

三、处理突发事件的原则

(一)快速反应，控制事态发展

及早发现、及时应对，是处理突发事件的第一要务。按照危机管理的理论，任何危机的发生和发展过程均可分为突发期、扩散期、爆发期、衰退期4个阶段，并随着危机事件的扩展和深化，处理和平息危机的成本也将呈几何级数增长。因此，及早发现问题，并采取有效措施控制事态的发展，化解危机，不仅能减少事件所造成的消极影响，而且投入的成本也比较低。而一旦任其发展，事情就会像决堤的洪水一样难以控制，就有可能造成致命的伤害，并极有可能引起连锁反应。

【情景案例7-2】

承赤高速快速反应避免惨剧发生

2016年4月16日16时，承赤高速信息调度中心在监控中发现承赤高速北京方向K1067公里附近，几名十来岁的男孩躺在高速公路车道内，有车快开过来时赶紧爬起来跑到路边，车子过去后又跑回车道躺下，似乎是在做一种比谁胆子大的游戏。来往车辆或来不及刹车飞速驶过，或紧急制动尽量避让，几次险些酿成惨剧，场面十分危险。监控人员立即启动联动机制，向双峰寺交警大队报警。

高速交警双峰寺大队接警后第一时间出警，承赤高速信息调度中心通过路上实时监控确定孩子位置，并与交警时刻保持联系，将孩子位置告知交警。在承赤高速信息调度中心的统一调度下，交警于16时15分顺利找到孩子，并将他们安全护送回家，避免了惨剧的发生。同时将此事告知其家长，要求家长对孩子进行进一步教育。

（资料来源：国家交通运输部网站）

(二)以人为本，保护公众利益

当自然灾害发生时，保护人的生命安全是最高利益、最大原则。要在第一时间内组织人员迅速撤离危险地带，而不要组织非专业人员进行抢救，以致造成更大的和无谓的人员伤害。当人为的事件发生时，要最大限度地维护公众利益，努力降低公众的损失，以取得公众的理解和信任，维护企业的良好形象。在很多突发事件的处理中，企业的态度是最重要的，事实有时还退居其次，因为舆论总是保护弱者。如果可以预见客户所受到的损失，主动地表示承担责任，比被动应付的成本要低，效果也要好。

(三)公开透明，真诚面对公众

企业一旦发生突发事件，无论什么性质，无论多么严重，企图封锁消息、隐瞒事实真相都是最愚蠢的做法。到头来，不仅掩盖不住真相，还会造成舆论上的混乱，延误救援的最佳时机，极大地损害组织形象。正确的态度应是及时与新闻媒体联系，披露事实真相和企业所采取的态度及应对措施，争取公众的理解和支持。企业无论是否有错，都需要有一个正确的心态，增强透明度，向公众做出坦诚的解释。人们会为"敢于认错，知错就改，勇于负责"的态度叫好，却不能原谅不负责任的遮掩和逃避。事实上，出了问题并不可怕，重要的是化解危机的手段和过程。只要采取积极的态度和措施，给大家一个明确的交代，公众是会通情达理的。

近年发生的"××牌婴儿奶粉碘超标"事件和"××回炉奶"事件，都是由于企业领导的沉默应对和隐瞒事实真相，其傲慢的态度引发了社会公众的不满，结果导致了一场信任危机，产品的市场占有率急剧下降，企业的经济效益迅速下滑。

（四）重塑形象，置之死地而后生

企业遭遇风险、出现危机并不可怕，可怕的是因为惧怕挫折、困难、失败和危机而一蹶不振，痛失企业发展的良机。世界上许多优秀的大企业也都曾遭遇过危机，但由于平时的精细管理，由于在危机来临时应对得当，都能够化险为夷，使危机变成转机。

可见，危机是一场考验，也是一次机遇，关键是要有良好的心态和能够化解危机的举措。

【情景案例 7-3】

危机让我们更强大

一个多世纪以来，马士基一直占据着全球航运业的领导者地位，其顶峰时期的营收一度占到丹麦国家工业总产值的一半以上。然而，席卷全球的金融危机让这家公司出现了历史上的首度亏损。2009 年，马士基中国业务亦受到重创，航运、物流、码头三大业务满盘皆输。

然而，危机中的马士基却以壮士断腕的决心实施了业务重塑和流程再造的变革。变革的核心，是以客户为中心，航运业务重整架构。原来隶属于总部的销售与运营权下沉至三大区域总部，为客户提供量身定做的产品和服务。与此同时，将信息中心从深圳搬到成都，在节省成本的同时提升客户反应速度。对员工的绩效考核指标进行改革，将利润指标贯彻到每一位员工，以"人均处理集装箱数量"来督促员工提升效率。2010 年，公司业务全面回升。

"不要'浪费'任何一次危机。"马士基（中国）有限公司总裁彦辞说。在他看来，危机是实施变革的好机会。"提升效率，节约成本，重视客户"，这些老生常谈的口号正在转化为员工的切实行动。"危机让我们更强大。"彦辞自信地说。

（资料来源：《财富》中文网）

四、处理突发事件的工作流程

（一）及早发现，马上报告，保护现场

企业发生重大突发性事件时，务必在第一时间向有关部门和当地政府报告情况，由政府统一组织和调动各种资源进行抢救。这时企业的主要任务是组织人员有序撤离危险地带，提供真实准确的情况，组织并配合专业人员进行抢救。

（二）查找问题原因

在突发事件面前，企业领导者要临危不乱，沉着应对。首先要搞清楚问题的原因。是竞争对手所为，还是消费者的行为主导；是政府机构发起，还是媒体的主动行为；是由于客观环境的冲击，还是企业管理上的失控。不同的原因意味着风险的性质不同，意味着需要调动的资源不同，意味着采取的对策和投入的成本不同。只有找准主要矛盾和矛盾的主要方面，才能选准主攻方向和突破口，迅速地化解危机。

（三）成立临时指挥中心

企业一旦发生危机，不管是什么性质，都要成立临时指挥中心，调动一切可以调动的资源，进入紧急状态。指挥中心应由企业的第一责任人担任总指挥，并组建抢救组、调查组、善后处理组、接待组、宣传组、物资供应组等临时组织，明确各自的责任，统一指挥，集中资源，分工负责，做到忙而不乱。

（四）控制源头，釜底抽薪

在找到问题的原因后，最要紧的是尽一切努力与问题的"源头"直接取得联系，争取彼此达成谅解，满足对方的要求，防止事态的扩大。即使无法达成和解，也能够了解对方的态度，有助于问题的解决。对在危机中受到损失的客户，要主动与之进行联系，表示理解和问候，尽量满足客户的合理要求，采取积极的措施帮助他们解决实际困难，并视情况给予合理的补偿。如采取产品召回措施、冻结措施、用户补偿措施等，以表明本企业是个负责任的企业。

（五）召开新闻发布会

发生危机后，企业要设立新闻发言人，统一口径，一个声音对外。要向公众坦诚地说明情况，避免因公众不了解情况而听信传言，损害组织形象。如果确实是企业自身的问题，除了诚恳道歉外，还要同时公布补救的措施，以获得公众的谅解和支持。要保持与媒体的紧密联系，必要时开通社会公众热线，正面回答媒体和公众的问讯，随时通报事件的进展情况。

五、突发事件的记录

不管什么样的突发事件，也不管有没有发生实质性的伤害或者损失，都应该报告和记录。这是相关法律的要求，也是安全教育的案例资料。这样做，既能监督事故，保证采取措施消除事故隐患，还可提供准确的记录，用于应对有关赔偿的法律案件。

（一）事故情况记录表

突发事件一旦发生，必须立即报告给上司或安全主管，并按照要求填写"事故情况记录表"。"事故情况记录表"通常需要记录事故时间、事故地点、涉及人员、证人、过程概述等内容。

【工具箱7-5】

事故情况记录表示例

××公司事故情况记录表

事故时间	年　月　日　时　分			事故地点	
涉及人员				证人	
记录人				记录时间	
事故过程概述：					

（二）工伤情况报告表

如果事故中有人受伤，涉及的每一个人都要填写一张"工伤情况报告表"，准确记录受伤人的基本信息、事故发生过程、救治情况和证明人等情况。

记录在"工伤情况报告表"上的信息主要有：工伤人员姓名、出生日期、住址、职务；发生事故的日期、地点；事故的细节及对事故的看法；进行的急救行动和医疗处理的情况，包括由谁进行。如果受伤人员送往医院，则要记清医院的名称和地址。必要时还要记录事故证人的姓名和职务，填写表格的人员签名和日期。

【工具箱7-6】

工伤情况报告表示例

××公司工伤情况报告表

1.工伤人员基本情况			
姓名		出生日期	
住址		职务	
2.事故情况			
发生时间		发生地点	
事故细节描述： 			
3.救治情况： 			
4.证明人情况			
姓名		职务	

填表人：　　　　　　　　　　　　　　　　　填表时间：　　年　月　日

六、突发火灾事故的应对措施

火灾是各种突发事件中最常见的一种。了解突发火灾事故的应对措施，对于减轻企业的财产损失、保障企业员工的人身安全具有十分重要的意义。

一般来说，火灾有初起、发展、猛烈、下降和熄灭5个阶段，建筑物起火后5～7分钟内是灭火的最好时机，超过这段时间，要设法逃离火灾现场。

（一）初期应对措施

发现初期火警，在场人员要按照以下步骤进行处理：

（1）即时报告行政部，报告内容应包括火警地点、燃烧物质、火势蔓延方向等。

（2）立即利用附近的灭火器械扑救，尽量控制火势发展。在可能的情况下，关闭门窗以减缓火势的蔓延速度。

（3）行政部消防主管收到现场报告后要即时向上级负责人报告情况。上级行政负责人接到火警报告后，应在第一时间向主管领导汇报，并带领保安消防人员，携带灭火器械以最快的速度到达火警现场。

（4）立即实施消防预案，指挥火警现场及可能受影响范围内的人员使用消防通道疏散。灭火后，当值负责人安排人员留守火警现场，等待调查。

（5）若扑救无效，当值负责人应即时将灭火人员撤离至安全区域，并进行火灾紧急处理程序。

（二）紧急应对措施

（1）初期火警扑救无效，火势无法控制并进一步蔓延时，在场当值负责人应该第一时间向主管领导汇报，并在第一时间向消防局报警。报警时要讲清楚发生火灾的地点及火势等。

（2）立即关闭防火分区的防火门或卷闸；安排人员携带灭火工具检查相邻房间和上下楼层通道是否有火势蔓延；检查电梯内有无被困人员。

（3）立即成立灭火指挥小组，指挥现场人员疏散，并指派专人清除路障，引导消防队伍进入火灾现场。

（4）做好火灾善后处理工作，包括协助调查起火原因、火灾现场清理等。

【思考与练习】

一、不定项选择题

1.突发事件的预防措施包括（   ）。

A.制订预案　　　　B.加强培训　　　　C.祈求上帝保佑　　　　D.模拟演练

2.处理突发事件应遵循的原则有（   ）。

A.快速反应，控制事态发展　　　　　　B.以人为本，保护公众利益

C.保守秘密，防止信息外泄　　　　　　D.重塑形象，置之死地而新生

3.企业一旦发生突发事件，无论什么性质，无论多么严重，企图封锁消息、隐瞒事实真相都是最愚蠢的做法。正确的态度应是（   ）。

A.通过媒体披露事实真相　　　　　　　B.通过媒体表明企业的态度

C.通过媒体公布企业采取的应对措施　　D.争取公众的理解和支持

4.当自然灾害发生时，（   ）是最高利益、最大原则。要在第一时间内组织人员迅速撤离危险地带，而不要组织非专业人员进行抢救，以致造成更大的和无谓的人员伤害。

A.保护财产安全　　　　　　　　　　　B.保护国家的公共财产

C.保守国家秘密　　　　　　　　　　　D.保护人的生命安全

5.及早发现、及时应对，是处理突发事件的第一要务。按照危机管理的理论，任何危机的发生和发展过程均可分为（   ）等几个阶段，并随着危机事件的扩展和深化，处理和平息危机的成本也将呈几何级数增长。

A.突发期　　　　　　B.扩散期　　　　　　C.爆发期　　　　　　D.衰退期

6.处理突发事件的工作流程主要包括（   ）等环节。

A.及早发现、马上报告、保护现场　　　B.查找问题原因

C.成立临时指挥中心，控制问题源头　　D.召开新闻发布会

7.企业一旦发生危机，不管是什么性质，都要成立临时指挥中心，由企业的（   ）担任总指挥，调动一切可以调动的资源，进入紧急状态。

A.第一责任人　　　B.分管负责人　　　C.办公室主任　　　D.秘书

8.突发事件一旦发生，应该立即报告给上司或安全主管，并按照要求填写（   ）。

A."安全隐患排查表"　　　　　　　　　B."事故情况记录表"

C."工伤情况报告表"　　　　　　　　　D."设备故障登记表"

9.如果突发事件中有人受伤，涉及的每一个人都要填写一张"工伤情况报告表"，准确记录（   ）。

A.受伤人的基本信息　　　　　　　　　B.事故发生过程

C.救治情况　　　　　　　　　　　　　D.证明人情况

10.火灾有初起、发展、猛烈、下降和熄灭5个阶段，建筑物起火后（   ）是灭火的最好时机，超过这段时间，要设法逃离火灾现场。

A.半小时内　　　　B.1小时内　　　　C.15～20分钟内　　D.5～7分钟内

二、案例分析题

2015年8月12日，位于天津市滨海新区天津港的瑞海国际物流有限公司危险品仓库发生火灾爆炸事故，造成165人遇难（其中参与救援处置的公安消防人员110人，事故企业、周边企业员工和周边居民55人）、8人失踪（其中天津港消防人员5人，周边企业员工、天津港消防人员家属3人），798人受伤（伤情重及较重的伤58人，轻伤员740人）。

2015年8月18日，经国务院批准，成立了由公安部、安全监管总局、监察部、交通运输部、环境保护部、全国总工会和天津市等有关方面组成的国务院调查组，邀请最高人民检察院派员参加，并聘请爆炸、消防、刑侦、化工、环保等方面专家参与调查工作。

调查组查明，事故直接原因是瑞海公司危险品仓库运抵区南侧集装箱内硝化棉由于湿润剂散失出现局部干燥，在高温（天气）等因素的作用下加速分解放热，积热自燃，引起相邻集装箱内的硝化棉和其他危险化学品长时间大面积燃烧，导致堆放于运抵区的硝酸铵等危险化学品发生爆炸。

调查组认定，瑞海公司严重违法违规经营，是造成事故发生的主体责任单位。该公司严重违反天津市城市总体规划和滨海新区控制性详细规划，无视安全生产主体责任，非法建设危险货物堆场，在现代物流和普通仓储区域违法违规从2012年11月至2015年6月多次变更资质经营和储存危险货物，安全管理极其混乱，致使大量安全隐患长期存在。

依据《安全生产法》等法律法规，调查组建议吊销瑞海公司有关证照并处罚款，企业相关主要负责人终身不得担任本行业生产经营单位的负责人。

试分析一下，为了防止火灾爆炸等事故的发生，企业平时应做好哪些工作？为了最大程度减少火灾发生时的损失，在发现火灾时，企业相关人员应果断采取哪些措施？

● 任务30　办公室安全检查和办公环境管理评估

【任务目标】

掌握办公室安全检查和办公环境管理评估的内容、要求和工作程序，能够进行办公室安全检查和办公环境管理评估。

【参考学时】

2学时

【知识支撑】

一、办公室安全检查的内容与要求

（一）建筑物

办公区建筑必须坚固安全，地面、墙面、天花板完好整洁，门窗开启灵活且能够锁闭，室内有基本装修。

（二）空间

办公室空间及座位空间要适当，座位间要留有通道，力求员工工作舒适。

（三）家具

办公家具要满足工作所需并符合健康、安全要求，包括工作台面、座椅、各种存储设备及配套的锁具等。

（四）设备与物品

办公设备、办公用品和易耗品要满足工作所需并符合健康、安全要求，包括工作台面上的电话、计算机、文具及公用设备和物品。办公设备的安装、操作要符合要求，操作指南和注意事项要明确展示。

（五）光线

光线应充足、稳定而柔和，符合办公室照度标准的要求。有直射光的窗户应安装窗帘，使光线不足以引起计算机屏幕的反射。

（六）温度

温度要适宜，根据天气变化安装冷暖调节设备，使室温处于一个适宜的范围。

（七）空气质量

办公场所应注意通风，保持空气流通，使空气的新鲜度和洁净度符合办公室空气质量控制标准。因此，办公室应禁止吸烟，必要的时候可在工作区外设立吸烟区。

（八）噪声

办公室噪声要满足办公室噪声控制标准，噪声超标时应采取相应的隔音措施，如隔音门窗、地毯、设备隔音罩等。

（九）饮水

办公室提供的饮水要符合健康、安全要求，不能损害员工的身体健康或者给员工的身体健康留下隐患。

（十）报警装置

办公场所要设置相应的消防设施、设备及必要的消防报警和防盗报警装置，以便及时发现情况，减少事故损失。

（十一）急救用品

办公区域办公室应设置急救包，并时刻保持急救用品的有效性。

（十二）规章制度

办公区域应建立严格的人员进出规章制度，保证办公区域的人身和财产安全。

二、办公室常见安全隐患

（一）建筑物隐患

如地板太滑，墙体潮湿，天花板脱落，门、窗无法关闭牢固，锁具容易开启等。

（二）自然环境隐患

如室内光线不足或过强，室内温度过低或过高，室内通风不好，空气质量太差，环境噪声超标，办公通道狭小等。

（三）办公家具隐患

如办公桌椅过高或过低，家具的制作材料含有有害物质，家具摆放不稳定等。

【小贴士7-1】

办公桌椅的合适高度

办公椅的高度，应该等于或略低于工作人员小腿的高度；办公桌的高度，应该是在工作人员坐好后，平直伸出双臂，双臂离桌面约15厘米。

（四）办公设备隐患

如设备电器插头打火或电线磨损裸露，办公设备操作规程错误，办公设备老化，办公设备安装不当等。

（五）工作习惯隐患

如不按操作规程操作办公设备，站在带轮的椅子上举放物品，下班的时候不关闭电源，在办公室抽烟并乱扔烟头，在灭火器前堆放物品等。

三、办公室安全检查的工作程序

（一）确定安全检查周期，定期检查

企业办公室在进行安全检查时要做到确定检查周期，定期对办公环境和办公设备进行安全方面的检查。

（二）发现隐患，立即排除或报告

对于检查中发现的在自己职权范围内可以排除的安全隐患，应立即排除；对于检查中发现的在自己的职权范围内无法排除的隐患，应立即向主管负责人报告、跟进，直到解决。

（三）做好记录

不管是可以立即排除的，还是需要继续跟进的，只要是在检查中发现的隐患，都要做好相应的记录，并跟踪记录最后的处理结果。

【工具箱7-7】

安全隐患排查表和设备故障记录表示例

1.××公司安全隐患排查表

检查项目	隐患记录及整改情况
1.楼层、楼栋门是否牢固	
2.门锁是否完好可用	
3.窗户是否有破损	
4.报警设备是否正常	
5.自动消防灭火装置使用是否正常	
6.有无乱搭电线、乱丢烟头	
7.走廊、消防通道是否畅通	
8.其他治安隐患	
9.其他消防隐患	

检查人员签字：　　　　　　　　　　　　　　检查时间：＿＿＿年＿＿月＿＿日

2.××公司设备故障记录表

设备名称	故障描述	处理情况
1.复印机		
2.传真机		
3.计算机		
4.扫描仪		
5.碎纸机		
6.投影仪		
7.打印机		
8.其他设备		

检查人员签字：　　　　　　　　　　　　　　　　检查时间：____年____月____日

四、传统商务组织办公环境中的主要问题

（一）色彩单调，光线不足

单调的色彩，昏暗的光线，容易造成压抑的心态甚至视觉污染，影响办公人员的工作效率。

（二）布局不合理

大大小小的科室封闭分割，不利于部门之间进行有效的沟通与协作。领导办公室位于走廊的幽幽尽头，会给人一种高深莫测的感觉。

（三）布置不规范

脚下的布线千头万绪，坛坛罐罐杂处一室，一边密不透风，另一边却疏可走马，都会影响工作人员的有效活动能力与正常的工作心态。

（四）没有企业标识系统

企业标识系统缺乏统一的规划设计与维护管理，就难以给人留下深刻而美好的印象。

五、理想办公环境的要求

（一）配套设施齐全

要求大厦内部保安24小时监视，户内有报警系统，有可以开启的外窗，有员工餐厅，大厦外部拥有绿化广场及休闲场所。

（二）建筑装修精美

对于户内装修标准，大部分公司以普通精装修（不含家具、需自己隔断及布线）为主要需求，其次为完全毛坯房。对于户外装修标准，大部分公司以较为豪华的装修为首选，次之为普通装修标准。

（三）通信线路充足

从需求数量方面来看，大部分商务组织（89%）以平均每人一部电话和一个IP地址为主要需求趋势。

（四）配套服务周全

大部分公司期望大厦配有公共茶水间，能够配送桶装纯净水；期望电梯数量充足，运

行速度快捷，平均等候时间不超过1分钟。

【小贴士7-2】

五A级智能化写字楼

一般指装备了以下五种自动化系统的写字楼：楼宇设备控制自动化系统（BA），可对全楼的供排水设备、制冷设备、供电系统和电梯、自动扶梯进行监视及控制；安全防范系统（SA），主要包括闭路监视系统、防盗报警系统和停车场管理系统；通信自动化系统（CA），主要包括综合布线系统和无线通信转发系统（用于增强楼层移动信号）；办公自动化系统（OA），主要包括以物业管理、公用信息服务、智能卡管理为主的应用软件系统；火灾自动报警和消防联动控制系统（FA），主要包括设有智能类比功能的火灾自动报警及自动灭火和消防联动控制，以及既可用于火灾紧急广播，也可用于公共广播的广播音响系统。

六、办公环境管理评估工作程序

（一）办公空间规划

1.利于沟通

办公空间的规划应有利于尽量缩短信息沟通的距离，各个工作位置的安排应根据工作需要而不仅仅是根据级别高低。

2.合理利用空间

除特殊需要外，设备机具和每个工作人员所占的空间均不能过大或过小，以免增加开支或妨碍有效工作。各种共用设备尽可能置于共用办公区域并靠近窗户。

3.留有余地

留有重新规划和扩展的余地，适时根据工作的变化和需要调整空间分配比例，不断完善规划方案。

（二）辅助空间规划

1.适用美观

它是指要使辅助空间各区域适合于人们方便地使用和维护，以充分发挥其支持、承载、服务、保护的功能。同时，要使辅助空间整洁、朴素、卫生，充分绿化，能产生较好的视觉效果，有利于人们的身心健康。

2.有序和谐

它是指要使辅助空间的各区域有满足功能需要的适当位置和区域范围，各区域归置有方、错落有致，相互之间能紧密配合、协调一致。同时，要使辅助空间各区域的外形、布局、颜色等与办公空间保持和谐一致，以更好地服务于工作。

3.便于维护

它是指要有利于对辅助空间内建筑物及其附属设施，以及其他各种设备、线路、装饰物、覆盖物、林木等进行维护保养，保证它们能完好存在、有效运行，充分实现其功能。

（三）标识系统管理

通过制定和组织实施统一标准，以及统一制作、配置、专人监管等方式，使企业标识系统管理达到以下标准：

1.数量充足

要求一切为工作有效性所需要的项目均要使用统一的企业标识系统。

2.外观醒目

它要求使用的企业标识系统显眼、醒目，便于人们发现和记忆。

3.形式简明

它是指标识系统的形式要简单明了，便于人们及时、清楚地了解和理解。

4.表意准确

它是指标识系统的内容要准确反映客观实际，情况发生变化时，必须及时更改，保证其有效性。

5.符合标准

它是指标识系统的内容与表达形式（使用的标记符号、图形等）要统一规范，符合相关的国际标准、国家标准或专业标准。

（四）办公设备的选择与放置

1.办公设备的选择要求

（1）适用可靠。办公设备的功能、性能、形体尺寸等都应适合工作需要。办公设备的质量应符合规定的质量标准。

（2）经济有效。办公设备的性能价格比应适当，批量购进时应能降低价格。各种办公设备必须在一个或几个方面确有效益，如能取代人，做单调的重复性操作，并比人效率更高、更精确，在紧急情况下更迅速等。

（3）通用友好。办公设备应有较强的通用性，便于配套，便于相互之间的衔接配合。办公设备的形体、尺寸应有利于人与设备之间正确地传递信息，尽可能减少操作疲劳，以提高工作质量与效率。

（4）环保协调。办公设备应不对环境产生污染或污染很少。办公设备的色彩应与办公室环境气氛相协调，能起一定的美化作用，并使操作者在操作时感到轻快自如。

2.办公设备的放置标准

（1）必须够用。办公设备的放置要做到必须有的一个不少，用不着的一个不要。

（2）便于工作。办公设备的摆放位置应与工作程序的需要相一致，尽可能缩短工作人员在工作中移动的距离，便于各级工作人员之间的信息沟通。同时，设备的安置应有利于减少工作人员操作动作的幅度，使动作自然而有节奏。

（五）照明环境控制

有效控制办公室的照明环境，应注意以下几点：

1.正确选择光源

在办公室照明中应尽量采用自然光做光源，这不仅有利于节约能源和费用，更重要的是自然光明亮柔和，对人体的生理机能有良好的影响。人工光源在办公室照明中只应作为补充性的照明光源，与自然光源结合运用。

2.正确选择照明方式

在人工照明的情况下，常用的照明方式有四种：

（1）一般照明。它也称全面照明，是一种不考虑局部特殊需要，为照顾整个被照面而采用的照明方式。一般性的会议室、接待室和没有特殊照明要求的办公室可采用这种方式。

（2）局部照明。它是指为增加某一指定位置的照明亮度而在这一位置增加人工光源

（台灯）的照明方式。通常在有写作、计算等精细操作需要的办公室采用这种照明方式。

（3）综合照明。它是指工作面上的照明需要由一般照明和局部照明共同构成时所采用的照明方式。常用于照明度要求不一或要求相同照明度的办公点分布不集中的情况。

（4）特殊照明。它是指彩色照明、不可见光照明等特殊的照明方式。这种照明方式通常只用于有特殊、专门照明要求的办公室。

3.防止眩光

在视野内有过高的亮度或过大的亮度比时，使人们感到刺眼的光线就是眩光。防止眩光的措施主要是合理分布光源和限制光源亮度，如使光源在视线45度范围以上，形成保护角；用不透明材料挡住光源；适当提高环境亮度、减少亮度比等。

4.使光照度均匀

应通过灯具的合理布置等方式，使照明度接近均匀或比较均匀，这通常需要使办公室内的最大、最小光照度与平均光照度之差均小于平均光照度的1/3。

（六）色彩环境控制

1.平静舒适

办公环境中的色调应在人的生理反应方面接近中性，能给人以平静感，有利于保护视力。

2.明亮自然

办公室的色彩明度指标应在6.5以上，给人以阳光感、前进感和轻快感。常需搬动的沉重机具的明度应更高一些。狭小办公室应用明度高的绿色，以产生宽大感。

【小贴士7-3】

明度，即色彩的明暗程度。明度一般采用上下垂直的竖轴来标示，最上方的是白，最下方的是黑，其间分为若干级别。在P.C.C.S制中，最下方的黑为1，然后依次是2.4、3.5、4.5、5.5、6.5、7.5、8.5，最上方的白就是9.5。通俗的划分，有最高、高、略高、中、略低、低、最低七级。

3.和谐淡雅

办公室的彩度不宜过高，基本彩度应在4以下，除警戒色彩度很高外，房间内用色的彩度都应较低，以减少颜色对人眼的刺激，降低视觉疲劳。

【小贴士7-4】

彩度，也叫色彩饱和度，是指色彩的纯度，通俗点讲，就是颜色的鲜艳程度。通常以某彩色的同色名纯色所占的比例来分辨彩度的高低，纯色比例高为彩度高，纯色比例低为彩度低。彩度的高低，一般用水平横轴来表示。以无彩色竖轴为原点，在色相环某一色相方向伸展开去，由低至高分作若干级。越靠近无彩色竖轴，彩度便越低，越远离无彩色竖轴，彩度便越高，端点便是纯色，亦即是光谱上该色之色相。常用的P.C.C.S制把彩度分为9级，以S为其标度单位，最低为1S，最高为9S。通俗的分法与九级彩度相对应，分别用高、略高、中、略低、低5级来标示。

（七）微气候环境控制

1.隔热良好

要在建筑物内外采取各种有利于隔热的措施，以减少外部气候环境对办公室微气候的不利影响。比如，可以在建筑物四壁和顶部铺设各种隔热层，增设各种遮阳、防风设備等。

2.准确调节

在可能的条件下，在办公室内安装各种冷暖调节设备、通风设备、湿度调节设备等，以便使室内微气候的各个指标均达到规定的标准。

3.合理分配办公空间

要合理分配办公室的空间，使单位面积办公处所内工作人员的数量保持在一定限度之内，防止人员拥挤造成的空气污浊。

【思考与练习】

一、不定项选择题

1.办公室安全检查的内容包括（　　　）。

A.建筑物　　　　　　B.理论水平　　　　C.急救用品　　　　D.报警装置

2.办公室常见安全隐患包括（　　　）。

A.室内光线不足　　　　　　　　　B.环境噪声超标

C.工作积极性不高　　　　　　　　D.室内通风不好

3.在办公室安全检查中，经常要填写（　　　）。

A.电话记录表　　　　　　　　　　B.安全隐患排查表

C.接待记录表　　　　　　　　　　D.设备故障表

4.商务组织办公环境存在的主要问题包括（　　　）。

A.头顶上的灯光昏暗　　　　　　　B.一边密不透风，另一边却疏可走马

C.脚下的布线千头万绪　　　　　　D.领导办公室位于走廊的悠悠尽头

5.大部分公司期望写字楼配有公共茶水间，能够配送桶装纯净水；期望电梯数量充足，运行速度快捷，平均等候时间不超过（　　　）。

A.15分钟　　　　　　B.30分钟　　　　　C.1分钟　　　　　D.10分钟

6.正确的办公环境管理评估的工作程序为（　　　）。

A.办公空间规划与辅助空间规划→统一使用企业标识系统→办公物品的选择与放置→照明、色彩、微气候环境控制

B.辅助空间规划与办公空间规划→统一使用企业标识系统→办公物品的选择与放置→照明、色彩、微气候环境控制

C.统一使用企业标识系统→办公空间规划与辅助空间规划→办公物品的选择与放置→照明、色彩、微气候环境控制

D.办公空间规划与辅助空间规划→照明、色彩、微气候环境控制→统一使用企业标识系统→办公物品的选择与放置

7.办公设备的摆放位置应该（　　　）。

A.与工作程序的需要相一致

B.尽可能缩短工作人员在工作中移动的距离

C.便于各级工作人员之间的信息沟通

D.有利于减少工作人员操作动作的幅度

8.办公室的照明控制要通过灯具的合理布置，使办公室光照度接近均匀和比较均匀，通常需要使办公室内的最大、最小光照度分别与平均光照度之差小于平均光照度的（　　）。

A.1/2　　　　　　　　B.1/3　　　　　　　　C.70%　　　　　　　　D.90%

9.办公室的色彩明度指标应在（　　）以上，给人以阳光感、前进感和轻快感。常需搬动的沉重机具的明度应更高一些。狭小办公室应用明度高的绿色，以产生宽大感。

A.2.4　　　　　　　　B.3.5　　　　　　　　C.4.5　　　　　　　　D.6.5

10.办公室的彩度不宜过高，基本彩度应在（　　）以下，除警戒色彩度很高外，房间内用色的彩度都应较低，以减少颜色对人眼的刺激，降低视觉疲劳。

A.1　　　　　　　　　B.2　　　　　　　　　C.4　　　　　　　　　D.8

二、案例分析题

（一）

华泰集团秘书小王在董事会结束后把废弃的选票用碎纸机处理，在操作过程中，一不小心把戴在胸前的长丝巾卷入了碎纸机，幸亏她及时关闭电源，没有造成大的事故，但那条美丽的丝巾已经无法再用了。事后，行政经理在部门会议上对小王提出了批评，并指出，这次卷进去的如果不是丝巾，而是长发，结果将会怎样？

试分析一下，小王在碎纸操作中哪些地方存在失误？类似的错误还有哪些？

（二）

一天下午，天地公司秘书钟苗发现销售部在她办公室门外的走廊上堆放了很多空纸箱，妨碍了公司及外来人员的通行。

试分析一下，这个时候，钟苗应该怎么做？

项目八

信息工作

● 任务 31 信息的收集

【任务目标】

熟悉信息收集的内容、方法与要求，能够及时、准确地收集信息。

【参考学时】

2 学时

【知识支撑】

一、信息的含义和特征

信息是事物的存在方式或运动状态的直接或间接的反映。它具有以下几个特征：

（一）客观性

信息是对事物的客观描述和具体反映。客观、真实是信息的价值基础和生命所在。客观性是信息的基本特性。

（二）时效性

时效性就是及时有效性。所谓及时性，就是只有及时发现才能发挥其最大价值的特性，早一分钟的信息比晚一分钟的更有价值。有效性可通俗理解为信息的保质期，信息过期无价值，过期无效，有的信息过期还必须得处理，比如归档、销毁等。因此，秘书必须具有发现信息的敏感性，及时收集、加工、存储、运用信息。

（三）可塑性

信息可以归纳、综合、精炼和浓缩，进行各种载体的转换，从而改变形态，成为所需要的形式，便于利用。

（四）共享性

共享性是信息区别于一般物质的显著特征。由于信息可以在不同的载体间转换和传播，并且在转换和传播的过程中不会减少和消失。因此，信息在一定时间内可以为众多的主体使用，而本身并不消耗。

（五）依附性

信息只有依附于一定的物质载体才能被保存下来。信息依附的载体有语言、文字、符号、形体、表情等表意性载体，有声波、电磁波、网络等无形的承载性物质载体，还有纸张、磁带、光盘等有形的承载性物质载体。正是由于依附性，使得信息可以用载体存储起来、积累下来，可以不受时间和空间的限制，通过传递载体来传播信息。

（六）传递性

信息可以通过一定媒介或一定载体从一个地方传递到另外一个地方，也可以从一个时段传递到另外一个时段。

（七）开发性

信息作为一种客观存在的资源，取之不尽，用之不竭，可以供人们充分地开发利用。

（八）无限性

只要时间没有停止，宇宙没有毁灭，信息就会不断地产生。而且，随着人们对信息的认知程度和获取手段的提高，信息的数量会越来越庞大。

二、信息的种类

信息有多种类型。按照不同的标准，可以将信息划分为不同的类型。

（一）按照信息源的性质划分

按照信息源的性质划分，信息可以分为自然信息和社会信息。自然信息是自然界自发产生的；社会信息是人类社会运动的状态和方式，是社会各方面有意识、有目的发出的信息。秘书主要接受社会信息。

（二）按照信息的表现形式划分

按照信息的表现形式划分，信息可以分为语言信息、文字信息、声像信息、计算机语言信息和缩微信息。

（三）按照信息内容涉及的社会领域划分

按照信息内容涉及的社会领域划分，信息可以分为政治信息、经济信息、文化信息、教育信息、军事信息、科技信息、体育信息等。

（四）按照信息稳定状态划分

按照信息的稳定状态划分，信息分为静态信息（如资源、统计资料）、动态信息（如市场信息）。

（五）按照信息来源方向划分

按照信息的来源方向划分，信息可以分为横向信息和纵向信息。横向信息来自平行单位，纵向信息来自系统单位。

（六）按照信息在秘书工作中的作用划分

按照信息在秘书工作中的作用划分，信息可以分为预测信息、动态信息、反馈信息和特殊信息。预测信息是在事物发生阶段、实际工作展开前所产生的信息，动态信息是在事物发展、成长过程中形成的信息，反馈信息是事物结束某一特定过程后产生的结果，特殊信息是指秘书通过特殊途径获得的投诉信息和对手信息。

三、信息工作的程序

信息工作是组织信息有序化交流和利用的活动，信息工作程序包括：

（1）信息收集。它是通过各种渠道和方式获取信息的过程。

（2）信息整理。它是对原始信息进行分类、筛选、核实，使其成为有价值信息的过程。

（3）信息传递。它是通过传输媒介或载体，把信息从信息发生源传递到信息接收源的过程。

（4）信息存储。它是用科学的管理方法，将有保存价值的信息系统化，以便日后利用。

（5）信息反馈和利用。信息反馈是把输出信息的作用结果返送回来，并对信息的再输出发生影响，起到控制和调节的作用。信息利用是将获取、处理的信息应用于实际工作，使信息的价值得以实现的过程。

四、信息收集的渠道

（一）大众传媒

大众传播媒介包括广播、电视、报纸、期刊及其他文献载体，是现代社会获取信息的重要途径。特别是随着电子科技的发展和电视卫星通信网的完善，广播电视已成为信息交流的重要载体。跨时空、跨地域传递信息，是秘书获取信息的主要来源。秘书要在大众传播媒介中搜寻新情况、新信息，为工作活动提供咨询和参考。但大众传媒的信息杂乱无序，许多信息未经核实，可能包含有虚假信息和垃圾信息，要有鉴别地收集有价值的信息。

（二）图书馆

图书馆是信息的宝库，能提供借阅、阅览及访问计算机媒体等服务。到图书馆查找信息需查阅图书馆目录，填写索书单，办理借阅手续。

（三）联机信息检索

联机信息检索是将用户终端与检索中心（计算机）用通信线路直接连接，用户通过终端输入提示、指令，使检索中心的多元计算机联合运行，是从众多数据库中直接找出信息提供给用户的信息检索过程。联机检索是快速检索、获取信息的有效途径，可快速收集信息网中所提供的各种信息。

（四）供应商和客户

供应商可提供的信息有：产品目录、广告材料，以及需要其提供的特定服务的信息。客户能提供的信息有：调查表形式的市场信息、产品和服务的反馈信息、竞争对手提供的产品和服务的信息、产品和服务的需求信息。

（五）贸易交流

利用各种贸易交流机会，如展销会、交易会、洽谈会，了解情况，索取信息材料，在相互交流之中获得能满足需求而又相对集中的信息内容。

（六）信息机构

信息社会需要庞大的信息传播中介机构储存信息。信息机构肩负着信息传播中介的使命，成为信息源的集散地，成为人们获取、利用信息的主要场所。秘书要善于利用信息机构所储存的丰富的信息资源，可委托信息机构定向收集相关信息。

（七）人际关系

人际关系主要包括业务往来关系、横向人际关系、纵向从属关系等。秘书要在业务往来活动中获取信息，如在同有关的海关、银行、商检、质检、工商、税务、保险、统计等部门的业务往来中，不失时机地了解相关法规、条例，收集各种信息；要在人际关系交往中捕捉新情况、新动态、新信息，善于与人交友，利用交谈、来信、来访和接听电话了解信息，获取第一手材料；善于在上级主管部门的指导、监督工作中把握信息；在会议、会谈中收集信息；在有关收文、承办的文书、电报中获取有价值信息。

（八）调查

调查是有目的、有重点、主动收集信息的重要方法。秘书要有目的、有计划地进行市场调查，亲自深入现场，通过各种途径和方式，直接收集第一手资料，挖掘层次更深、质量更高的信息内容。秘书陪同领导出差时，是收集信息的极好机会，应利用考察、实地调查，亲自感受并获取信息，深入了解市场情况。

五、信息收集的范围和要求

（一）信息收集的范围

秘书在日常工作中应注意收集领导信息（包括任免、接待、日程、休假等领导业务活动信息和车辆、房产、家庭成员等领导私人信息）、企业信息、国际市场信息、客户信息、贸易信息、国际金融信息、法律政策信息、交际活动信息等。

（二）信息收集的要求

1.价值性

必须了解各种信息源的信息含量、信息实用价值和可靠程度，对信息辨别真伪、去粗取精、去伪存真，获得真实、准确、可靠的信息。

2.时效性

信息收集必须及时、适时，使有价值的信息不因错过时机而失效。

3.层次性

从不同来源、不同渠道收集信息，从不同深度加工信息，针对不同对象开发利用信息。

4.针对性

信息收集要明确服务对象的特点，针对实际需要，根据工作性质和任务，获取有使用价值的信息。

5.全面性

全面性是指时间上的连续性和空间上的广泛性。要全面收集各种需求的信息，保持信息的历史联系或专业内容联系，不仅收集与工作活动直接相关的信息，同时收集对管理活动有间接影响的各种信息。

六、信息收集的工作程序

（一）明确信息收集范围

工作活动中的信息需求是不断变化的，具有针对性和灵活性。因此，秘书要以服务单位的各项工作为目标，确定收集信息的范围，按照工作活动的需要有针对性地收集原始数据信息；坚持调查研究，及时、准确地从大量信息中选取真实、适用、有价值的信息，为工作活动提供可靠的信息支持。

（二）熟悉信息来源

信息的来源非常广泛，秘书可以通过电话、电子邮件、信件、报纸、电视、广播、互联网、杂志、图书馆、档案馆等各种渠道获取信息。但是，来源不同的信息，其获取成本、获取速度、可信程度都是有差别的。秘书要根据工作的目的确定信息来源，选择最佳信息来源。

（三）选择信息收集方法

1.观察法

观察法是指人们直接用视觉器官或借助其他视觉辅助工具认识客观事物，获取信息的方法。

观察法简单、灵活，能获得较为客观的信息，但获得信息量有限、深层次信息少，观察效果也会因观察能力的不同而不同，适宜对环境、人物、事件实际状况的了解。

2.阅读法

阅读法是指通过阅读书刊、杂志等获取信息。这种方法获取信息方便，获得信息量大、涉及面广、适用性强，但书刊、杂志的信息中可能有失真的情况，需要对其真实与否进行判断。

3.询问法

询问法是指通过请对方回答自己提出的问题获取信息的方法，包括人员询问、电话询问和书面询问。

询问法灵活、实用，双方直接交流沟通，能获得语言信息和非语言信息，获得的信息价值大，但费用高、时间较长、规模小，同时要求秘书人员掌握询问技巧，具备良好的素质和能力。

4.问卷法

问卷法是指由秘书向被调查者提供问卷并请其对问卷中的问题作答而获取信息的方法。问卷有封闭式问卷和开放式问卷两种。操作步骤包括：设计问卷、试用和修改问卷、选定问卷调查方式、进行问卷调查、对信息进行统计分析。

问卷法可以减少主观性，收集的信息客观，便于定量处理和分析，节省人力、费用和时间，效率较高，但问卷的质量、回收难以保证，并且要求被调查者有一定文化水平。

5.网络法

网络法是指通过网络所提供的信息查询服务获取信息的方法。网络法可以不受时间、地域的限制，获取广泛、迅速、时效性强的信息，但信息来源复杂，需要秘书掌握计算机知识，并能够对收集的信息进行鉴别。

6.交换法

交换法是指将自己拥有的信息材料与其他单位的信息材料进行交换，实现信息共享，获得所需信息的方法。交换法获得信息及时、适用、针对性强，节省时间，能根据需要确定信息交换的方式、内容，但交换信息的范围较窄，交换对象较难寻找。

同时，信息交换要建立在自愿的基础上，并注意信息的保密。

7.购置法

购置法是指通过订购、现购、邮购、代购等方式，购买文献资料、磁带磁盘以获取所需信息的方法。这种方法能获得大量系统化、专业化信息，信息来源广，但费用高，花费时间和人力，并且需要对信息进行筛选鉴别。

此外，还可与专业的信息机构签署合作协议，委托对方专门为我方搜集所需信息。对方会每天将同行业的信息及有价值的参考信息发至邮箱，秘书可每天打印出来供领导参考。

（四）查找信息

根据要查找信息的主题、内容和用途，利用各信息渠道提供的信息介绍、信息目录、信息咨询或其他信息查询途径，找出所需要的信息。

七、信息收集的注意事项

（一）收集各种形态的信息

（1）文字形态的信息。它是以书面文字为载体的信息资料。

（2）声像形态的信息。它是以直接记录声音和图像为载体的信息资料。

（3）记忆形态的信息。它是在人际交往中形成的、存储在人脑中的信息。

（二）建立"通信联系索引卡"

秘书经常在工作中与相关方面的人员打交道，应建立记载业务往来的单位、个人或客户信息的卡片，便于迅速找到通信联系方式，及时进行业务联系。

【工具箱8-1】

通信联系索引卡

单位名称			
地址			
工作人员姓名			
电话号码		传真号码	
备注			

（三）信息收集要有超前性

在竞争十分激烈的工作活动中，没有超前的信息，就难以制定有效的对策。因此，秘书收集信息要有超前性、预见性，要抢先捕捉信息，迅速加工传递，增强信息的指导性和预测性。

【思考与练习】

一、不定项选择题

1.信息的基本特性是（　　）。

A.客观性　　　　B.时效性　　　　C.可塑性　　　　D.共享性

2.（　　）是信息区别于一般物质的显著特征。

A.客观性　　　　B.时效性　　　　C.可塑性　　　　D.共享性

3.按照信息在秘书工作中的作用划分，信息可分为（　　）。

A.预测信息　　　B.动态信息　　　C.静态信息　　　D.反馈信息

4.在众多的信息收集渠道中，供应商渠道可提供的信息有（   ）。

A.需要其提供的特定服务的信息   B.产品目录

C.广告材料   D.产品的需求信息

5.（   ）肩负着信息传播中介的使命，成为信息源的集散地，成为人们获取、利用信息的主要场所。

A.大众传媒   B.图书馆   C.展销会   D.信息机构

6.（   ）简单、灵活，能获得较为客观的信息，但获得信息量有限、深层次信息少。

A.观察法   B.阅读法   C.网络法   D.购置法

7.询问法是通过提问请对方作答获取信息的方法，具体包括（   ）等形式。

A.人员询问   B.电话询问   C.动作询问   D.书面询问

8.问卷法是由秘书向被调查者提供问卷并请其对问卷中的问题作答而获取信息的方法。问卷包括（   ）。

A.封面信   B.指导语   C.问题和答案   D.其他信息

9.（   ）可以不受时间、地域的限制，获取广泛、迅速、时效性强的信息，但信息来源复杂，需要秘书对收集的信息进行鉴别。

A.观察法   B.阅读法   C.网络法   D.购置法

10.信息收集的购置法是指通过（   ）等方式，购买文献资料、磁带磁盘等。

A.订购   B.现购   C.邮购   D.代购

二、案例分析题

天地公司自创建以来就制定了关于信息收集的规章制度，要求员工加强对日常工作中形成的信息材料的收集，要求通过各种信息渠道，广泛收集来自各方面的有价值信息。他们把历年与外商签订的合同、与客户的往来函件、相关会议材料都整理归档，并定期进行分析，使公司的经营管理建立在信息充分、利用有效、对市场反应灵活的基础上，从而形成了今天兴旺发达的局面。

试分析一下，天地公司是如何收集信息的？他们对信息收集工作的重视对公司的生产经营产生了怎样的影响？

● 任务32 信息的整理

【任务目标】

熟悉信息筛选、分类和校核的内容、方法与要求，能够及时、准确地筛选、分类和校核信息。

【参考学时】

2学时

【知识支撑】

信息的整理是指对收集到的大量的原始信息进行筛选、分类、校核，使其成为有价值的信息。

一、信息的筛选

（一）信息筛选的含义和意义

筛选就是对收集到的大量信息进行鉴别和选择，判断信息的价值，决定信息的取舍，提取真实、有价值、能满足需求的信息。

及时、科学地进行信息筛选，可以有效地提高信息的准确性、时效性和利用效率，避免一些失真、过时、无用信息对相关工作的干扰。

（二）信息筛选的要求

1.及时

这是由信息的时效性决定的。由于社会发展瞬息万变，在筛选信息时，信息工作人员要做到两点：一是在思想上要高度重视信息的时效性；二是要注意反映事态发展在时间上的连续性。

2.准确

所谓准确，就是指信息要真实、全面、客观地反映事物的本质特征。准确是信息的生命，特别是信息中的人名、地名、单位名及有关数据，更是要万无一失。同时，还要看信息内容是否与本企业有紧密联系，有无夸大或缩小甚至弄虚作假的地方，只要有一点疑问，就要查个水落石出，彻底弄清楚。

【情景案例8-1】

"超级"人造心脏

日本广岛大学一名叫田口的医学教授，曾宣称他给一头牛装上人造心脏后，被装上人造心脏的牛活了523天，超过了美国创造的纪录。但田口的助手说，这头牛实际上只活了两个月。后来田口承认捏造了这一"成果"。

3.重大

在信息工作中，重大信息主要是指关系到本单位的生死存亡和发展大计的信息。如党中央、国务院、各省、自治区、直辖市等领导机关制定的对本企业有重大影响的方针、政策、决定，对本企业有重大影响的社会突发事件等。

【情景案例8-2】

"非典"带来的商机

某消毒液生产厂家经济效益一般。在广东部分地区发生"非典"疫情时，该生产厂家敏感地预测到市场对消毒液需求量将要大幅度扩大，便积极组织人员进行生产、宣传、促销，在"非典"期间获得了巨额利润。

4.新颖

新颖是指信息中所反映的问题或提出的观点有新意。如知名人士和各界群众提出的有价值的新建议；行之有效的新经验；新的市场行情、新的销售渠道、新的行业动态；能预测未来发展变化趋势、为决策提供超前服务的信息等。

5.完整

完整是指信息材料对所涉及的问题或事件的性质、处理方案、发展趋势等都要交代得很清楚。

（三）信息筛选的方法

信息筛选包括鉴别和选择两个部分。

1.鉴别

鉴别是对信息资料的真实性、准确性、系统性、适用性等所作的判断和结论。鉴别的方法很多，通常包括以下几种：

（1）验算。这是最简单、最常用的方法，是对数据进行重新计算或反证验算，以消除误差。

（2）验审。这是指对信息收集的方法进行鉴别，倘若方法不正确，信息的可信度就会受到影响。

（3）核对。其主要是依据权威性资料，对原始信息进行对照、比较，消除某些差错。

（4）佐证。有些信息从其自身一时很难判明其真实性和准确性，需要借助于其他资料或有关方面的知识进行佐证。

【情景案例8-3】

朝鲜试爆氢弹？

2016年1月6日，朝鲜中央电视台报道，朝鲜第一枚氢弹成功试爆。1月8日，日本原子能规制厅公布了从朝鲜全国47个都道府县地表附近采集的尘土分析结果，结果显示所采尘土中均未检测出放射性物质。此外，日本防卫省出动自卫队飞机7日在距地表1~4公里上空采集的尘埃中也未检测出放射性物质。而朝鲜全国约300处地点检测的辐射量也没有大的变化。这说明朝鲜试爆氢弹的可信度不高。

（5）逻辑分析。这是指对信息内容进行逻辑分析，看其是否有前后矛盾、与实际相悖等疑点。

【情景案例8-4】

铁道部的辩解

据香港明报报道，温州动车追尾事故发生一周后，铁道部通过新华社发表专访，声言铁道部在无生命迹象的情况下仍然继续搜救，最终救回女童项炜伊；又否认曾掩埋跌落桥下的车厢。铁道部此说法不仅与救回伊伊的特警邵曳戎对媒体的公开讲法有出入，而且与事故现场的图片和视频显示不符，现场图片和视频显示，工程车曾把车厢轧个稀巴烂，放入土坑堆埋。

（6）落实。对信息涉及的人物及事件调查落实，询问是否真实可信，以及范围是否精确。

2.选择

选择信息的方法通常有：

（1）查重法。它是指剔除内容重复的信息，选留有用信息，以减少其他信息工作环节的无效劳动。当然这种方法也并非一味排斥重复，如果需要，也可以保存一部分重要的信息资料副本，以供一定情况下的多人使用。

（2）时序法。它是按时间顺序对信息资料进行取舍。在同一内容的情况下，较新的资料选留，较旧的资料剔除。这样可以使选留的信息在一定时间区间内更有价值，特别是对于来自文献中的信息资料，更需选择时间最近的予以留存。

（3）类比法。把同类型的信息进行比较，留下信息量大，能反映事物或问题本质的信息，剔除信息量小，不能反映事物或问题本质的信息。

当然，有的信息资料虽然信息量并不很大，或者反映事物本质也并不深刻，但可以作为主要信息资料的重要补充，或者对工作有启发作用，也应予以选留，不能一概剔除。

（4）专家评估法。对于某些专业性、技术性较强的信息，秘书难以确定其取舍的，可以请有关专家或专业人员进行评估，根据评估结果，结合本单位当前和长远的需要，综合考虑其取舍。

（5）老化规律法。这主要是对文献信息资料而言的。文献学认为，文献的使用价值随时间而逐渐降低，甚至完全失去参考价值，这就是老化规律。一般来说，文献的利用率第一年最高，以后逐渐下降。

文献的老化程度在文献学中一般用半衰期来表示。所谓半衰期，即指某学科目前尚在利用的全部文献的一半是在近期多长的一段时间内发表的。一般来说，半衰期越长，说明这类文献的老化速度越慢；半衰期越短，说明这类文献的老化速度越快。文献信息资料的筛选应从其行文年代及本学科文献老化的半衰期两方面进行考察，以便确定取舍。

（四）信息筛选的工作程序

1.看来源

不同来源的信息，重要性不尽相同。上级形成的信息带有全局性、综合性和权威性，而平级和下级形成的信息主要起参考作用。秘书要从多种信息来源中把握重点单位、部门和人员的信息。

2.看标题

信息的标题一般可以反映信息的内容和价值，秘书要认真分析标题，把握信息的主题，根据信息的标题确定信息价值的大小。

3.看正文

先浏览正文，了解其主要内容，初步确定是全部选用，还是部分选用，甚至不用，即初选。初选后，对拟用信息再认真阅读，判断是否有价值。如果可用，再看有无内容不准确、不完整和表述不清楚的问题。

4.决定取舍

对信息进行严格的选择，从中挑出能满足需求的信息，对工作具有借鉴作用、参考作用的信息，舍去虽真实但无用的信息。信息的取舍，一是要突出主题思想，凡是与反映信息主题无关的资料，要剔除；二是要注意典型性，从大量原始信息中发掘出能揭示工作本质的典型信息；三是要富有新意，尽可能抓住能反映工作新变化的信息；四是要具有特点，从各种工作的实际出发，有所侧重地选用信息。总之，要注意信息内容的宏观把握，按照所提供信息的任务对象，审视每一条信息。决定取舍常常会遇到几份信息反映同一类问题的情况，对此，可采用两种方法：一是将其综合成一份信息材料；二是择优录用，选择宏观的，淘汰微观的，或是选用典型的，淘汰一般的。

5.排列顺序

筛选出有价值的信息后，秘书首先要学会判断信息的优先级顺序，将重要信息先给领导传阅，以保证领导有足够的时间和精力优先处理这些重要信息。

（五）信息筛选的注意事项

对经过筛选的信息要分别处理。对选中的，分轻重缓急进行信息的加工处理；对暂时不用但可以备查的信息，进行暂存；对不用的信息，按有关规定进行暂存、移交或销毁。

二、信息的分类

（一）信息分类的含义

信息分类就是根据信息所反映的内容、性质和特征的异同，分门别类地把信息组织起来。

（二）信息分类的方法

1.字母分类法

（1）字母分类法的概念。字母分类法就是按照字母的排列顺序分类。通常是按作者姓名、单位名称、信息标题等的字母顺序分类组合。

按字母排列的规则是：按作者姓名、单位名称、信息标题的第一个字的汉语拼音首字母的英文字母表顺序排列，第一个字母相同的则按第二个字母顺序排列，以此类推。

（2）字母分类法的优点。它包括：①一般人都掌握汉字的拼音，因而这种方法简单易行，操作方便；②可以和其他分类方法结合运用。如根据需要，母类用字母分类法，子类用其他的分类方法。

（3）字母分类法的缺点。它包括：①某个字母下排列的信息较多时，查找花费时间长，利用不方便；②对于信息量大、信息增长速度较快的信息领域，用字母分类法很难估计每个字母下需要的存储空间；③查找信息时必须知道姓名、单位名称或标题，才能用字母分类法，这在一定程度上来说给信息利用者带来了不便，也使某些信息得不到充分利用。

2.主题分类法

（1）主题分类法的概念。主题分类法是按照信息的主题特征组织排列信息的方法。具体操作方法是，首先分析对象，从中抽取能够代表主题特征的词语，如关键词，然后再按照一定的排列规则，把分析过的每件信息按照主题的异同组织起来。

（2）主题分类法的优点。它包括：①相关内容的信息材料集中存放，在查找到某份材料时，还能找到这一主题下的其他有关材料，有利于相关信息的利用；②信息在排放时是按逻辑顺序排列的，能发现信息之间的关系；③检索方便。

（3）主题分类法的缺点。它包括：①分类标准不好控制，因为有些信息的主题往往很难界定清楚，这样就会给分类者和使用者都带来麻烦。有效的方法是用加限定词、加注释等方法对主题词进行控制。②标题不能很好地反映主题时，归类不易准确。

3.数字分类法

（1）数字分类法的概念。数字分类法是按照每个信息被赋予的号码次序或大小顺序排列的方法。每一通信者或每一专题给定一个数字，用索引卡标出数字所代表的类别。

索引卡按所标类别名称的字母顺序排列，用分隔卡片显示每一个字母。当要查找某信息时，先从索引卡中按字母顺序找出通信者名或专题名，得到信息的数字，在相应的文件柜中找出标有该数字的文档。

（2）数字分类法的优点。它包括：①信息按数字从低到高顺序排列，规则简单，一目了然；②数字简便易行，适于电脑存储，满足了现代信息管理的需要；③可以通过在数字后面添加号码进行存储扩展，就像电话号码升位一样，有利于对不断增加的信息进行管理，所以，数字分类法较适合于大型信息系统。

（3）数字分类法的缺点。它包括：①查找信息需要参照索引卡，花费时间较多；②如果分类号码有误，会给查找信息带来较多的麻烦。

4.地区分类法

（1）地区分类法的概念。地区分类法又称地理分类法或地域分类法，是按信息形成所涉及的地区或行政区划等特征，将信息分为各个类别，然后按类别名称汉语拼音首字母的先后顺序排列。

（2）地区分类法的优点。地区分类法把有关地区的所有文件集中存放，分类方法容易掌握，便于查找具有地区特性的信息。

（3）地区分类法的缺点。地区分类法需要有一定的地理知识，并且只适用于某些业务联系分布地区比较广泛的特定的单位或部门，如销售公司或全球采购部门等。

5.时间分类法

（1）时间分类法的概念。按信息形成日期先后顺序分类的方法。

（2）时间分类法的优点。时间分类法可用作大型信息系统的细分，一个大类内部的信息可按时间排序。

（3）时间分类法的缺点。时间分类法需与索引系统配合使用，仅适合于时间特性强的信息。

（三）信息分类的工作程序

1.熟悉信息内容

翻阅信息，从题目和内容中了解信息的总体构成情况。

2.选择分类方法

信息分类方法很多，秘书要根据信息的来源、数量、内容和各种分类方法的特性，考虑单位业务工作的需要，从便于保管和利用出发，选定分类方法。可以将时间分类法与其他分类方法结合运用。

3.辨类

信息分类首先要辨类，对信息资料进行主题分析，分辨其所属类别。

4.归类

遵循特定的原则和方法，按照信息的不同内容、来源、时间、性质和作用，根据一定规范的要求，对收集的信息分门别类地组织起来，使信息条理化。

（四）信息分类的注意事项

1.利用颜色、标签区分类别

针对分类结果，将每个字母、地区、主题等的材料使用特定颜色文件夹或在文件夹上加彩色标签，区分信息类别。给索引卡涂上不同颜色，以便检索。

2.建立"交叉参照卡"

对于能归类到两个位置的信息，如公司更名信息、多主题信息，为了便于查找，可建立"交叉参照卡"。填写"交叉参照卡"，存储在归档系统的相关位置，查找到该位置，查看卡片就知道另一个查找线索。

【工具箱8-2】

交叉参照卡

名称/主题：
详见：
相关名称/主题：

三、信息的校核

（一）信息校核的含义

信息校核是对经过初步甄别的信息作进一步的校验核实，分析信息的可靠性和准确性，对信息的真实性进行认定。

（二）信息校核的范围

要对信息中的事实、观点、数据、图表、符号以及时间、地点、人物等进行核实，对有关政策、法规、重要计划、主要数据、典型事例的信息，要查对出处，核实原件、地名、人名、时间、事实、数据等。

（三）信息校核的要求

一是要以原始数据为基础；二是要排除主观因素的干扰。

（四）信息校核的工作程序

1.确定校核的内容

收集的信息材料并非都要进行校核，主要是对信息材料中的时间、地点、人名、事实、数据等进行校核。要根据信息材料的用途，确定校核的具体内容。

2.选择校核的方法

（1）溯源法。从信息产生的源头对收集到的信息所涉及的有关问题进行审核查对。

（2）比较法。对反映某一事实的各方面的信息材料进行比较，判断说法、结论是否一致。

（3）核对法。依据直接的、最新的权威性材料进行对照分析，发现并纠正信息中某些差错。

（4）逻辑法。对信息中表达的事实和叙述方法进行逻辑分析，从而辨别真伪。

（5）调查法。对信息中所表达的事物的运动变化情况，通过现场调查来验证它的真实性和准确性。

（6）数理统计法。对原始信息中的数据进行定性分析，运用数理模式进行计算鉴定。

3.核实、分析信息

利用掌握的第一手资料和权威性材料，甚至进行实地调查，对收集的信息材料的某些事实进行核实，分析信息材料的内容。

4.做出判断

通过核对、计算、定性与定量分析和逻辑推理，判断信息的真实性、可靠性，对信息是否失真加以认定，分析考证信息的可靠性与准确性，从而剔除虚伪和失真的信息。

（五）信息校核的注意事项

1.多措并举

信息校核的各种方法可以互相补充，结合使用。

2.综合判断

要综合运用自己的知识、经验和能力，提高校核信息的质量，透过现象看本质，保证信息的真实、可靠。

【思考与练习】

一、不定项选择题

1.信息的整理是指对收集到的大量的原始信息进行（　　），使其成为有价值的信息。

A.筛选　　　　　　B.分类　　　　　　C.传递　　　　　　D.校核

2.阅读筛选信息资料的方法包括（　　）。

A.留意标题　　　　B.复印　　　　　　C.背诵　　　　　　D.剪裁

3.信息的取舍，需要把握以下（　　）要点。

A.突出主题思想　　B.具有典型性　　　C.富有新意　　　　D.有特点

4.（　　）能使相关内容信息集中存放，信息能按逻辑顺序排列，方便检索，但分类标准不好掌握，归类不易准确。

A.字母分类法　　　B.数字分类法　　　C.时间分类法　　　D.主题分类法

5.信息筛选的工作程序包括（　　）。

A.看来源　　　　　B.看标题　　　　　C.看正文　　　　　D.决定取舍

6.信息取舍的依据主要有（　　）。

A.是否突出主题思想　　　　　　　　　B.是否具有典型性

C.是否富有新意　　　　　　　　　　　D.是否具有特点

7.信息分类的工作程序包括（　　）。

A.熟悉信息内容　　B.选择分类方法　　C.辨类　　　　　　D.归类

8.对于能归类到两个位置的信息，如公司更名信息、多主题信息，为了便于查找，可建立（　　）。

A.索引　　　　　　B.目录　　　　　　C.交叉参照卡　　　D.数据库

9.信息校核的范围包括（　　）。

A.事实　　　　　　B.数据　　　　　　C.时间　　　　　　D.地点

10.信息校核的方法主要包括（　　）。

A.观察法　　　　　B.溯源法　　　　　C.比较法　　　　　D.逻辑法

二、案例分析题

（一）

秘书钟苗平时非常注意信息的收集保存，凡是工作活动中接触到的各种信息材料都收集起来，存放在抽屉里。日积月累，文件材料、广告、宣传材料、参考书等已经填满了钟苗的好几个抽屉。一天，行政经理找到钟苗要查阅一份市场调查报告，钟苗望着几抽屉的信息材料真有些不知所措，急得满头大汗，翻来翻去却怎么也找不到行政经理要的那份报告。

试分析一下，秘书钟苗为什么找不到行政经理要的那份报告？今后怎么样才能杜绝类似错误的发生？

（二）

随着时间的推移，办公室形成的信息材料越来越多，已有很长时间没有进行整理了。办公室主任吩咐钟苗抽时间对信息进行一下分类整理。钟苗决定立即着手这项工作。她想："办公室的信息太多，还是采用时间分类法比较简单。"于是她将办公室这几年收集的信息，按照信息形成日期先后顺序分类、排列。过了几天，人力资源部的老张来到办公室要查一份关于奖惩办法的文件，钟苗问："这份文件是什么时间形成的？"老张回答："我也记不清了。"钟苗只好按照时间顺序一份一份地查找，费了很长时间才将这份文件找到。

试分析一下，钟苗为什么不能及时找出需要的文件？今后应该怎么样避免此类事情的发生？

（三）

天地公司为了给员工的晋升、工资级别调整、进修、培训等提供更多的服务，进行了一次面向全体员工的个人基本信息登记，以全面了解员工的基本信息。钟苗和办公室的其他几名工作人员负责登记表的收集、汇总和处理。钟苗将自己所负责部门的登记表收集齐全，根据以往的登记材料进行核对，发现有些信息，如工龄、学历、进修情况等，与以往的记载有出入。钟苗与有关部门和人员就相关内容和数据进行了校核，对经过校核确实有误的信息进行了修改，特别注明了修改的时间，确保了信息的真实、准确。

试分析一下，钟苗进行信息校核的时候采用的是哪种方法？

● 任务33 信息的传递和存储

【任务目标】

熟悉信息传递和存储的内容、方法与要求，能够及时、准确地传递和存储信息。

【参考学时】

2学时

【知识支撑】

一、信息的传递

（一）信息传递的方向

1.内向传递

内向传递是为了进行协调与合作，在单位内部进行信息交流，有电话、电子邮件、备忘录、通知或告示、传阅单、企业内部刊物等传递形式。

2.外向传递

外向传递是在日常工作中有效利用各种媒介传递信息，一般通过电话、电子邮件、信件、新闻稿、新闻发布会、报刊简短声明等形式进行。

（二）信息传递的要素

1.信源

信源即信息的来源，分为原生源和再生源。前者生成的信息以原始信息的形式直接进入传递；而后者是指收集、加工后，以二次信息的形式进入传递。

2.信道

信道是信息传递的通道，包括信息传递的媒介和运行方式。

3.信宿

信宿是信息传递的终点，即信息接收者。要使信息源产生的信息能够被利用，必须具有接受者。信宿可以是人类个体、群体或组织体。

（三）信息传递的要求

第一，要按不同的需要把握信息传递对象、传递方式、传递时间。

第二，主动地、不失时机地将信息传递给接收者。

第三，保密信息按照保密范围进行传递。

第四，在传递信息的过程中保证内容不失真。

第五，按照信息优先级进行传递以确保对重要信息有足够时间和精力去处理。

（四）信息传递的工作程序

1.确定传递信息的内容

确定哪些内容是必须进行传递的，过滤出不需要传递的信息内容。

2.选择并确定传递信息的形式

（1）电话。秘书在日常工作中获取及传递信息最主要的途径就是电话，电话分为外部电话和内部电话。外部电话主要用于与用户、供应商、政府部门等外部客户之间传递信息，内部电话主要用于内部领导同事之间针对业务进行的信息交流、询问和反馈。电话是最省时最方便的信息传递方式。

（2）电子邮件。在当前的信息化时代，几乎每个企业都会为自己的员工配备一个专用电子邮箱，甚至在企业内部配备专用的服务器。企业内部的部门之间、员工之间每天使用最多的信息传递方式就是电子邮件。同时，外部人员也可以给通过电子邮件给企业相关部门和人员反应问题，传递信息。

（3）信件。信件是正式的书面传递形式，可用于外向传递（如给客户、供应商的信件）、内向传递（如晋升或提高工资的信件），通常在一些数量有限和需要特殊信息的人之间传递。

信件具有凭证作用，便于阅读和参考，能发送至相应的地址，但邮寄花费时间，不便于交换看法。信件内容通常包括目的、主题、结束语3个部分。

（4）备忘录。它是信件的简化形式，用于通知有关工作事项，通常在公司内部使用，即企业内部各部门或个人之间进行信息交流的简短信件，尤其是在相互了解的人之间使用。

备忘录采用书面形式，文字不必像信件那样正式，便于查阅和参考，使用方便，但信息量较少，沟通较慢，不便于交换看法。企业一般都有各自的标准备忘录格式，备忘录表格能预先打印或准备好。

【工具箱8-3】

备忘录格式

TO（接收信息人姓名）
FROM（发送信息人姓名）
COPY（其他需要信息的人）
日期
标题
内容

（5）报告。它是供他人阅读的正式文件，包含了有关内容的详细信息，被用来正式陈述事实性的信息，通常针对特定的利用者。报告的内容要正确，结构合理，重点突出，力求简洁，并得出确定的结论。如果想汇报自己参加的某项活动，或针对特定的对象的某种需要汇报某一明确主题的事实、情况时，可以采用报告的形式。

（6）通知。它使用的范围最为广泛，使用频率最高。通知的事项或要求办理的事情往往有很强的时间性。即使是规定性通知，也具有时效。通知的语言要求精练。

【工具箱8-4】

关于××的通知

……：

（正文）……

以上通知望认真执行。

××公司

××年××月××日

（7）新闻稿。公司公布决定或政策时，可采用发布新闻稿的方式。新闻稿要简明扼要，直入主题，客观反映事实，不作评论说明。

（8）企业内部刊物。企业内部刊物主要介绍公司动态和业务进展情况，是沟通上下、联系员工的桥梁。内部刊物的内容一般包括公司内部信息、职务升迁信息、员工信息、员工嘉奖榜、业务往来信息等。

（9）传阅单。需要传阅内容多的信息时利用传阅单，上面列出所有应阅读该信息的工作人员的姓名和部门，阅读完信息后在传阅单上签字。

【工具箱8-5】

传阅单

阅读者姓名	阅读日期	签名

注：传阅完毕请返回给××房间的××。

（10）新闻发布会。它是在一定时间，根据工作需要，公布重要信息，发布有关新闻或阐述观点，并回答提问，属于权威性的信息发布。公司展示最新产品、演示技术上的最新成果、产品展览会前或展览期间，都可举行新闻发布会。这种面对面的交流能产生好的效果。秘书要落实发布会日期、地点、出席名单，准备展览用品、赠品，制作工作人员及展览会使用标牌，发请柬和资料，拟写及印发有关信息材料，布置会场等。

3.确定传递信息的方法

（1）口头传递。语言传递是将信息转化成口头语言传递给信息接收者，如对话、座谈、会议、提出请求、听取汇报、演说等，是使用语言、姿态、倾听来传递信息。语言传递简洁、直接、快速，信息反馈及时，较少受场合、地点的限制，但获得的信息零乱，对信息接收者来说较难储存。

（2）书面传递。它是将信息转换成文字、符号、图像传递给信息接收者，可避免信息失真变形，实现远距离多次传递，便于利用和储存。书面传递的表现形式是文本、表格、图表等。

文本是大多数信息传递的形式，人们可用文字处理技巧增加文本的影响力和清晰度。表格用于对特定的、标准的信息进行展示，要有标题，信息简明，表明信息来源。图表的基本类型有柱状图、饼状图、折线图。其中，柱状图多用于统计数字的比较，饼状图多用于表示某个区域信息在整体中占有的百分比，折线图多用于表示事物的发展趋势。秘书应根据传递信息的类型选择图表形式，从而准确地表达信息。

（3）电信传递。它是利用现代化的通信手段传递信息，传递速度快，信息量大，效果好，抗干扰力强，能够跨越空间的限制。秘书电信传递的途径有电话、传真、电子邮件。

（4）可视化辅助物传递。它可通过影像、投影、展示架、展示或示范、布告栏等形式进行，可以用来帮助理解工作任务和信息，如可用于消防、安全布告及出口标志等。

4.进行信息传递

将用一定形式表现的信息，按照所选择的信息传递方法，及时、准确地传递给信息接收者。

5.确认信息传递质量

对于传递出去的信息，应该确保接收者能够接受。秘书可以通过反馈或检查来了解接收者的反应和接收效果。

（五）信息传递的注意事项

秘书应根据需求，区别对象来传递信息，做好例行信息的传递工作，加强非例行信息的传递工作，充分运用现代化信息技术，如全球联网的电话、电视和数据传递网络、光盘和多媒体技术传递信息，实现信息的共享。

【情景案例8-5】

信息传递混乱酿成惊天悲剧

2008年4月28日4时48分，一场近十年来全国铁路行业罕见的列车相撞事故在瞬间发生，举国震惊。通过初步调查，我们可以发现这本是一起不应该发生的责任事故！

原因1 每小时超速51公里

29日10时，国务院"4·28"胶济铁路特别重大交通事故调查组成立。事故调查组组长、安监总局局长王君说，这是一起典型的责任事故。据他介绍，从初步掌握情况看，北京至青岛的T195次列车严重超速，在本应限速每小时80公里的路段，实际时速居然达到了每小时131公里。28日凌晨，由于严重超速，列车第9节至17节车厢在铁路弯道处脱轨，冲向上行线路基外侧。此时，正常运行的烟台至徐州5034次列车以每小时70公里的速度与脱轨车辆发生撞击。

原因2　调度命令传递混乱

济南铁路局4月23日印发了《关于实行胶济线施工调整列车运行图的通知》，其中含对该路段限速80公里的内容。这一重要文件距离实施时间28日零时仅有4天，却在局网上发布。对外局及相关单位以普通信件的方式传递，而且把北京机务段作为了抄送单位。

这一文件发布后，在没有确认有关单位是否收到的情况下，4月26日济南局又发布了一个调度命令，取消了多处限速命令，其中包括事故发生段。

济南局列车调度员在接到有关列车司机反映现场临时限速与运行监控器数据不符时，4月28日4时02分，济南局补发了该段限速每小时80公里的调度命令，但该命令没有发给T195次机车乘务员，漏发了调度命令。而王村站值班员对最新临时限速命令未与T195次司机进行确认，也未认真执行车机联控。与此同时，机车乘务员没有认真瞭望，失去了防止事故的最后时机。

二、信息的存储

（一）信息存储的载体

1.纸质载体

纸质载体是目前使用最多的信息存储载体，具有记载和阅读方便的特点，比磁性或其他媒体的存储程序更具标准化。

2.缩微胶片

缩微胶片是利用专门的光电摄录装置，把纸质载体的信息或机读文件按一定的缩小比例拍摄于感光材料上，制成缩微复制品。这种载体存储密度高，可以节省存储设备，便于存储和管理，查找迅速，传递方便，保存时间长，利于保护信息原件。

3.磁性载体

磁性载体的类型主要有：

（1）磁盘。其包括移动硬盘和U盘，是计算机系统中最常用的外存储器，存储容量大，存取速度快，传输率高，可靠性高。

（2）磁带。它是一种磁性带状存储介质，可脱机保存，比软盘存储容量大，但存取速度慢，易磨损，存储信息需要配置相应的磁带机。

4.光学载体

光学载体包括只读式光盘、一次写入光盘和可擦写式光盘，可用于记录图像、声音和文字信息，是理想的多媒体存储介质。光盘存储容量巨大，可靠性高，保存信息时间长，数据传输速度快，单位成本低，应用范围广。

（二）信息存储的装具与设备

信息存储的装具与设备有：文件夹、文件盒、文件袋、文件柜与文件架，如直式文件柜、横式文件柜、敞开式资料架、卡片式储存柜、显露式文件柜。

（三）信息存储管理系统

1.信息集中管理系统

将所有类型的信息集中在一起存放管理，形成完整、标准的信息系统，建立高效信息服务体系。信息集中管理系统使用标准化的分类系统，实行有序的存储检索，便于实现科学化、现代化管理，具有整体性的特点，能有效利用存储空间，减少信息的重复存储，保证信息质量。但归档和查阅不太方便，不利于满足各部门的特殊需求。

2.信息分散管理系统

所有信息都由单位内各个部门分别保管。信息管理方式具有灵活性和专门性，可根据实际情况采用适宜的管理方式，发挥熟悉业务的优势，提高文档质量。但不利于建立统一的分类体系，不利于信息的综合管理和利用。

3.计算机辅助信息管理系统

在手工管理的基础上，用计算机对信息编目、整理、检索、利用和保管等工作进行辅助管理，用计算机进行数据处理。其功能有信息扫描、信息录入、信息加工处理及存储、信息目录或全文检索、信息传递等。

（四）信息存储的要求

其一，选择有使用价值的信息存储；

其二，按信息内容确定存储期，对过期的信息及时进行调整和清理；

其三，分类存储信息；

其四，防止存储信息受到损坏、失密；

其五，信息的存储要便于查找和利用。

（五）信息存储的工作程序

1.登记

登记是建立信息的完整记录，系统地反映信息存储情况的必要环节。信息登记有总括登记和个别登记两种类型。总括登记反映存储信息的全貌，一般登记存入册数、种类及总量等。个别登记是按照信息存储的顺序逐件登记，便于掌握各类信息的具体情况。

2.编码

登记存储的信息要进行科学的编码。信息的编码由字母或数字组成基本数码，再由基本数码结合成组合数据。信息编码的方法有：

（1）顺序编码法。按信息发生的先后顺序规定一个统一的标准编码，用于不是很重要或无须分类的信息的存储；

（2）分组编码法。利用十进位阿拉伯数字，按后续数字来分别信息的大、小类，进行单独的编码。

3.排列

对经过编码的信息要进行有序化的存放。常用的排列方法有：

（1）时序排列法。按照接收信息的时间先后顺序存放排列。

（2）来源排列法。按信息来源的地区或部门，结合时间顺序，依次排列。

（3）内容排列法。按信息所反映的内容分类排列。

（4）字顺排列法。按信息的名称字顺排列。

4.保存

（1）手工存储。通过手工将信息保存在信息存储装具与设备中。手工存储便于利用信息、阅读信息，存储设备便宜，但存储设备占用空间大，信息可能受到火、潮湿、蛀虫的破环，信息排放有误会影响查找效率。

（2）电磁存储。以数据库、电子表格、文字处理或其他应用程序的形式形成的信息能在磁盘、光盘等电磁介质中存储。计算机存储的信息量大，节省存储空间，容易编辑或更新。特别是保存于网络系统的信息，能迅速查找，但缺点是设备昂贵，信息可能被病毒破坏，也容易丢失。因此，需要对信息进行定期备份，并将备份另行存放。特别是重要信息，要制作书面备份。

作为办公室秘书，手头每天都会形成大量各种名目的信息，为了能够随时快速有效地将某一特定或指定信息查找出来，秘书人员必须拥有完善的信息管理系统及电子台账，并定期将相关信息录入信息管理系统，如合同扫描系统、定价系统、招标系统等。通过录入特定目录并上传相关合同、单据的扫描件，建立完整的电子台账，这样，日后需要查找某个信息的时候，只要输入索引号（合同号、扫描编号、上传日期、责任人都可以作为索引号），就可以方便快速地查找出来了。

电子信息台账是秘书人员日常工作中最重要的工具，也是比较占用秘书工作时间的一件事情。常见的台账类型主要包括合同台账、日常用印台账、投诉抱怨台账、调研台账、外部来电台账、人员来访台账、领导接待台账、宴请台账、会议室台账、用车台账、现金台账、礼品上交台账等。秘书必须定期对这些台账进行登记更新。

（3）缩微胶片存储。利用照像方法，将信息记录保存在缩微胶片上。缩微胶片存储节省空间，节省存储设备费用，但照像和阅读胶片需要昂贵的设备，缩微胶片图像的质量会随时间的推移而下降。

5.保管

要做到防火、防潮、防高温、防虫害，防失密泄密、盗窃，定期或不定期进行清点，及时剔除失去保存价值的信息，及时更新存储，建立查阅、保管制度，实施科学保管。

（六）信息存储的注意事项

其一，存储信息要选择质量好的存储载体；

其二，加强存储载体的日常保管；

其三，注意调节存储场所的温度与湿度；

其四，防尘、防磁场，勿折、勿摸磁表面；

其五，定期检查、复制。

【思考与练习】

一、不定项选择题

1.根据信息传递方向的不同，可以把信息传递分为（　　）。

A.内向传递　　　B.纵向传递　　　C.横向传递　　　D.外向传递

2.信息传递的要素包括（　　）。

A.信源　　　B.信道　　　C.信号　　　D.信宿

3.在传递信息的诸多形式中，（　　）使用范围最广，使用频率最高。

A.信件　　　B.备忘录　　　C.报告　　　D.通知

4.传递信息的时候，（ ）多用于表示事物的发展趋势。

A.柱状图 B.饼状图 C.折线图 D.框架图

5.信息的电信传递通常包括（ ）等途径。

A.电话 B.传真 C.电子邮件 D.特快专递

6.（ ）是目前使用最多的信息存储载体，具有记载和阅读方便的特点。

A.磁性载体 B.纸质载体 C.塑胶载体 D.竹木载体

7.（ ）存储容量巨大，可靠性高，保存信息时间长，数据传输速度快，单位成本低，可用于记录图像、声音和文字信息，是理想的多媒体存储介质。

A.磁盘 B.磁带 C.光盘 D.缩微品

8.（ ）使用标准化的分类系统，实行有序的存储检索，便于实现科学化、现代化管理，具有整体性的特点，能有效利用存储空间，减少信息的重复存储，保证信息质量。

A.信息分散管理系统 B.信息集中管理系统

C.信息混合管理系统 D.计算机辅助信息管理系统

9.常用的信息排列方法有（ ）。

A.时序排列法 B.来源排列法 C.空间排列法 D.字顺排列法

10.信息存储的注意事项主要有（ ）。

A.选择质量好的存储载体 B.加强存储载体的日常保管

C.注意调节存储场所的温度与湿度 D.定期检查、复制

二、案例分析题

（一）

随着电器市场竞争的日益激烈，天地公司准备进行价格调整。为使制定的价格合理，公司组织有关人员进行了市场调研。秘书钟苗了解到同类产品的不同市场价格信息后，将几种不同的价格数据信息绘制成一张图表交给经理。经理看了这张直观、清晰的图表，对钟苗的做法称赞不已。

试分析一下，经理为什么会对钟苗的做法称赞不已？

（二）

天地公司部门多且分工明确，形成的信息材料数量大。为了使信息有序化、易查找，钟苗按照信息来源的部门，结合时间顺序进行信息排列，然后将信息装入文件夹中，整齐地放入文件柜中保存。人们来查阅信息时，可以根据形成部门和形成时间迅速找到信息，提高了信息的利用率。

试分析一下，天地公司采用的是哪一种信息存储管理系统？

（三）

天地公司总经理秘书钟苗接到一个关于公司生产的洗衣机绞死幼童的外部重大事故投诉电话，她大惊失色，一时不知道投诉者所说是真是假？也不知道是否应该马上向总经理汇报此事。

试分析一下，根据信息工作的基本原则和相关要求，钟苗应该采取哪些措施来处理这条信息？

● 任务 34 信息的开发、利用和反馈

【任务目标】

熟悉信息开发、利用与反馈的内容、方法与要求，能够及时、准确地开发、利用和反馈信息。

【参考学时】

2 学时

【知识支撑】

一、信息的开发

（一）信息开发的特性

信息开发是对信息进行全面挖掘、综合分析、概括提炼，以获得高层次信息的过程。

信息开发具有多次性。一般物质资源经过消耗就可能丧失其功效，而信息具有共享的特性，它可以存储，可以被多次传输利用，能够不断地补充、完善和扩散，还可以进行综合和归纳，成为可增值的资源。

（二）信息开发的类型

按照对信息加工的层次分，有一次信息开发、二次信息开发和三次信息开发。

一次信息开发，主要是将无序信息转变为有序信息，提高信息的利用率，如剪报、外文文献编译。

二次信息开发，是对一次信息进行加工整理后而形成的新信息，提供信息线索，便于人们对信息进行概括了解。

三次信息开发，是在一次、二次信息的基础之上，通过分析概括而形成更深层次的信息。

（三）信息开发的主要形式

1.剪报

根据需求选择专题，确定时间周期，对报刊资料中有价值的信息进行选取、组合、编辑、传递等工作。剪报属于一次信息开发，开发成本相对较低，获得信息量较大，但信息零散，有的信息缺乏时效性、可靠性。

2.编制索引

索引是查找信息题名、出处等有关事项的检索工具，由一系列按字顺排列的款目组成，属于二次信息开发。信息资料索引有篇目索引和内容索引。篇目索引用于指明信息的出处；内容索引摘录信息中的事件、人名、地名等，分别按顺序排列，并指明其出处。

3.编制目录

目录是依据信息的题名编制而成，是对相关信息的系统化记载及内容的揭示，有分类目录、专题目录、行业目录、产品目录等。目录编制属于二次信息开发。

4.文摘

文摘指对信息简明扼要摘录其重要内容，以便更全面地指示信息的方法，属于二次信息开发。文摘有指示性文摘和报道性文摘。指示性文摘是篇幅短小的摘要，以指示信息源的主题范围、使用对象为目的，适用于篇幅长、内容复杂的信息。报道性文摘是原文要点较详细的摘要，以提供信息的实质性内容为主要目的，适用于主题比较单一集中、内容新颖的信息。

5.信息资料册

信息资料册包括历史资料和近期资料，便于人们了解有关行业、产品的历史与现状。

6.简讯

用简明扼要的语言报道最新动态信息，属于三次信息开发。简讯应文字简洁，内容精练，篇幅较短，主要内容准确，要指明信息来源。

7.调查报告

在实地调查获得第一手信息的基础上，通过分析得出反映有关事实的本质特征信息的三次信息产品。

（四）信息编写的类型

（1）动态型信息。反映某项工作、活动或事件的发生、发展和变化的客观情况。

（2）建议型信息。反映问题，提出解决问题的措施，一般由标题、背景、建议内容及理由组成。

（3）经验型信息。反映一个地区、一个单位、一个部门某方面经验的信息。经验型信息的编写可采用顺叙法，先写做法和经验，后写效果；也可采用倒叙法，先写效果，再写做法和经验。

（4）问题型信息，即负面信息，由标题、背景和问题构成。

（5）预测型信息。预测工作情况、社会动态、经济动态、市场前景等，由标题、预测内容和预测根据组成。

（五）信息开发的要求

进行信息开发要注重调查研究，通过各种渠道全面、及时获取信息，充分利用信息网络开发系统，运用信息开发技巧，加强对信息的加工、综合分析、提炼和概括，开发出有特色、利用价值大、可信度高的信息。

（六）信息开发的工作程序

1.确定主题

选题是信息开发的起点和目标。选题的来源一般有三种渠道：一是下达的任务；二是利用者提出的要求；三是根据工作需要自主选择。要针对特定的需要，分析信息的特点和内容，确定信息开发的主题。

2.分析信息材料

围绕主题进行选材，对获得的信息材料进行分析、梳理，决定取舍。

3.选择信息开发方法

（1）汇集法。围绕某一主题，把一定范围内的信息按一定的标准汇集在一起。

（2）归纳法。将反映某一主题的信息集中，进行系统综合分析。

（3）纵深法。把若干具有内在联系的信息或不同时期的有关信息从纵向进行比较，形成新信息材料。

（4）连横法。按照某一主题，把若干不同来源的信息进行横向连接，做出比较分析，形成新的信息材料。

（5）浓缩法。压缩信息材料的篇幅，达到主题突出、文字精练简明的效果。

（6）转换法。把不易理解的数字转换为容易理解的数字。

（7）图表法。将有一定规律的数据制成图表。

4.选择开发信息的形式

信息开发就是对信息进行有序化处理、加工和提炼。秘书要根据开发信息的需求，选择适合的信息开发形式。如果要将信息按专题进行组合以备后用，可选择一次信息开发，如剪报；要提供信息线索和信息主题、要点，可开发二次信息，如索引、目录、文摘；要提供信息的深层次、综合加工品，可开发三次信息，如简讯、调研报告。

5.形成信息产品

按照主题要求，依一定的逻辑顺序，把选择出来的信息材料有条不紊地组织起来，成为一个有机整体。

二、信息的利用

（一）信息利用的意义

信息利用服务是通过有效的方式将信息提供给利用者，实现信息的价值。

信息利用有利于实现信息的价值，促进管理水平的提高；有利于信息的增值和信息资源共享；有利于提高决策的成功率。

（二）信息利用的特点

信息利用服务具有周期性、经常性、广泛性和时效性特点。

（三）信息利用的要求

一是要遵守信息法规；二是要维护信息安全；三是要最大限度地满足信息需求；四是要注意对日常信息的积累。

（四）信息利用的工作程序

1.熟悉信息的内容

了解和熟悉所存储信息的内容和成分。

2.确定利用需求

信息利用是使收集、处理、存储的信息满足工作需要的过程。因此，要结合工作中心、领导决策、日常管理，分析不同层次的利用对象，找准利用需求。

3.确定信息利用服务的途径

（1）信息检索服务。它是根据需要，将组织和存储起来的信息，通过索引、目录和计算机检索系统查找出来，直接利用信息或信息复制品。

进行信息检索有4个环节：①分析信息需求；②明确检索要求；③选择检索系统、检索途径和检索方法，确定检索词；④实施信息检索，获取信息。

在实施检索的过程中，可以根据检索结果的情况，调整检索词、检索途径和检索方式，充分利用信息检索系统提供的缩检和扩检功能，提高检索结果的满意度。

（2）信息加工服务，即通过对信息内容进行分析、研究、选择、加工、编辑后，提供给信息利用者的服务方式。

（3）定题查询服务，即向利用者提供特定主题和内容的信息，以满足利用者的需求。

（4）信息咨询服务，即答复利用者询问，指导其利用信息的服务方式，如问题解答、事实咨询服务、利用者教育服务。

（5）网络信息服务，即建立在现代信息技术基础上，以计算机硬件和通信设备为依托，以应用软件为手段，以数据库信息为对象进行的利用服务，如电子信息发布、电子邮件、光盘远程检索服务。

4.获取信息

通过各种信息利用途径，查找能够满足需求的信息。

5.提供信息

按需提供获得的信息及信息加工品。

（五）信息利用的注意事项

信息利用中可使用跟踪卡、文档日志记录信息借阅情况。

1.跟踪卡

当信息被借用时应该填写跟踪卡，放置在信息原存放处，使其他利用者知道该信息去向。信息归还时，填好跟踪卡。应定期检查跟踪卡，如果信息已借出一段时间，要与对方及时联系。

【工具箱8-6】

信息跟踪卡

借出时间	信息标题	借阅人	部门	归还日期	签名

2.文档日志

跟踪信息还可用文档日志。当借出信息时，在日志簿上签名；归还时，再签名以示归还。如果找不到某信息，查看日志簿，了解信息利用情况。

三、信息的反馈

（一）信息反馈的目的

信息反馈是将信息使用过程中产生的效应及活动中不断产生的信息进行再收集、再处理、再传递的过程。信息反馈的目的是检查输出信息的真实性，对信息传递进行检验与调整，为决策提供依据。

（二）信息反馈的特点

1.针对性

信息反馈不同于一般的反映情况，它不是被动反映，而是主动收集，有很强的针对性。

2. 及时性

信息工作要讲时效，信息反馈更要及时，以便及早发现问题、解决问题。

3. 连续性

信息反馈的连续性是指对工作活动的情况连续、有层次地反馈，有助于认识的深化。

（三）信息反馈的形式

1. 正反馈和负反馈

正反馈一般为决策执行中的成绩、经验方面的信息反馈，使系统的输入对输出的影响增大。负反馈一般为决策执行中的问题、失误方面的信息反馈，使系统的输入对输出的影响减少。

2. 纵向反馈和横向反馈

纵向反馈是向上级管理部门和决策层反映执行指令情况的反馈形式。横向反馈是同级组织之间的信息反馈。

3. 前反馈和后反馈

前反馈是在信息发出前，信息接收者向信息发出者表示的要求和愿望，希望将发出的信息能满足自己的需求。后反馈是在信息发出后，信息接收者对信息做出的反应。

（四）信息反馈的要求

一是信息反馈要准确、真实；二是尽量缩短信息反馈时间；三是信息反馈要广泛全面，多信源、多通道反馈。

（五）信息反馈的工作程序

1. 明确目标

明确信息工作和信息传递活动的具体目标和具体要求，对信息工作和信息传递活动目标的实现情况的评估有明确的依据。

2. 选择信息反馈的方法

（1）系列反馈法。将工作活动的全过程情况按不同的发展阶段连续反映。

（2）广角反馈法。对工作活动的某个过程从不同角度进行反映。

（3）连续反馈法。对工作活动中的某个关键问题在短期内连续不断地进行反映。

3. 获取反馈信息

根据确定的具体目标和具体要求所涉及的内容，及时地搜集和回收各种反馈信息。一般来讲，获取的反馈信息主要包括：有关方针、政策和重大工作部署执行情况的信息，新思想、新观点和独到见解，经验型信息，反映工作中存在问题的信息，对全局有影响的倾向性、苗头性信息，反映意见、建议的信息，反映重大事件、突发事件的信息。

4. 加工、分析反馈信息

对搜集上来的反馈信息进行管理、加工、分析，并将其结果与既定目标和要求进行比较分析，找出差距。

5. 传递反馈信息

将反馈信息传递给相关部门或人员。

6. 利用反馈信息

采取各种手段、方法和具体行动，使信息工作和信息传递活动的实施情况回到完成既定目标、满足原有要求的正确轨道上来，为各项工作活动顺利开展打下良好的基础。

（六）反馈信息的注意事项

秘书要及时了解来自各方面的反映，收集人们对已推行政策、已实施措施的意见，把各种指令执行情况的偏差信息反馈给决策者，以便发现问题、纠正偏差，修正或完善政策与措施，做出新的布置，发出新的信息。

秘书进行信息反馈要做到既报喜，又报忧；既讲究实效性，又把握准确性；既重视初级反馈信息，又综合加工深层次反馈信息；既提供目前状况的反馈信息，又提供过去或将来工作的反馈信息。

【思考与练习】

一、不定项选择题

1.（　　）主要是将无序信息转变为有序信息，提高信息的利用率，如剪报、外文文献编译。

A.一次信息开发　　B.二次信息开发　　C.三次信息开发　　D.多次信息开发

2.（　　）属于一次信息开发，开发成本相对较低，获得信息量较多，但信息零散，有的信息缺乏时效性、可靠性。

A.文摘　　　　　　B.编制目录　　　　C.编制索引　　　　D.剪报

3.（　　）是篇幅短小的摘要，以指示信息源的主题范围、使用对象为目的，适用于篇幅长、内容复杂的信息。

A.报道性文摘　　　B.指示性文摘　　　C.新闻性文摘　　　D.娱乐性文摘

4.（　　）用简明扼要的语言报道最新动态信息，属于三次信息开发。

A.文摘　　　　　　B.简讯　　　　　　C.调查报告　　　　D.目录

5.（　　）是信息开发的起点和目标。

A.选题　　　　　　　　　　　　　B.分析信息材料

C.选择信息开发方法　　　　　　　D.选择开发信息的形式

6.信息开发的方法通常包括（　　）。

A.汇集法　　　　　B.分散法　　　　　C.归纳法　　　　　D.纵深法

7.信息利用服务具有（　　）的特点。

A.周期性　　　　　B.经常性　　　　　C.广泛性　　　　　D.实效性

8.信息利用服务的途径通常包括（　　）。

A.信息检索服务　　B.信息加工服务　　C.定题查询服务　　D.信息咨询服务

9.信息反馈的特点包括（　　）。

A.针对性　　　　　B.长效性　　　　　C.及时性　　　　　D.连续性

10.（　　）是向上级管理部门和决策层反映执行指令情况的反馈形式。

A.正反馈　　　　　B.负反馈　　　　　C.纵向反馈　　　　D.横向反馈

二、案例分析题

（一）

担任经理助理的高叶有剪报并从中获取信息的习惯，她经常翻阅各种国内外经济报刊，专门从报刊上收集消费市场的信息进行分类剪贴，汇集成册，供自己或他人使用。通过对剪报内容的分析研究，高叶了解了服装市场消费者需求变化的情况和发展趋势。她还通过市场调研来验证自己的判断，这就为领导把握市场行情、进行新产品开发决策提供了有益的借鉴和参考。

试分析一下，高叶是怎么样进行信息开发的？她的这种信息开发能够对公司的生产经营产生什么样的影响？

（二）

天地公司新上任的客户经理赵飞要去拜访公司的一个客户。为了让赵经理了解客户的情况，经理助理高叶通过索引和目录查找客户信息，为赵经理提供了公司以往收集的客户资料信息，包括以前客户的采购建议和该客户全部的历史资料，如订单、支付、送货、客户支持以及市场营销等。赵经理通过仔细阅读高叶提供的信息，掌握了该客户与公司所有来往的细节，做到了心中有数，对新的销售计划的实施充满信心。

试分析一下，高叶是如何利用现有的信息为领导服务的？这种信息利用服务对领导的工作开展起到了一种什么样的作用？

（三）

天地公司拟定了一个员工奖励办法。为进一步充实和完善此办法，经理责成高叶了解员工的意见。高叶很快将奖励办法及征求意见通知、征求意见表下发到各个部门，还多次到部门中直接听取员工的反映。高叶利用收集上来的信息分析汇总，起草了一份报告上交。经理利用高叶提供的反馈信息，责令相关部门重新对办法进行了修订、补充。

试分析一下，高叶是如何做好信息反馈工作的？良好的信息反馈对公司管理的良性运行起到了什么样的作用？

● 任务 35　保密工作

【任务目标】

了解保密工作的内容和要求，能够从事保密工作。

【参考学时】

3 学时

【知识支撑】

一、秘密的概念

所谓秘密，是指组织或个人为保护自身的利益和安全，在一定时间内仅限一定范围人员知悉的事项。

二、秘密的类别

（一）从秘密的性质（秘密事项产生的主体）来看，秘密可分为：

1.国家秘密

所谓国家秘密，按照我国1988年9月5日颁布的第一部保密法的规定，是指"关系国家的安全和利益，依照法定程序确定，在一定时间内只限一定范围的人员知悉的事项"。

根据国家秘密与国家安全和利益关系的大小，可把国家秘密分为3个等级：

（1）绝密。这是国家秘密的核心部分，一旦泄密，就会使国家的安全和利益受到严重危害和重大损失。

（2）机密。这是重要的国家秘密，一旦泄密，会使国家的安全和利益受到较大的危害和损失。

（3）秘密。这是一般的国家秘密，一旦泄密，会使国家的安全和利益受到一定的危害和损失。

不同的密级有不同的保密期限。《中华人民共和国保密法》规定，秘密级不超过10年，机密级不超过20年，绝密级不超过30年。超过以上期限的，应报上级批准。

2.组织内部秘密

组织内部秘密是指组织内部在一定时间内只限一定范围的人知悉，不对外公开的事项。如正处于酝酿状态的干部任免事项、未曾最后决定的组织机构的调整等，这类秘密一旦泄露出去，不利于组织领导工作的正常开展，甚至会使组织的社会形象受到影响。

3.商业秘密

商业秘密是指"不为公众所知悉，能为权利人带来经济利益，具有实用性并经权利人采取保密措施的技术信息和经营信息"。从某种意义上来说，商业秘密属于组织内部秘密，之所以把它作为一个专门的类型来看，是因为随着商品经济的进一步发展，企业组织的商业秘密越来越受到人们的关注。

4.个人秘密

个人秘密是指涉及个人利益、并受到国家法律保护的一些不宜公开的事项。

（二）从秘密的存在方式来看，秘密可分为：

1.有形秘密

这是指以实物作为载体的秘密，如音像类秘密、文献类秘密等。

2.无形秘密

这是指不以实物为载体而实际存在的秘密，如口头性秘密、设计方法等。

（三）从秘密的内容来看，秘密可以分为政治秘密、军事秘密、经济秘密、科技秘密、涉外秘密等。

三、保密工作的方针和原则

《中华人民共和国保密法》规定："保守国家秘密的工作，实行积极防范，突出重点，既确保国家秘密又便利各项工作的方针。"根据这一指导思想，商务秘书的保密工作要坚持以下原则：

（一）积极防范

"积极防范"，就是要求把预防作为保密工作的立足点和着力点，未雨绸缪，以防为主，防患于未然，将保密工作贯彻落实到日常的工作中去。

1.加强宣传教育

要不断加强保密宣传教育工作，增强保密法制观念，提高保守秘密的自觉性。

2.健全法规制度

必须建立健全保密法规和保密制度，比如文件保密制度、会议保密制度、通信保密制度、新闻报道保密制度、计算机使用保密制度、工作人员（秘书）保密培训制度等。

3.建立健全监督检查机制

要建立健全监督检查机制，加强对保密制度执行情况的检查监督。

4.充分利用先进技术

充分利用先进的保密技术，加强防范措施，严防泄密和窃密。

（二）突出重点

面对越来越多的保密事项，保密工作应坚持"突出重点"的原则，有的放矢地采取措施，做到既有保又有放，只有这样，才能使保密与业务工作两不误。

对企业来说，"突出重点"就是要根据企业的实际情况，确定保密工作的重点环节、重点部位和重点人员，加强经常性的教育和监督检查。一般说来，企业的秘书人员、技术人员、财务人员和销售人员都是保密工作的重点人员。

（三）有保有放

企业要正确划定保密工作的范围，确定秘密与非密、核心秘密与一般秘密的界限。划密范围过大，不利于信息的交流；划密范围过小，又容易造成泄密。因此，要做到宽严有度，保放结合，该保的秘密一定要保好，不该保密的信息一定要公开。在过去计划经济条件下，保密是常例，开放是特例；而在现代市场经济条件下，开放是常例，而保密是特例。

（四）内外有别

所谓内外有别，实质上就是要求区别保密对象。对党务来说，"内外"指的是党内党外，即只需党内知悉的事项，绝不要扩大到党外；对政务来说，"内外"指的是国内国外，即在涉外活动中，要处理好保密与友好的关系；对于组织内部来说，"内外"指的是组织内部和外部。

我国实行对外开放，提倡的是在平等互利原则上的经济、技术合作和交流。因此，应在建立健全保密组织、加速保密技术的现代化、绝对保住国家核心秘密的前提下，有领导、有组织地适当放宽秘密的控制范围，以此换取一些先进的技术和先进的管理经验。

四、保密工作的纪律

为了防止泄密、窃密，确保国家秘密的安全，早在1979年，中共中央、国务院就制定了"十不"保密工作守则：一是不该说的机密，绝对不说；二是不该问的机密，绝对不问；三是不该看的机密，绝对不看；四是不该记录的机密，绝对不记录；五是不在非保密本上记录机密；六是不在私人通信中涉及机密；七是不在公共场所和家属、子女、亲友面前谈论机密；八是不在不利于保密的地方存放机密文件和资料；九是不在普通电话、明码电报、普通邮局传达机密事项；十是不携带机密材料游览、参观、探亲访友和出入公共场所。

五、新时期保密工作的特点

（一）失密范围扩大化

"对外开放，对内搞活"国策的实行，使得我国的对外交往越来越多。在这种情况下，我们原来的保密范围在无形中缩小，这也是我们引进外资和技术、发展壮大自己必须付出的代价。比如，过去我国对沿海大陆架结构、地质资源等情报绝对保密，但为了与外方合作或合资开发海洋资源，像石油资源，我们就不得不向外方提供一些必要的我国沿海的地质、海流、潮汐、气象等方面的资料。

（二）泄密渠道多样化

比如，对需要保密的文件资料，没有按规定予以严格的管理；宣传报道时，缺乏严格的"内外有别"的保密原则；在科技合作和贸易过程中，急于求成及缺乏保密意识，没有加以适当的防范；通信联络过程的大意不慎；更有被经济大潮冲击得利令智昏的人，在金钱、物质和享受的诱惑下，不顾民族尊严，沦为专向海外情报机关出卖国家秘密的间谍。

（三）窃密手段诡秘化

在人员上，他们有的以驻我国使馆为指挥联络中心，以外交官身份作掩护，搜集我国情报；有的则以旅游为名，行窃我国秘密信息；有的利用新闻记者的合法身份四处钻营，刺探秘密……

在物力上，外国间谍情报机关除把先进的电子、遥控等技术应用于窃听、窃照外，还大力发展激光、光纤和定向话筒等窃听技术。过去无法拍照的地方，现在借助人造卫星、激光、红外线遥感等技术，便可如愿以偿。敌特使用的窃听器已很难被发现，因为它的体积非常小，有的甚至只有一块糖或一粒米那么大。

当前，标志着信息革命的最新技术，如电子计算机、光导纤维等也被应用到窃密活动中。据查，我国引进的大型电子计算机中，就有一些是被装上了窃听装置的。鉴于此，目前我国已做出决定，主要部门一律不准使用进口的电子计算机。这是一项非常有效的防范措施。

（四）保密难度增大化

失密范围和内容的扩大化，泄密渠道的多样化，窃密手段的诡秘化，所有这些，无疑大大增加了保密工作的难度。政府管理、企业经营、对外合作还要向纵深发展，科学技术也仍在迅猛地发展，如何才能既确保我们的核心秘密，又能有效地开展工作，这是保密工作的新课题，也是时代对秘书工作、保密工作的新挑战。

（五）保密范围缩小化

随着我国对外开放程度的不断深化，国际惯例对我国的影响也不断扩大，特别是2003年4月SARS在国内肆虐之时，消息封锁所产生的负面影响已明显地表现出来。大力推行政务公开，重新设立保密制度底线，已经成为当务之急。因为按照国际惯例，除国家安全、商业秘密和个人隐私外，其余的都应该公开。为适应这种时代的要求，我国有关保密制度的修订工作正紧锣密鼓地进行着，像如何重新划定保密范围和定密机构，细化简化解密程序等保密工作的关键问题将可能得到更合理的规范。

【情景案例8-6】

19 488件档案首次解密：27年前北京就提出治尾气

2016年6月13日，北京市档案馆新增19 488件开放档案资料。

自2014年起，北京市档案馆每年都会在国际档案日统一面向社会开放档案。今年，市档案馆开放的档案涉及北京市科学技术委员会、北京市环境保护局、北京市环境卫生管理局、北京体育师范学院等12个全宗单位。这些档案揭秘了1949—1992年一些鲜为人知的史实。

（资料来源：北京日报）

六、企业的保密范围和密级确定

（一）企业的保密范围

企业的保密范围主要包括以下几个方面：①公司重大决策中的秘密事项；②公司尚未付诸实施的经营战略、经营方向、经营规划、经营项目及经营决策；③公司内部掌握的合同、协议、意向书及可行性报告、主要会议记录；④公司财务预决算报告及各类财务报表、统计报表；⑤公司掌握的尚未进入市场或尚未公开的各类信息；⑥公司员工人事档案、工资性和劳务性收入资料；⑦其他经公司确定应当保密的事项。

（二）密级的确定

密级的确定包括：①公司经营发展中，直接影响公司权益的重要决策文件、资料为绝密级；②公司的规划、财务报表、统计资料、重要会议记录、公司经营情况为机密级；③公司人事档案、合同、协议、职员工资性收入、尚未进入市场或尚未公开的各类信息为秘密级。

七、秘书的保密工作

（一）文件保密

文件是秘密事项最主要的载体，文件保密工作贯穿在从秘密文件的产生到秘密文件的管理等诸多环节当中。

1.产生

秘密文件，包括组织内部的秘密性公文和商业秘密等，在酝酿、拟稿、讨论、定稿等过程中，要适当控制参与人数，注意严加保密，并确定密级和保密期限，在规定或适当的地方做出明显的识别标志。

2.缮校

密件校对必须实行专人负责制，不得私自找他人代校。校对时不能大声朗读，并应选择安全的地方。

3.印刷

密件在付印前要检查是否已标明密级和保密期限，是否已规定了发放范围。印刷应指定专人负责，批量印刷应到指定的专门印刷厂，由专人监印，并严格按照批准的份数印制，不得擅自多印多留。印制后，原稿及清样等必须妥善保存，衬纸、废页等应及时销毁。绝密文件应尽量减少接触人员。

4.传递

密件应通过机要交通或派专人专程传递，减少中间环节。传递时，信封上必须标明密级并加盖密封章。使用现代通信设备传达秘密事项时，必须使用保密电话和有加密装置的传真机、计算机。绝密件不得用传真机和计算机传输。

5.处理

密件收发应严格实行签收、登记制度。收到秘密文件后，要及时送领导阅批。密件传阅应指定专人统一跟踪管理，不得随意扩大阅读范围，阅读文件应在办公室内进行。

6.管理

秘密文件要由专人专管，并放在有保密保障的文件柜内或保密室、档案室内，不准随身携带，也不得将密件带回家。外出工作确需携带的，要经领导批准并采取相应的安全措施。秘密文件应定期清查，分发和借出的应按时清理回收，回收时应注意检查文件是否完整，若有丢失的，要及时予以追查处理。清理后的文件，该保存的应整理归档，余下的登记造册后，经领导批准，到指定地点监督销毁。

（二）会议保密

对于重要会议，秘书必须对会议进程的各个方面及相关步骤进行必要的保密安排，并会同保卫、保密部门共同制定有关的保密措施。

1. 会前保密

（1）会议地点选择。秘密会议应选择具备保密条件，如相对隐蔽的地方进行，并且不能对外公开。会议的地点必须有良好的隔音和屏蔽效果，以避免声音和信号的外泄。

（2）器材管理检查。对会场的扩音、录音设备、电话机、计算机等必须预先进行仔细的保密检查，并派专人进行管理。会场内严禁使用无线话筒。与会人员不得携带手机等移动通信工具进入会场，入场前通信工具应交工作人员统一保管。

（3）人员管理

人员管理包括与会者与必要的工作人员。秘密会议要严格控制与会人员，并在会前对与会人员予以资格审查及进行严格的保密纪律教育。

（4）信息管理。有关会议的信息，如会议的时间（包括开始和结束的时间）、议题、议程、日程安排，会议的出席者、列席者和工作人员，会议的具体活动、讲话、发言和反映等，在未正式公开之前，不得泄露。

2. 会中保密

（1）严格执行出入场检查制度。与会者必须携带证件，否则不得入场。会议期间原则上与会人员不得外出，确需外出者，必须经过批准并记录在案。

（2）加强对会议文件的管理。秘密程度较高的会议，应设有保密室，配备保密柜（箱），并有专人管理文件资料等。会议文件须由主管领导审查批准后才可印发，非经允许不得摘抄，不得带走；严禁滥印乱发会议秘密文件资料。凡会议期间印发的秘密文件一律应标明密级，统一编号，登记分发，并限时收回。

（3）加强会议讲话管理。领导在秘密会议上的讲话，未经批准，不得录音、录像；准许录音、录像的，音像载体要同文件一样严加管理。其他与会议内容有关的录音、录像、摄影和通信设备等也应妥善保管。

3. 会后保密

（1）清场。会议结束后，秘书应组织有关人员立即做好清场工作。清场的重点有两个地方，即会场和与会者住宿的房间，应细致检查有无遗留的文件、笔记本以及其他可能造成泄密的物品和痕迹，有关的废纸要作粉碎处理。

（2）文件清退。如数收回会议期间下发的文件密级较高的文件，如需下发，应通过机要交通递送，不得由与会人员自行携带。借出和需保留的文件，要及时归还和归档。

（3）器材检查。在会议结束之后，秘书在归还有关的器材之前，一定要对其再作认真的检查，确保器材上没有会议信息痕迹的留存。

（三）通信保密

1. 采用技术措施

（1）防窃听技术。对通信线路和设备采取防窃听措施，可以有效减少泄密事件的发生。如采用电话警示器，能自动检查用户的电话是否被非法窃听和盗用。

（2）低辐射技术。使用低泄射传真机，可以有效降低或避免传真机在接送密件过程中因电磁辐射而造成的可能泄密危险。

2.强化保密意识

（1）境外通信不涉密。向国外打电话、拍电报、发信件以及邮寄资料等，要注意不要涉及秘密事项。

（2）传真密件现场收。在传真机上传送密件时，要确认接收方密件负责人在现场接收，完成操作后应及时取回原件。

3.密件专门投递

发往我国驻外使馆、机构的内部函件，不得通过普通邮局投寄，应通过内部信使或内部交通机构递送。

（四）计算机保密

随着办公自动化程度的不断提高，各类电子计算机为单位组织的管理服务提供了极大的便利，与此同时，计算机泄密事件也时有发生。因此，计算机信息的保密也就成为保密工作以及秘书所必须面对的新课题。

1.技术方面的主要措施

（1）使用低辐射计算机设备。这些设备在设计和生产时，已对可能产生信息辐射的元器件及部位采取了防辐射措施，把信息辐射抑制到最低限度，这是防止计算机辐射泄密的根本措施。

（2）屏蔽或干扰。对计算机房或主机内部件加以屏蔽或采用电磁辐射干扰器加以干扰，达到防止电磁辐射泄密的目的。不具备上述条件的，也可将计算机辐射信号的区域（30m半径）控制起来，不许外部人员接近，或者在处理重要信息的计算机四周放置处理一般信息的计算机，这样也可降低辐射信息被接收还原的可能性。

（3）加密存储和身份鉴别。对联网泄密的技术防范，最简单的方法是将信息加密存储，或者采用口令和使用磁性卡片、指纹、声音、视网膜图像等方法对用户身份进行鉴别，还可以通过监视报警的方法，详细跟踪记录网络内合法用户的工作情况，追寻非法用户的下落。

2.使用方面的主要措施

（1）隐蔽屏显。使用计算机处理密件时，显示屏不要对着门窗和通道，以免不慎泄密。

（2）随手关机。在密件处理过程中，有事要离开计算机时，一定要关闭系统或加密后休眠。

（3）加密传输。使用计算机传递密件时，一定要使用加密器。

（4）专用专管。存有秘密信息的计算机，一般应专人专用，或有专人负责保管。

（5）定点使用。装有密级数据的计算机不能随便携带外出。

（6）定点维修。计算机需维修时，一定要到指定的维修地点或指定的维修商处，可能的话，应先对数据作转移或用其他方式作处理。

【思考与练习】

一、不定项选择题

1.从秘密的性质（秘密事项产生的主体）来看，秘密可分为（　　　）。

A.国家秘密　　　　　B.家庭秘密　　　　　C.组织内部秘密　　　D.个人秘密

2.根据国家秘密与国家安全和利益关系的大小，可把国家秘密分为3个等级，即（　　　）。

A.绝密　　　　　　　B.机密　　　　　　　C.特密　　　　　　　D.秘密

3.商务秘书的保密工作要坚持（　　　）原则。

A.积极防范　　　　　B.突出重点　　　　　C.有保有放　　　　　D.内外有别

4.秘书经常性的保密工作是（　　　）。

A.说话保密　　　　　B.行动保密　　　　　C.文件保密　　　　　D.法律保密

5.飞鸿公司丁秘书将要把标有"机密"字样的一份文件发传真给利达公司，其操作过程正确的是（　　　）。

A.利达公司传真机处于自动接收状态，丁秘书马上发了过去

B.丁秘书先打电话给利达公司，听见有人接收，就发了过去

C.先打利达公司电话，确认是利达公司主管在接收，就发了过去

D.丁秘书委托同事，随便什么时间发过去

6.发往我国驻外使馆、机构的内部函件，应该（　　　）。

A.通过普通邮局投寄　　　　　　　　B.通过内部信使传递

C.通过内部交通机构递送　　　　　　D.通过电子邮件传送

7.为了防止电磁辐射造成信号泄密，可以采取的保密措施包括（　　　）。

A.计算机机房或主机内部件加以屏蔽

B.采用电磁辐射干扰器进行干扰

C.将计算机辐射信号的区域（30米半径）控制起来，不许外部人员接近

D.在处理重要信息的计算机四周放置处理一般信息的计算机，降低辐射信息被接收还原的可能性

8.对联网泄密的技术防范，通常采用的方法包括（　　　）。

A.将信息加密存储

B.采用口令对用户身份进行鉴别

C.通过监视报警的方法，详细跟踪记录网络内合法用户的工作情况

D.使用磁卡、指纹、声音、视网膜图像等方法对用户身份进行鉴别

9.在密件处理过程中，有事要离开计算机时，应该（　　　）。

A.关掉计算机屏幕　　　　　　　　　B.关闭操作系统

C.加密后休眠　　　　　　　　　　　D.把处理密件的程序关掉

10.装有秘密数据的计算机需维修时，应该（　　　）。

A.送到指定的维修地点维修　　　　　B.送到指定的维修商处维修

C.可能的话先把秘密数据转移出来　　D.可能的话，先把秘密数据进行加密处理

二、案例分析题

（一）

1979年，原国务院国防工办一位副主任是赴某国参观团成员，出发前他到该国驻华大使馆听取使馆人员介绍情况。与会时，他将一份有关我国驻该国外交机构年度全面工作情况和下年的工作设想以及我国对国际形势总的估计和分析，对该国工作的战略方针、斗争策略、重要意向和一些工作对象等重要秘密资料放在文件包里带往会场，会后又粗心地把文件包丢失在大使馆内，一时泄露了国家秘密，这是中华人民共和国成立以来发生的最严重的外事泄密事件之一，我们必须引以为鉴。

试分析一下，这起泄密事件发生的原因是什么？今后应该在哪些方面引以为鉴？

（二）

2006年5月，百事可乐公司向可口可乐公司提供了一封信的复印件，那封信的原件装在可口可乐公司的商业信封中，收件人是百事可乐公司。寄信人在信中自称是"可口可乐公司高层工作人员"，能向百事可乐提供可口可乐公司的商业机密——新产品配方。可口可乐公司立即报告了联邦调查局。经调查发现，泄密者是可口可乐公司执行行政助理何亚·威廉斯。2007年5月，威廉斯被判处有期徒刑8年。

试分析一下，行政助理威廉斯为什么能够掌握新产品配方？百事可乐公司为什么要向可口可乐公司揭发威廉斯的泄密行为？

（三）

据新华社2016年6月10日报道，为防止信息泄露，新加坡政府使出"狠"招，要求所有公务员使用的公务电脑从明年5月起停止接入互联网。

《海峡时报》说，在网络安全威胁增加的情况下，这一举措旨在防堵信息由电子邮件或分享文件泄密。在新加坡，即使对电脑使用规定最严格的银行、电信公司和赌场，切断所有工作电脑互联网连接亦属罕见。

出于对员工可能无意间从问题网站下载恶意软件或在网上分享敏感信息的担忧，银行只允许分析师、销售人员和公关人员使用互联网，同时禁止登录文件分享网站、使用网页版电子邮件和浏览色情网站。

全球计算机安全组织云安全联盟亚太区执行副主席阿洛伊修斯·张说，新加坡政府此举意味着回到20世纪90年代的做法，当时只允许使用互联网专用终端上网。

"恶意程序过去很难从政府网络获取敏感信息，"他说，"现在则难以防止信息由社交媒体和文件分享网站泄露。"

试分析一下，接入互联网的电脑会通过哪些渠道泄密？

项目九

效率提升

● 任务36　督查工作

【任务目标】

了解督查工作的内容和特点，掌握督查工作的原则和方法，能够圆满完成各种督查任务。

【参考学时】

2学时

【知识支撑】

一、督查的含义

督查就是督促检查的简称。1990年1月，中共中央办公厅召开的全国各省、自治区、直辖市党委秘书长座谈会正式使用了"督查"这一概念，把过去通常用的督办、催办、查办等提法全部统一到这一概念中了。

二、督查工作的性质和要求

（一）督查工作的性质

督查工作是直接为上司服务、为实施上司的决策和实现上司决策的目标而进行的一项工作。因此，秘书要围绕中心，突出重点，根据上司的工作习惯和重视程度来确定督查工作任务。

（二）督查工作的要求

通过督查促进决策和上司指示的落实，是督查工作的本质要求和基本目的，也是督查工作的出发点和归宿。因此，秘书要牢固树立"摸实情、讲实话、办实事、求实效"的工作作风，着力化解矛盾，消除阻力，促进决策的落实。

三、督查工作的内容和特点

（一）督查工作的内容

一般来讲，秘书的督查工作大体包括以下内容：①上级领导和本单位上司批示进行督查的事项；②直属上级单位的重要工作部署与重要会议精神的贯彻落实情况；③本单位的中心工作、重要会议及文件决定事项的贯彻落实情况；④新闻媒体和重要客户对本单位的批评、建议的答复与处理情况；⑤人大代表、政协委员以及职代会、股东会的议案、提案和建议的办理情况；⑥下级单位请示事项的答复与办理情况，以及基层请求上级机关帮助解决的问题的办理情况；⑦秘书在日常工作中发现和了解到的、提议列入专项督查，并经上司批准的重要事项。

（二）督查工作的特点

1.复杂性

凡是列入督查内容的工作，或者是涉及全局性的重要工作，或者是比较复杂棘手的问题，或者是影响比较大的重要事项，都有一定的落实难度，否则就不会进行督查。因此，秘书要有较强的沟通协调能力和解决复杂问题的能力，善于抓住主要矛盾和矛盾的主要方面，讲政策、讲原则、讲大局、讲纪律、讲方法，维护上司决策和意图的严肃性，雷厉风行，态度鲜明，做到查则必清、清则必办、办则必果。

2.原则性

从一定意义上讲，督查工作凡事皆涉及政策、涉及原则、涉及利益。在这种情况下，秘书一定要坚持原则、分清是非、明确责任，不能当"和事佬"，搞消极平衡照顾。该批评的要进行批评教育，该协调的要积极帮助协调，该向上司反映的要及时向上司反映，以求尽早解决问题。

3.时限性

任何决策的实施都有明确的时限性，决策目标都必须在规定的时间内达到。这里，时间既是促进任务完成的约束条件，也是衡量任务完成与否的重要尺度。秘书在督查工作中一定要对督查对象有明确的时间要求，强调工作效率，讲究"形象进度"。对难度大的要进行全过程跟踪督办，适时掌握工作的进展情况，避免问题久拖不决。

4.权威性

秘书和秘书部门的督查不同于其他部门的督促检查。其他部门的督促检查是一种业务行为，只能在其业务的范围内实施。而秘书则是根据上司的授意，代表上司和单位的意图对下属的工作进行督查的，是在行使上司职能。因此，秘书要正确运用这些权力，维护权威，当断则断。当然也要讲究艺术和方法，讲究原则性与灵活性，态度谦和，行为检点，力戒盛气凌人、指手画脚，也不能越权行事、自作主张。

四、督查工作的原则与方法

督查工作具有明显的政策性、全局性和复杂性，因此，要做好督查工作，不仅要坚持原则，还要掌握正确的工作方式和方法。

（一）督查工作应坚持的原则

1.实事求是的原则

督查工作坚持实事求是的原则，就是要全面、准确地反映决策的落实情况。秘书向上司反馈情况时，一定要实事求是、客观公正，不能凭个人的经验与好恶而有所取舍，也不能唯上是从、先入为主。

2.主动性原则

督查工作是在上司授权或批准的情况下才能进行的工作，具有一定的被动性。但这种被动性并不是说"上司让干什么就干什么，让干多少就干多少，不让干的就不干"，而是要在正确领会上司意图的基础上，主动地去开展工作。同时，秘书也应改变那种只管布置、不管检查，只负责传达、不问执行效果的被动状况，注重对执行过程和执行效果的检查和督促。实践证明，只有把"奉命行事"的被动督查与主动督查结合起来，充分发挥工作的主动性，才能使督查工作更好地为上司工作服务，为上司决策服务。

3.分层次落实原则

所谓分层次落实，就是在实施督查的过程中根据行政管理层级的划分，由每一个承办单位的直接上级来具体负责督查事项的落实情况，比如，在"创城"工作的督查中，建立和实行市四个班子主要领导对四个班子领导成员、各路路长对所属段长、指挥部对各责任单位、各责任单位对内部机构的四级督查制度，实行分层次督查，层层落实创建工作责任。

4.时效性原则

决策要掌握时机，决策的实施同样需要掌握时机，讲究时效。对企业来说，时间就意味着金钱，效率就意味着生命。坚持时效性原则，就要求秘书把时间观念渗透到督查工作的各个环节中去。常规事项的督查，强调要按时、按质办结；重大决策、重要工作部署的督查，虽然需要的时间长些，但也要按实际情况把它划分为若干小的阶段，分段规定时限，并进行跟踪检查，分阶段反馈情况，使上司及时得到决策实施的反馈信息，有效进行调整控制。

5.督查与帮办相结合的原则

秘书的督查与基层的承办，其目的是一致的，都是为了促进决策和工作的落实。秘书不能停留在一般化的督查上，而应主动帮助分析原因，寻找办法。这样既有助于问题的解决，也有利于树立自己的良好形象，与基层建立起和谐的人际关系。

（二）督查工作的方法

1.书面督查

书面督查一般有两种形式：一是下发文件，将已经集中立项的督查内容印发给有关单位，明确主办单位和协办单位的责任，明确办理的要求与时限；二是下发督查通知单，要求承办单位进行办理，并按要求的时限反馈办理情况。书面督查一般适用于常规性的工作，并且立项比较多，时间比较集中，涉及的单位也比较多。书面督查的内容比较重要，形式比较规范，权威性比较强。

2.电话督查

电话督查即用电话说明督查事项，通报上司批示要求，核实处理内容，提出上报期限等。这种方法主要用于情况比较紧急而内容比较简单的督查事项。在进行电话督查时，督查秘书要做好通话记录，以便备查和催办。

3.专项督查

专项督查即针对某一项需要落实的重要工作进行专门督查。比如省政府安全生产百日督查专项行动督查组对所属各市县的安全生产情况进行专项督查。对上司批示或交办的重要事项，一般应列入专项督查。

4.会议督查

用会议形式进行督查的，一般有两种情况：一是涉及督查的事项比较多，这样把相关单位的人员集中起来，听取办理情况的汇报，集中进行指导，统一提出要求；二是督查的事项情况比较复杂，涉及的单位也比较多，有的还牵扯部门利益，这样把主办单位和相关单位的负责人召集在一起，听取汇报，分析原因，沟通协调，调整利益关系，明确主办单位和相关单位的责任，分别提出要求，以利于问题的解决。

5.调研督查

调研督查是推动决策落实的重要手段之一，是高层次的督查工作。主要是围绕企业的中心工作开展调研，围绕决策实施的运行过程开展调研，围绕促进决策贯彻落实的机制和体制问题开展调研。

五、督查工作的程序

(一) 立项

凡需督促检查的事项，首先要由秘书部门提出督查立项。立项的依据是督查工作的职责和领导机关有关文件或领导人的重要批示。

立项要明确督查的内容、对象、要求及时限。凡有两个以上承办部门（单位）的督查事项，要确定主办或牵头部门。立项时要进行编号登记。登记单参考样式如下：

督查立项登记单

编号：   年　月　日

立项依据	
立项内容	
承办单位	
办理时限	
办理要求	
备　　注	

(二) 交办

根据督查立项的内容、性质和领导要求，按照组织内部的职能分工把立项内容和办理要求通知有关部门或单位。

交办应努力做到时限具体化、责任明确化，使之既具有权威性，又具有操作性。交办原则上由督查部门在立项当天向有关部门发出交办通知单。交办通知单参考样式如下：

××公司督查交办通知单

编号：××××××

××分公司：

　　根据领导批示，××××事项的办理已由总经理办公室立项督查（立项编号××××，立项时间××××），现将有关内容和要求通知你们，请抓紧办理，并将办理结果于××月××日前报总经理办公室

××公司总经办（章）

××××年××月××日

联系人：×××，联系电话：9584××××，传真：6258××××

（三）承办

承办单位接到督查任务后首先要明确经办部门和人员．并认真及时予以办理。对重大督查事项，领导要亲自负责。在办理过程中，主办与协办单位、各部门之间要加强沟通、配合。承办单位无法解决的问题或不能按期完成的事项，要及时向上级督查部门报告，说明情况。要严格按照督查要求，将办理情况以书面形式按时反馈给上级机关的督查部门。

（四）催办

催办，就是将督查事项通知有关部门办理后，及时了解并催促督查事项的办理情况。催办的方式灵活多样，可以用电话催办，也可以派人亲自上门催办。对催办中发现的重大问题要及时向办公室和组织有关领导报告。

重大督查立项的催办，要采用书面形式的"督查事项催办单"，以示慎重。督查事项催办单的参考样式如下：

××公司督查事项催办单

编号：××××××

××分公司：

你分公司承办的××××督查事项（立项编号××××，立项时间××××，交办通知编号××××）的办理时限已经确定为××××，请抓紧办理，并将办理进展情况于××月××日前报总经理办公室。

××公司总经办（章）

××××年××月××日

联系人：×××，联系电话：9584××××，传真：6258××××

（五）反馈

反馈就是承办单位或承办人在办理完承办事项以后，向交办任务的督查部门以办结报告的形式汇报办理情况和办理结果。

反馈的内容一般应包括：事项交办时间、交办事项内容、办理过程、办理结果、发现的问题、提出的建议等。

（六）审核

审核就是督查部门对承办单位的办结回告进行审查评估。审核时要注意以下几点：一是认真审核办结回告的内容，二是听取承办者口头汇报的情况，三是下去查看办结的实际效果，四是对办理的结果做出评估，五是对存在的问题提出改进的意见和建议。

（七）归档

办结报告审核通过后，办公室要将立项登记单、交办通知单、催办通知单、办结报告等有关材料收集齐全，整理归档。

六、督查工作的技巧

（一）与信息工作相结合

督查工作与信息工作相结合，既可以通过信息渠道（工作信息、快报等刊物和一些重要会议）发现督查线索，及时立项督查，又可以在督查过程中发现和提供新的信息，两者相互促进，共同提高。

（二）与调查研究工作相结合

督查工作与调查研究工作相结合，包含两层意思：一方面，督查工作本身要注意调查研究，主动寻求调研督查题目，变被动督查为超前督查；另一方面，督查工作要与各级党政机关调研机构配合，在领导安排下，就某一问题进行调查，综合分析，写出有力度、有情况、有建议的材料，为领导决策服务。

（三）坚持归口办理，分级负责

归口办理，就是根据督查事项涉及的业务范围，把督查事项交由分管该口（性质相同或相近的单位构成的业务系统）的职能部门去落实处理。

分级负责，就是按照行政管辖权限，将督查事项交由督查对象的上一级领导机关去落实处理。

（四）坚持结报反馈制度

督查工作的目的是督促各项方针政策的贯彻落实。无论哪一级、哪个部门在接到上司的批示督查通知后，都必须严肃对待，按照程序认真办理，并如期上报办理结果。在结报时间上，可根据批件难易程度，给承办部门留点余地。到期不能上报的，承办单位必须说明原因，对故意拖延或顶着不办的单位和个人，要追究责任。

七、督查工作的注意事项

（一）实事求是

必须全面、准确地领会上司决策指令的意图，准确传递上司决策指令；全面、准确地了解实际中的真实情况，以客观事实为依据，按照党和国家以及上级有关政策、法令、规定，进行深入细致的分析，为上司提供真实、可靠的实际情况和信息资料。

（二）受权督查

秘书人员在开展督查工作时要根据上司的授权开展督查工作，不能自己做主，自行其事。

（三）明确时限

开展督查工作时一定要讲究时效，要规定时限。

（四）真督实查

督查工作本身就是为了防止和克服官僚主义与形式主义，把各项工作落到实处，因此，在督查过程中，决不能仅仅满足于看文件、听汇报，更不能弄虚作假，欺下瞒上，必须真督实查，把决策部署落到实处。

（五）谦虚谨慎

督查工作人员代表上级机关到下属单位去督促检查，但并不是上级领导者。督查工作，旨在收集决策指令的反馈信息，促进决策指令的实施落实，并不具有指挥的权力和责任。督查人员必须谦虚谨慎、平等待人、态度谦和、行为检点，不可乱发议论、随意表态、自作主张。

【思考与练习】

一、不定项选择题

1.秘书督查工作的特点包括（　　　）。

A.复杂性　　　　　　B.原则性　　　　　　C.时限性　　　　　　D.权威性

2.督查工作应坚持（　　　）原则。

A.实事求是   B.分层次落实

C.督查与帮办相结合   D.代办

3.秘书要围绕工作中心,突出重点,根据（   ）来确定督查工作任务。

A.工作性质   B.上司的工作习惯和重视程度

C.工作计划   D.同级部门的要求

4.通过督查促进决策和上司指示的落实,是督查工作的（   ）。

A.本质要求   B.基本目的   C.出发点   D.归宿

5.电话督查适用于（   ）的督查事项。

A.内容比较重要   B.情况比较紧急   C.内容比较简单   D.时间比较集中

6.根据交办形式的不同,交办通常可以分为（   ）等不同类型。

A.批示交办   B.口头交办   C.亲手交办   D.会议交办

7.凡属转办的事项一般应有正式的"转办通知单",并注明（   ）等。

A.交办的事项   B.交办的意见要求   C.办结回告的时限   D.办理的质量标准

8.有些交办事项是由上司指导督查人员亲自承办的,又称为"自办"。这类事项多系上司个别口头交办,往往带有一定的保密性质。督查人员在承办这类交办事项时,要做到（   ）。

A.积极认真去办   B.按上司要求去办

C.按有关规定政策去办   D.保守相关秘密

9.督查工作的技巧主要包括（   ）。

A.与信息工作相结合   B.与调查研究工作相结合

C.与观光旅游相结合   D.与考察干部相结合

10.督查工作,旨在收集决策指令的反馈信息,促进决策指令的实施落实,并不具有指挥的权力和责任。因此,督查人员必须（   ）,不可乱发议论、随意表态、自作主张。

A.谦虚谨慎   B.平等待人   C.态度谦和   D.行为检点

二、案例分析题

为进行制度标准化建设,宏泰发电有限责任公司行政部对公司各项管理制度的适用性进行了专项督查,在督查中发现284件公司规章制度中有166件需要修订,33件需要废止。同时,督查人员在调研的过程中,发现个别职能部门对公司的各项规章制度、公司决策的执行力度不够,职责划分界限不清,并存在推诿现象。

针对发现的这些问题,督查人员应该怎么办?

● 任务37 时间管理

【任务目标】

了解时间管理的有关知识,掌握工作时间表编制、工作日志管理的方法和要求,能够独立完成上司和本人的时间管理工作。

【参考学时】

2 学时

【知识支撑】

一、时间管理的内容

时间管理是指在同样时间消耗的情况下，为提高时间利用率而进行的一系列控制工作。人们通过时间管理，可以做到科学、有效地安排和利用时间，创造更大的价值和效率。

秘书进行有效的时间管理是协助上司合理有效地利用时间的需要，也是秘书提高自身工作效率的要求。因此，管理好时间不仅有利于上司的工作，也有利于秘书自己的工作。

二、二八定律和ABCD法则

（一）二八定律

二八定律也叫巴莱多定律，是19世纪末20世纪初意大利经济学家巴莱多发明的。他认为，在任何一组东西中，最重要的只占约20%，其余的80%都是次要的。

这个定律，已经并且不断地被事实证明：20%的产品或20%的客户，可以为企业赚得约80%的销售额；20%的罪犯，实施了80%的犯罪行为；20%的汽车狂人，引起80%的交通事故……

在时间管理上，自觉运用二八定律，把80%的时间用在20%的关键工作上，就能够事半功倍，成效显著。

（二）ABCD法则

时间管理的ABCD法则，也称为"四象限"法则，由美国著名的管理学大师史蒂芬·柯维提出，就是把需要做的工作按照重要程度和紧急程度两个指标进行分类，基本上可以分为ABCD四类，如右图所示。

A类，属于既重要而又紧急的工作任务，如人事危机、财务危机、客户投诉、即将到期的任务等。

B类，属于重要但不紧急的工作任务，如建立人际关系、寻找发展机会、人员培训、制定预防措施等。

C类，属于紧急但不重要的工作任务，如电话铃声、不速之客、例行检查、通报性会议等。

D类，属于既不重要也不紧急的工作任务，如陪客人聊天、浏览报纸、喝茶等。

图示：个人时间管理的 ABCD 法则

分清类别之后，就要优先处理A类工作，其次处理B类工作，再次处理C类工作，最后处理那些可做可不做的D类工作。这样就可以最有效地利用时间，做到事半功倍。

三、个人时间管理的技巧

时间既是一个常数，公平地分配给每一个人，又是一个变数，善用则多，妄用则少。珍惜时间，一分钟劳动就有一分钟成果。为了有效利用工作时间，秘书应该做到如下

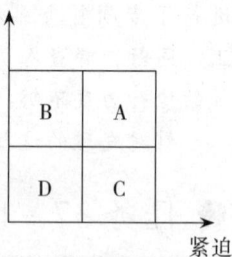

几点：

（一）明确任务和职责

作为秘书人员，必须非常清楚上司给你安排的工作任务中，哪些工作应由你亲自完成，哪些工作是协助他人做的，哪些工作可以不参与，只了解个结果就行。

职责内的要集中精力出色完成，职责外的要适可而止，界限分明。

（二）区分常规工作与非常规工作

作为秘书人员，要非常清楚哪些工作（如处理邮件）是每日都有的，哪些工作（如发放办公用品）是每周或定期出现的，哪些工作（如上司临时交办事项）是无法预料、随时可能出现的。

常规工作要按时及时圆满完成，非常规工作要未雨绸缪，有备无患。

（三）确定优先顺序

要根据时间管理的 ABCD 法则，判断工作的先后次序，先做重要而紧急的工作，然后按照优先顺序科学、有序、一项一项地完成工作任务。

（四）集中准确，避免重复

对于可以合并执行的工作任务，要集中起来专心致志一次完成，而不要多次重复。对于能够一次做好的工作，要开动脑筋、周密思考，争取一次做好，不要修修补补、反反复复。

（五）有效运用管理工具

时间管理工具包括工作日志、时间表、计划表、日程安排或印制好的"效率手册"等，通过在上面编制日安排和周计划，可以使工作有条不紊。那些非常规的、重要的、紧急的或限时完成的工作，要明显标注，提醒自己无论如何都要优先完成那些不能拖延的工作任务。

（六）团队配合，提高效率

工作时，应考虑到自己只是团队中的一员，必须与周围的同事们密切配合，才能有效提高团队的工作效率，顺利完成团队的共同目标。否则，团队内耗越大，浪费的时间就越多。

（七）按章办事

安排工作任务时，要遵照组织制定的规章制度和有关工作的承办期限，而不能只凭个人的想象和爱好进行。例如，组织要求电子邮件的回复应在收到后 12 小时内发出，秘书就必须严格执行，据此安排自己的工作计划。

（八）分析评估，持续改进

秘书人员要尽量坚持记工作日记，通过时间和活动的详细记录，认真分析、评估自己利用时间的有效程度。通过分析，发现有哪些不合理的安排，有哪些工作浪费了时间，有哪些做法给他人带来了不便，从而得到启发，持续改进。

四、工作时间表

时间表是管理时间的一种手段。它是将某一时间段中已经明确的工作任务清晰地记载和标明的表格，是提醒使用人和相关人按照时间表的进程行动，有效管理时间、保证完成任务的简单方法。根据时间表所涉及的时间跨度的大小，时间表通常可以分为年度时间表、月安排表和周安排表。

（一）年度时间表

1.内容

年度时间表是本单位在新的一年中重要活动的时间安排一览表，属于长期日程安排，其内容宜粗不宜细，一般只列出本单位在下一年涉及全局或本单位主要业务的重大活动。

2.作用

让领导和各部门的负责人能一目了然地看出本单位在这一年中有哪些重要工作和活动，其中有哪些与本部门有关，以便提前做好准备。领导人的其他临时性活动也应避开重大活动的时间。例如，根据年度计划3月下旬将召开公司职工代表大会，在大会召开期间和召开之前的一段时间，公司领导必须将主要精力用于职代会的筹备和召开上，在此期间就不能过多地参加外出考察、应邀讲学等其他活动。

3.编制方法

一般单位在年终时，都会对下一年度工作提出一个总体计划，并形成文件，这就是编制年度时间表的依据。

秘书只要将工作计划中提到的主要活动根据领导的意见确定一个恰当的时间，并按月份顺序加以排列，就形成了年度时间表草案，报领导审阅后，就可以复印分发给各位领导和各部门负责人参考使用了。

4.格式

年度时间表的格式可参考下表。

××公司2015年度重要活动时间安排一览表

月份	活动内容	备注
1		
2		
3		
⋮		
12		

（二）月安排表

1.内容

月安排表属于中期日程安排，其内容较年度时间表要详细，一般应将领导在一个月内需要参加的会议、会谈、调查研究、工作旅行等重要活动以日为时间单位填入表中。

2.作用

月安排表能够让领导和各部门的负责人一目了然地看出本单位在下一个月份中有哪些重要工作和活动，其中有哪些与本人或本部门有关，以便提前做好准备。秘书人员在安排领导人的其他临时性活动的时候，也能够避开重大活动，方便领导出席。

3.编制方法

每月的月安排表应在上个月月底编制。秘书可将年度时间表中已经确定的当月活动和机关例行活动（如定期召开的经理办公会、中层干部会等）先填入日程表的相应位置，然后再征求各位领导人的意见，安排其他时间的活动，最后送领导审阅后，印发执行。

4.参考格式

月时间表的格式可参考下表。

××公司2015年6月份重要活动日程表

日期	活动内容	备注
1		
2		
3		
⋮		
12		

（三）周安排表

1.内容

周安排表属于短期活动计划，其内容要求更加详细具体。除了要记入领导的重要活动和例行会议外，凡是已经约定的活动都要一一记入，并且要求在时间上尽可能精确，活动地点也要注明。

2.作用

周安排表既是领导活动的具体实施计划，也是秘书部门提供相关服务的依据。秘书部门要根据日程表的内容，提前做好各项领导活动的准备工作。

3.编制方法

每周的周安排表应在上周末排定，秘书要先将当月的月安排表中确定的本周重要活动和已经约定的工作内容填入，并请示领导是否需要变动、还有没有新的安排，经领导审阅同意后，复印给相关领导人手一份，办公室留存一份。

周安排表排定后，秘书要立即为日程表所列各项活动做必要准备，以保证领导活动能按计划顺利进行。

4.参考格式

周安排表的格式可参考下表。

××公司一周重要活动一览

（××月××日—××月××日）

日期	活动内容	地点	备注
星期一（××月××日）			
星期二（××月××日）			
星期三（××月××日）			
……			
星期日（××月××日）			

五、工作日志

（一）工作日志的含义

工作日志就是在每天工作开始前，把一天的工作任务记录下来，按计划逐项实施。工作结束后，把一天中的任务完成情况也详细地记录下来，并进行总结分析，以利于进一步提高工作效率。

（二）工作日志的作用

1.提醒作用

在实际工作过程中，我们往往会同时进行多项工作，甚至会因注意小的现象而忽略重要的事情，所以，及时地查看工作日志，并进行标注，对及时按计划完成工作任务有着重要的提醒作用。

2.跟踪作用

根据工作日志记录的内容，可以对相关工作的完成情况进行跟踪，在跟踪过程中调整资源配置，保证重要工作任务的按时完成。

3.业绩证明作用

在工作日志中，责任者的工作量、工作效果等一目了然，不会因为你不讲，你的业绩就得不到体现，也不会因为你能讲，你的业绩就会扩大。通过工作日志证明工作业绩是评价一个员工绩效的有效平台。

（三）工作日志的编制方法

工作日志应在前一天下班前制定，一般先由秘书将周安排表中原来排定的第二天的活动内容和已经预约的会见等活动填写到工作日志中，再送领导过目，看是否需要调整或补充。

（四）工作日志的参考格式

工作日志的格式可参考下表。

工作日志

年　　月　　日（星期　）

时间	工作任务	完成情况	备注
8：00—9：00			
...			

（五）工作日志的使用和管理

秘书通常需要填写两本日志：一本是上司的，记录上司一天中需要完成的所有任务；一本是自己的，记录自己一天中需要完成的所有任务。

1.上司工作日志的内容

上司的工作日志通常包括以下内容：

（1）内部会议。上司在单位内部参加的会议、活动情况，要记录清楚时间、地点、内容。

（2）接待来访。上司在单位内部接待的来访者，要记录清楚来访者的姓名、单位详情、约会时间。

（3）外部会议。上司在单位外部参加的会议、活动、约会等情况，要记录清楚时间、地点的确切细节、对方的联络办法等。

（4）个人安排。上司个人的安排，如去医院看病等，以保证秘书不会在这段时间安排其他事宜。

（5）私人信息。上司私人的信息，如亲属的生日，以提醒上司购买生日卡或礼物。

2.秘书工作日志的内容

秘书的工作日志除包含上司的日志内容外，还需要有：

（1）协助准备事宜。记录上司的各项活动需要秘书协助准备的事宜，例如，为上司某某会议准备发言稿、会议议程、订机票，为上司的某某会谈草拟合同和订餐等。

（2）上司交办工作。记录上司交代自己办理的工作，如收集某一信息、购买馈赠礼品等。

（3）本职工作。记录自己职责范围内应做的工作，例如，撰写工作总结、对外联络、安排车辆等。

3.管理上司工作日志的注意事项

（1）安全保密。秘书应确保上司日志信息的安全，只给上司授权的人查阅。

（2）准确一致。要保持两本工作日志信息准确一致，若上司有了新安排，应立即补充，并且每天要进行检查和更新。

（3）适应习惯。秘书应熟悉上司工作习惯和约会时间的长短，每天最早和最晚可安排约会的时间，以便安排的约会符合要求。

（4）劳逸结合。秘书应熟悉上司用餐和休息的时间，以便安排的约会避开上司的休息。

4.工作日志的变更与调整

有时会因预想不到的事或对方的原因而必须改变日程安排，如果是我方原因变更安排，会造成一些有形、无形的影响，甚至会影响企业的信誉和双方的信赖关系。因此，应尽量想办法将日程安排的变更限制在最小的范围。

（1）变更原因。一般的工作日志变更，原因通常表现为：①原定结束时间延长超时；②追加紧急的或新添的项目；③项目的时间调整、变更；④项目终止或取消。

（2）应对措施。针对上述情况，秘书应注意：①安排的活动之间要留有10分钟左右的间隔或适当的空隙，以备活动时间的拖延或新添临时的、紧急的情况；②进行项目的时间调整、变更，仍然遵循先重急后轻缓的原则，并将变更的情况报告上司，慎重处理；③确定变更后，应立即做好有关善后工作，例如，通知对方、说明理由、防止误解等；④再次检查工作日志是否已经将变更后的信息记录上，不要漏记和忘记修改。

六、其他时间管理的工具

有许多种简单的时间管理辅助手段有助于秘书有效地分配和管理时间，例如，效率手册、待办文件夹、墙上计划板、商务通、值班表、"在不在"布告板等。这些表格的制作方法基本相似，目的也都是通过记录或可视化信息帮助人们记忆和相互之间的沟通。

【思考与练习】

一、不定项选择题

1.秘书每天早晨上班即提供给领导的、作为领导工作安排依据的文件是（　　　）。

A.工作日志　　　　　B.报告单　　　　　C.计划表　　　　　D.记录单

2.ABCD法则是秘书常用的时间管理方法，其中的C项指的是（　　　）。

A.重而又急　　　　　B.急而不重　　　　　C.不急不重　　　　　D.重而不急

3.属于简单的时间管理辅助手段的选项是（　　　）。

A.倡议书　　　　　B.墙上计划板　　　　　C.值班表　　　　　D.领导指示

4.在时间管理的ABCD法则中，（　　　）的工作任务，属于B类。

A.重要而且紧急　　　　　　　　　　B.重要但不紧急

C.不重要也不紧急　　　　　　　　　D.不重要但比较紧急

5.为了有效利用工作时间，秘书应该做到（　　　）。

A.明确自己的工作任务和职责　　　　B.区分常规工作和非常规工作

C.分清工作的轻重缓急　　　　　　　D.根据自己的兴趣安排工作顺序

6.根据时间表所涉及的时间跨度的大小，时间表通常可以分为（　　　）。

A.年度时间表　　　B.月安排表　　　C.周安排表　　　D.终生时间表

二、实务操作题

你是布莱恩先生雇用的私人秘书，他本人是纽约某飞机部件股份有限公司主管销售业务的经理。请把下星期一的活动安排有关内容分别填写在布莱恩先生和你的工作日志上。

1.每周星期一上午10：30在小会议室举行会议，所有经理都参加。你把这段时间空出来去银行取少量现金。

2.中午12：30布莱恩先生与詹姆斯先生（新泽西代理商）在凯撒饭店共进午餐。

3.查找下列案卷：19234号、78942号、43125号，并查一下布莱恩先生的护照延期手续是否办妥。

4.你已为人事部的朱迪小姐安排好于下午3：00前来拜会布莱恩先生。

5.在该天中某一适当时候，你必须空出半个小时的时间以便安排布莱恩先生与你商谈下一次推销工作会议的日程和有关安排事宜，但要记住不能占上午9：00—10：00的时间，因为他想在这段时间里处理他的信件。

6.布莱恩先生和夫人晚上7：30出发去康特公寓出席晚上8：00开始的聚餐会。

7.你本人在晚上7：00需要参加社交俱乐部举行的一个会。

● 任务38　工作流程优化

【任务目标】

了解工作计划的种类、内容和编制方法，掌握办公室工作流程的评价和优化措施。

【参考学时】

2学时

【知识支撑】

一、制订工作计划

一个经济组织是通过周密的规划和计划达到最佳效益，并尽可能地将风险减到最小程度的。因此，负有行政管理方面责任的秘书要清楚、了解本组织的总目标和阶段目标，并根据组织的总目标，计划和安排好行政办公管理方面的工作。

（一）工作计划的种类

1.计划的时间分类

（1）长期计划。为实现组织的远期发展目标而制订的计划，时间跨度一般为3年以上。

（2）中期计划。为实现组织的阶段性发展目标而制订的计划，时间跨度一般为1～3年。

（3）短期计划。为完成某一个具体工作项目而制订的计划，时间跨度一般在1年以内。

2.计划的内容分类

按照计划涉及的内容，办公室工作计划可分为：

（1）政策型计划。它是指导组织成员制定决策、确保既定目标、增强行动的一致性和连贯性的指导性规划。政策型计划是所有计划中最为广泛的计划，并且它是由一个组织机构的最高管理层制订的。

（2）程序型计划。它是为了减少各部门和单位在工作方法上的混乱和无序化而制订的计划。程序型计划涉及各主要职能部门的业务，并且影响着各部门之间的业务。

（3）方法型计划。它是为了影响个体的行为而制订的计划，它描述业务单位或部门为必须完成某项具体的任务而要采用的各种方法。

（4）目标型计划。它是对组织机构将要实现的各项目标或结果的表述。这种计划可以使管理人员对本组织的目标和部门的目标有一个清晰和简明的认识，进而根据计划及时履行所担负的组织、指导和控制职能。

（5）规则型计划。它就是为了对组织成员个体行为实行强制的行为规范。它们属于硬性规定，并详细列述对违反行为规范的各种处罚。

（二）制订工作计划的方法

计划不仅仅是实现目标的起点，它应贯穿于实现目标的整个过程中。在制订计划时，不但要科学地安排时间，还要考虑其他一些因素，以保证制订的计划能顺利实施，达到目标。制订工作计划的方法主要包括以下几个步骤：

1.根据目标列出任务

根据组织确定的工作目标和期限要求，一项项列出本团队要完成的所有任务。可以使用专门制作好的任务表格，将要做的工作内容列出，也可以将工作任务逐项写下。

2.划分任务的优先次序

区别重要的任务和紧急的任务通常按ABCD法则，先做重而急的任务，再做重而不急的任务，后做急而不重的工作，安排好工作的优先次序。

3.标记任务的时间序列

按照工作的轻重缓急和逻辑顺序用数字编号标记出任务完成时间的前后顺序，对需要花时间的工作留出充足的时间量。

4.列出完成任务的相关需求

列出完成每一项任务所需的资源和相关信息，包括人力、财力、物力等。

5.明确阶段指标和时间要求

明确完成每一项任务的各个阶段指标和估算的时间要求。

6.明确每项任务的责任者

明确每一项任务的负责部门或承担人以及负责人。

7.推算各阶段工作的时间段

从最终完成的时间期限向前推算各阶段工作应何时完成，确定后，逐项将其填入计划表中。

8.明确信息沟通渠道

明确工作进展的情况和出现的问题向谁报告，何时报告，确保计划的顺利实施。

9.明确监督管理措施

明确工作进展的情况和质量如何监督和管理。

（三）制订工作计划的要求

1.时间要求明确

计划中每一项任务的开始时间、持续时间和最终完成时间都要有比较明确的规定。

2.目标要求明确

每一项任务的具体目标，都要在数量和质量两个方面提出具体要求，如为某一次活动编制几套可行性方案，编制的会议资料需要印制多少份，质量标准和用纸要求是什么。

3.资源配置明确

每一项任务所需的资源，包括场地、人员、设备、资金等，都要落到实处，随时可以调用。

4.任务责任明确

每一项任务的负责部门或承担人以及负责人都要有明确规定，以便在任务完成的过程中出现问题时及时解决。

5.监控措施明确

在计划的文件中还要写明如何监督工作的进展及其完成的质量。

（四）制订工作计划的程序

1.估量机会

对机会的估量，是计划工作的一个真正起点。其内容包括：对未来可能出现的机会进行初步分析，形成判断；根据自己的长处和短处搞清自己在竞争者群体中所处的位置；了解自己利用机会的能力；列举主要的不确定因素，分析其发生的可能性和影响程度。

2.确定目标

计划工作的第一步是在估量机会的基础上，为组织及其所属的下级单位确定工作的目标。在确定目标这一步工作上，要说明基本的方针和要达到的目标，说明制定战略、政策、规则、程序、规划和预算的任务，并指出工作的重点。

3.分析条件

按照组织的内外环境，可以将实现目标的前提条件分为外部前提条件和内部前提条件；按可控程度，可以将实现目标的前提条件分为不可控的、部分可控的和可控的3种前提条件。前述的外部前提条件多为不可控的和部分可控的，而内部前提条件大多是可控的。不可控的前提条件越多，就越需要通过预测工作确定其发生的概率和影响程度的大小。

4.拟订方案

调查和设想可供选择的行动方案，这一步工作需要发挥创造性。但是，方案也不是越多越好。即使我们可以采用数学方法和借助电子计算机的手段，还是要对候选方案的数量加以限制，以便把主要精力集中在对少数最有希望的方案的分析方面。

5.评价方案

评价实质上是一种价值判断，它一方面取决于评价者所采用的标准，另一方面取决于评价者对各个标准所赋予的权数。在评价方法方面，可以采用运筹学中较为成熟的矩阵评价法、层次分析法，在条件许可的情况下可采用多目标评价方法。

6.选择方案

选择方案是很关键的一步，也是决策的实质性阶段——抉择阶段。可能遇到的情况是：有时会发现同时有两个可取的方案。在这种情况下，必须确定出首先采取哪个方案，而将另一个方案也进行细化和完善，并作为后备方案。

7.拟订分计划

总计划要靠分计划来保证，分计划是总计划的基础。

8.编制预算

制订计划的最后一步是把计划的每一个步骤所需的资源以货币的形式表现出来，这就是预算。从本质上来看，预算实际上就是资源的分配计划。

因此，预算工作做好了，可以成为汇总和综合平衡各类计划的一种工具，也可以成为衡量计划完成进度的重要标准。

（五）制订与实施计划中应注意的问题

1.实事求是

制订计划要实事求是，不要设立不切实际的工作目标，明知完不成，还要许诺。

2.善于授权

在计划的制订与实施过程中，要善于授权，明确分工，不要卷入他人的任务中而完不成自己的工作。

3.定期检查

定期检查所需的资源是否得到了保证和满足，努力避免因供应不足而影响进度。

4.及时沟通

及时与同事沟通工作进展和出现的问题，让大家都知道工作进度和达标情况。

5.全程监控

在实施计划过程中，应进行监控，发现问题，要及时应变。

二、限时办理

（一）办理时限的概念

办理时限是指企业接到客户或询问者的问题后处理并回复的时间规定。许多企业都对行政管理工作的行为做了有关办理时限的明文规定，明确处理工作花费的时间必须按照规定执行，并进行监督管理。

（二）限时办理制度

限时办理制度是针对时效性制定的规则，是在时效性上指导人们行动的标准。它要求人们照章办事，不准人们的行为偏离规定的要求，以大大提高企业的形象、信誉和效率。限时办理制度中量化的标准容易被人们接受和执行，也容易通过它对人们的行为进行衡量和监督，这是企业的一种管理方法，是组织管理决策的一个方面。

（三）确定办理时限的程序

1.调查情况

调查本单位在行政管理工作方面有哪些行为需要做出承办期限的规定。

2.制定标准

研究指定承办期限的适宜标准。

3.明确时限

确定同一任务在不同情况下的办理时限。

【工具箱9-1】

天地公司的办理时限规定

工作行为	办理时限
接外线电话	应在4次铃声以内接起
打电话回答、告知对方信息	按对方指定的回应电话时间回答所要求的信息
回复信件	收到信件后2个工作日内发出，紧急信件在收信后当天发出
回复电子邮件	收到电子邮件后12小时内发出，紧急电子邮件应立即回复
处理投诉	接到后立即处理；投诉信应在收到之后24小时内发出回函
归档	当日完成，周末进行清理，保证没有积压；紧急归档应在2小时内完成
发货	收到订单当天发货，紧急订购立即处理，并使用快递服务发货

三、评估工作质量

（一）工作质量评估的意义

工作质量评估实际上就是目标管理。运用目标进行管理，并评价主管人员的工作成效，有很大优越性，主要体现在：

1.提高管理工作效率

实施目标管理，就迫使主管人员为实现目标而认真制订计划，并想方设法去实现目标。同时，还需要建立一套具体而明确的分目标，这是推动和控制工作的最好方法。

2.明确组织机构的建制

实施目标管理，就需要理顺组织机构和人员编制，把目标落实到岗位上，使之有人负责。人人明确岗位职责，不会存在无目标、无职责的岗位。

3.增强员工责任意识

实施目标管理，人们不再消极等待命令、指示去工作，而是工作有明确目的。他们都参与自己目标的制定，有机会提出自己的想法，知道自己的权限。

4.有助于进行控制和监督工作

有一套可以考核的目标是对业务活动进行测定和监督的最好办法，并更容易对计划实施中出现的偏差予以纠正。

（二）工作质量评估的要求

1.工作目标主次分明

组织或团队的目标会具有多样性，但要注意不要把小的目标放在重要位置而有损于大目标和主要目标的实现。

2.各个部门互相支援

一个组织中的部门或团队确定适合自己的目标是较容易的，但要注意各个部门或团队确定的具体目标之间的相互支持和相互连接，以形成一个协调有效的网络、一个互相支援的目标矩阵，实现总目标。

（三）工作质量评估的程序

1.建立一套完整的目标体系

从企业的最高主管部门开始，由上向下逐级地确定目标。上下级的目标之间通常是一种"目的–手段"的关系，从而构成一种连锁式的目标体系。

2.量化管理各个工作项目

在日常的办公室工作中，可以量化管理的内容通常包括：

（1）优化劳动组合，即使工作人员与办公手段达到最佳结合，也就是我们通常说的人尽其才、物尽其用。

（2）定岗定编定员。定岗，就是明确实现目标需要什么样的岗位；定编，就是明确每一个岗位需要多少人，所有的岗位总共需要多少人；定员，就是明确每一个具体岗位上的工作人员是谁。

（3）工作定额。这是指在一定的生产、技术、组织条件下，按照正常作业速度进行某项业务工作所需的社会必要劳动消耗量。可以用某个工程（业务）项目需要多少工时来表示，也可以用单位时间内（天、周、月）完成多少工作量来表示。

（4）定量考核。就是用工作定额作为标尺来衡量办公室工作人员的业绩多少和贡献大小，用事实和数据说话，而不是单纯凭主观印象来评价。

3.科学评估工作质量

针对不同的工作项目采用数量目标评估、质量目标评估等方法对工作质量进行科学评估。

四、改进工作流程

通过工作质量评估，当我们发现我们的工作不能圆满完成我们的工作目标的时候，就有可能是我们的工作流程出现了问题。

不管是改进复杂的工作流程，还是改进简单的工作流程，其步骤不外乎以下几个环节：

（一）定义

定义一个需要加以分析和改进的流程。在任何情况下，如果把分析和改进的对象定义为全部流程，是得不到什么效果的。因此，需要找出问题比较突出的流程。例如，效率最低的流程，耗时最长的流程，技术条件发生了变化的流程，物流十分复杂的流程等。确定要分析的流程以后，绘出该流程的流程图。

（二）评价

确定衡量流程的关键指标，用这些指标对该流程进行评价，以确认所存在问题的程度，或者与最好绩效之间的差距。

（三）分析

寻找所存在问题和差距的原因。

（四）改进

根据上述分析的结果，提出可行的改进方案。如果有不止一种的改进方案被提出，则需要进一步对这些方案加以比较。

（五）实施

实施改进方案，并对实施结果进行监控，用上述步骤（二）的关键指标对改进后的结果进行评价，保持改进的持续效果。如果仍然存在问题，则重复以上步骤。

【思考与练习】

一、不定项选择题

1. 按照计划的内容来划分，可将办公室工作计划分为（　　　）。

A. 政策型计划　　　B. 长期计划　　　C. 短期计划　　　D. 程序型计划

2. （　　　）是所有计划中最为广泛的计划，并且它是由一个组织机构的最高管理层制订的。

A. 政策型计划　　　B. 长期计划　　　C. 短期计划　　　D. 程序型计划

3. 制订工作计划的方法主要包括（　　　）步骤。

A. 根据目标列出任务　　　　　　　B. 根据任务列出目标

C. 划分任务的优先次序　　　　　　D. 明确阶段指标和时间要求

4. （　　　）是计划工作的一个真正起点。

A. 估量机会　　　B. 确定目标　　　C. 分析条件　　　D. 拟订方案

5. （　　　）是计划工作的第一步。

A. 估量机会　　　B. 确定目标　　　C. 分析条件　　　D. 拟订方案

6. 计划工作的最后一步是（　　　）。

A. 估量机会　　　B. 确定目标　　　C. 编制预算　　　D. 拟订方案

7. 运用目标管理评价主管人员的工作绩效，这有利于（　　　）。

A. 及时纠正计划实施中出现的偏差　　　B. 促进员工承担责任

C. 提高管理工作效率　　　　　　　　　D. 确定组织机构的建制

8.下列关于承办期限制度的说法，正确的是（　　　）。

A.承办期限制度是针对时效性制定的规则

B.同一任务在不同的情况下承办期限是相同的

C.承办期限制度可以提高企业的形象和效率

D.行政管理的所有行为都应确定承办期限

9.量化管理办公室工作的内容包括（　　　）。

A.优化劳动组合　　　B.定岗定编定员　　　C.工作定额　　　　　　D.定量考核

10.改进办公室日常事务工作流程的正确步骤是（　　　）。

A.定义→评价→分析→改进→实施　　　B.评价→分析→改进→实施→评估

C.定量→分析→改进→实施→评估　　　D.调查→分析→改进→实施→评估

二、实务操作题

公司定于3月18日召开销售会议，时间为1天，参会人员预计50人，需要使用公司大会议室。会上要给每人发放一套会议文件，包括产品介绍、价格表和宣传材料等，并要准备会间的小点心及饮料。行政经理要求秘书高叶制订一份从3月1日开始的会议筹备计划表。

假如你就是高叶，请把这份会议筹备计划表制定出来。

主要参考文献

［1］孟庆荣. 秘书职业技能实训教程［M］. 北京：清华大学出版社，2007.

［2］葛红岩. 新编秘书实务［M］. 北京：高等教育出版社，2007.

［3］张再欣. 秘书理论与实务［M］. 北京：清华大学出版社，2008.

［4］陆瑜芳. 办公室实务［M］. 上海：复旦大学出版社，2008.

［5］张锡东. 社交礼仪［M］. 北京：清华大学出版社，2008.

［6］潘振宽. 现代教育技术［M］. 济南：山东大学出版社，2008.

［7］金常德. 办公室事务［M］. 2版. 大连：大连理工大学出版社，2009.

［8］刘垠霞. 身体语言在商务谈判中的运用［J］. 中国电力教育，2009（6）.

［9］李智干. 关于提高高校办公室工作效率的若干思考［J］. 集美大学学报：哲学社会科学版，2009（4）.

［10］李洪喜. 办公室管理实务［M］. 上海：上海交通大学出版社，2010.

［11］肖伟才. 办公室管理的精细化［J］. 中国电力企业管理，2010（4）.

［12］李学珍，王淑文. 新编办公室管理实务［M］. 北京：水利水电出版社，2011.

［13］李强华. 办公室事务管理［M］. 武汉：华中科技大学出版社，2011.

［14］王艳. 企业办公室基础管理［M］. 南昌：江西人民出版社，2011.

［15］李晓丹. 大型企业办公室管理创新与实践［J］. 广东科技，2011（4）.

［16］孙荣. 现代办公室管理［M］. 上海：复旦大学出版社，2012.

［17］黄钰茗，孙科柳. 行政管理的55个关键细节［M］. 北京：中国电力出版社，2012.

［18］王景峰. 行政管理职位工作手册［M］. 3版. 北京：人民邮电出版社，2012.

［19］李琳. 简析现代企业办公室管理工作的优化与完善［J］. 中国外资，2012（9）.

［20］沈小君. 企业办公室事务管理师［M］. 北京：中国劳动社会保障出版社，2013.

［21］舒圣祥. 国企公车消费不能成为"法外之地"［N］. 新华每日电讯，2014-01-17（3）.

［22］习近平. 秘书工作的风范——与地县办公室干部谈心［J］. 秘书工作，2014（4）.

［23］张浩. 新编办公室主任日常工作管理实用手册［M］. 北京：海潮出版社，2014.

［24］赵雪静. 办公室事务管理［M］. 上海：华东师范大学出版社，2015.

［25］黄良友. 办公室工作与管理［M］. 北京：首都经济贸易大学出版社，2015.

［26］宋志刚. 接待工作"五要"［J］. 秘书工作，2015（12）.